이 책을 함부로 펼치지 말 것!
그저 그런 단어장에 낭비했던 시간이 억울해 잠이 오지 않을 테니

WORD
MATE

워드메이트 ②

WORD MATE 워드메이트 2

초판1쇄 인쇄 2012년 11월 5일
초판1쇄 발행 2012년 11월 15일

지은이 권도원 | 그린이 정의정
펴낸이 연준혁
편집 임명진, 지연
제작 이재승

펴낸곳 (주)위즈덤하우스 | 출판등록 2000년 5월 23일 제13-1071호
주소 경기도 고양시 일산동구 장항동 846번지 센트럴프라자 6층
전화 031)936-4000   팩스 031)903-3891
홈페이지 www.wisdomhouse.co.kr
종이 월드페이퍼 | 인쇄 · 제본 현문인쇄

값 14,500원   ISBN 978-89-6086-568-6 [13740]
            ISBN 978-89-6086-569-3(세트)

* 잘못된 책은 바꿔드립니다.
* 이 책의 전부 또는 일부 내용을 재사용하려면
사전에 저작권자와 (주)위즈덤하우스의 동의를 받아야 합니다.

국립중앙도서관 출판시도서목록(CIP)

워드메이트 2 = Word Mate 2 : 단어와 친해지는 기적의 영어책 /
권도원 지음 ; 정의정 그림. ― 고양 : 위즈덤하우스, 2012
    p. ;   cm

권말부록: 어원으로 어휘감각 200% 충전하기
본문은 한국어, 영어가 혼합수록됨
ISBN 978-89-6086-568-6 [13740] : ₩14500
ISBN 978-89-6086-569-3(세트)

영어 단어[英語單語]
744-KDC5
428-DDC21   CIP2012004888

WORD MATE

단어와 친해지는 기적의 영어책

워드메이트 ②

권도원 지음・정의정 그림

단어 암기용 MP3 무료 제공
www.wisdomhouse.co.kr

테마별 이미지 연상 암기로 고등 필수 영단어를 Quick하게 끝낸다!

위즈덤하우스

영단어 공부, 왜 이렇게 괴로울까요?

다른 언어와 마찬가지로 영어 역시 어휘력이 올라가면 영어실력이 향상되는 것은 자명한 사실입니다. 하지만 현실적으로 학생들 대부분 단어 암기에 어려움을 느끼고, 아무리 외워도 시간이 지나면 기억 속에서 사라져버리는 단어 때문에 단어 암기 자체에 흥미를 잃고 거부감을 갖게 되는 경우가 많았습니다. 강의 현장에서 수많은 학생들이 영단어 학습에 힘들어하는 모습을 곁에서 지켜보며 가르치는 사람으로서 저 역시 힘들고 마음이 아팠습니다.

언어로서의 영어가 아닌 시험을 위한 영어로 고생하는 학생들에게 영어를 배우는 즐거움을 느끼게 해주고 싶었습니다. 학생들이 영어를 좋아하게 하고 원하는 점수를 받을 수 있도록 영어를 가르치는 선생인 제가 뭔가 작은 보탬이 되고 싶었습니다.

영단어와 친구가 되는 책 《Word Mate 워드메이트》

그래서 이 책을 만들기로 했습니다. (조금 진부한 표현일지도 모르겠으나) 지금까지 나온 그 어떤 책보다 더 쉽고 빠르게 단어를 터득할 수 있는 책을 한번 만들어보기로 한 것입니다.

《Word Mate》는 제목 그대로 영단어와 친구가 되는 책입니다.

숨이 막히는 빽빽한 텍스트, 뜻과 예문의 반복적인 나열로 단어의 암기를 강요하는 책이 아니라 귀여운 캐릭터와 흥미로운 상황 설정의 일러스트를 통해 단어의 뜻과 쓰임을 자연스럽게 터득할 수 있도록 했습니다. 단순히 예문만 설명하는 삽화가 아니라 이미지를 통해 단어의 뜻과 쓰임을 연상시키는 일러스트들을 단어와 일대일로 대응했습니다.

이미지 연상과 더불어 단어 학습에 가장 효과적인 방법이 바로 테마별 연관어휘 학습입니다. 그래서 이 책에서는 수록 어휘들을 유사한 주제들끼리 한데 묶어 암기하게 함으로써 단어 학습의 효과를 극대화했습니다.

이 책에 수록된 어휘들은 모두 고등학교 전 교과서에서 평가원 시험 지문에 자주 출제되고 EBS 수능 연계 교재에 있는 어휘들을 엄선한 것입니다. 표제어와 함께 파생어, 유의어, 반의어를 정리하였고 어원(접두사, 어근, 접미사)도 함께 다루면서 수능 시험에 필요한 어휘들을 풍부하게 제공하고 있습니다. 뿐만 아니라, 단원이 끝날 때마다 4단계의 연습문제를 통해 배운 단어를 완벽하게 자신의 것으로 소화해낼 수 있도록 하였습니다.

이 책에 나온 어휘들만 제대로 익힌다면 여러분은 수능과 내신에 필요한 영어 어휘들을 확실하게 채울 수 있을 것입니다.

끝으로, 작은 소망과 감사의 말…

모쪼록 《Word Mate》가 영단어 학습에 지친 수험생들과 예비 수험생, N수생들에게 미력한 도움이 될 수 있다면, 이 책을 통해 독자들이 좀 더 즐겁고 알찬 영단어 학습을 할 수 있다면 저자로서 더 바랄 것이 없을 것 같습니다.

이 책이 이 세상에 나올 수 있게 해주신 하나님께 진심으로 감사 드리며, 끝까지 동고동락을 같이한 최고의 일러스트레이터 정의정 님과 이경희 목사님을 비롯하여 기도로 후원해주신 많은 분들과 사랑하는 나의 아내 유승옥, 그리고 아들 형욱이와 딸 승현이에게도 감사의 말을 전합니다.

끝으로 이 책의 가능성을 믿고 편집과 제작에 힘써 주신 출판사 위즈덤하우스 분들께도 깊은 감사를 전하고 싶습니다.

저자 권도원

How to Use 구성 및 활용법

이 책은 고등학교 전 교과서와 EBS, 수능, 평가원 모의고사의 최대 빈출 어휘들을 관련된 주제별로 분류하여 총 12개의 챕터로 정리했습니다. 챕터별로 나눠서 학습하거나 하루 몇 단어씩 목표를 정해서 꾸준히 학습해보세요.

미리보기

Check-up

본격적인 주제별 어휘 학습에 앞서 나의 어휘 실력을 점검하는 파트입니다. 아는 단어가 있으면 □에 ✔표시합니다. 해당 단원의 학습이 끝난 후 점검용으로 다시 활용해도 좋습니다.

기본학습

주제별 이미지 연상 암기법

단어의 뜻과 쓰임을 이해시키는 재미난 일러스트들을 표제어와 일대일로 대응했습니다. 학습이 끝난 뒤에는 (책날개에서 오린) 책갈피로 오른쪽 표제어 또는 우리말 뜻을 가리고 제대로 익혔는지 확인합니다.

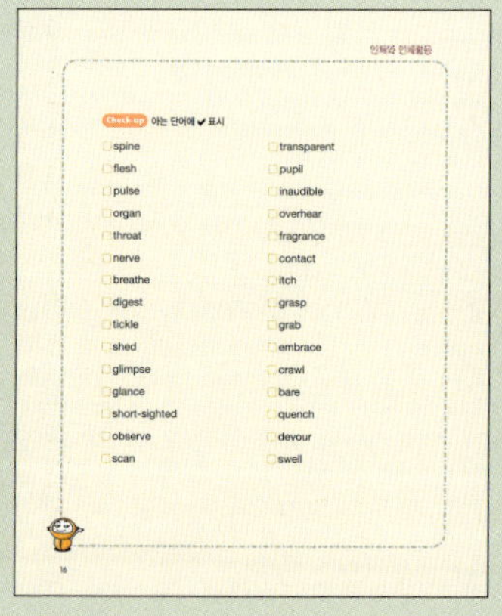

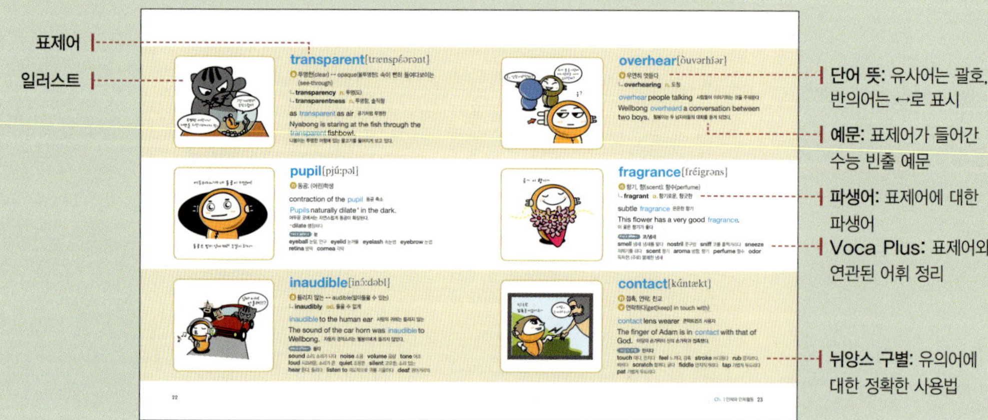

표제어

일러스트

단어 뜻: 유사어는 괄호, 반의어는 ↔로 표시

예문: 표제어가 들어간 수능 빈출 예문

파생어: 표제어에 대한 파생어

Voca Plus: 표제어와 연관된 어휘 정리

뉘앙스 구별: 유의어에 대한 정확한 사용법

품사기호 표시

n 명사 | **v** 동사 | **a** 형용사 | **ad** 부사 | **prep** 전치사 | **sb** somebody | **sth** something | **to V** to부정사 | **V-ing** 동명사

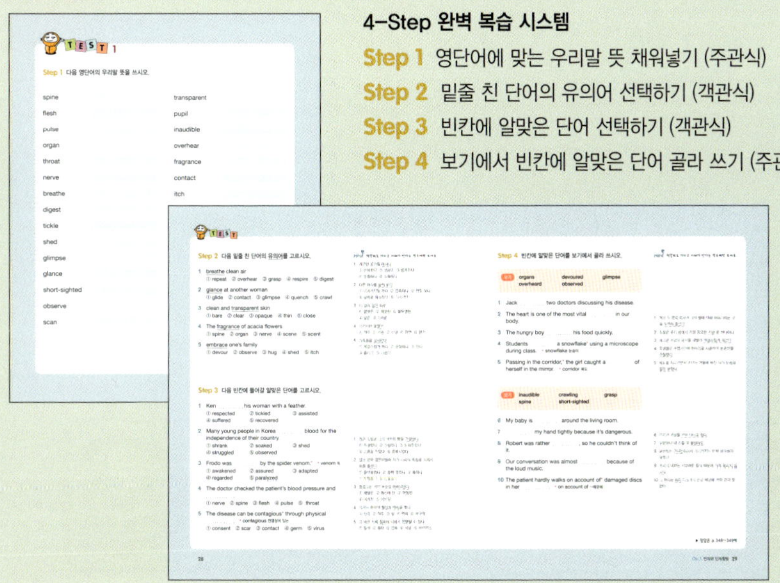

4-Step 완벽 복습 시스템

Step 1 영단어에 맞는 우리말 뜻 채워넣기 (주관식)
Step 2 밑줄 친 단어의 유의어 선택하기 (객관식)
Step 3 빈칸에 알맞은 단어 선택하기 (객관식)
Step 4 보기에서 빈칸에 알맞은 단어 골라 쓰기 (주관식)

연습문제 정답

정답은 채점이 용이하도록 권말에 모아서 수록했습니다.
절취선을 따라 잘라서 활용하면 더욱 편리합니다.

부록

더욱 효과적인 어휘 학습을 위해 필요한 어법(워드메이트 1)과 어원(워드메이트 2)을 정리했습니다. 부담없이 한번 쭉 읽어보세요.

무료 MP3 파일 & 테스트

워드메이트 책에 수록된 모든 표제어와 파생어, 예문을 원어민의 음성으로 녹음했습니다. MP3파일은 위즈덤하우스 홈페이지(www.wisdomhouse.co.kr)의 MP3 자료실에서 무료로 다운로드 받으실 수 있습니다. 그리고 학원 선생님들을 위해 홈페이지에 단어 테스트 자료도 준비하였으니 수업에 활용해주세요.

Characters 등장인물 소개

주인공 Main Character

›› 프로필

이름: 웰봉이

탄생일: 6th, Sep, 2004

성격: 긍정적인 마인드와 칠전팔기의 도전정신으로 무장한 오뚝이.
가끔 어수룩해 보일 때도 있지만 넓은 아량과 노력으로 수험생들의 웰빙라이프를 위해 불철주야 힘쓰고 있다. 다양한 얼굴표정이 주특기! 플러그 모양의 귀는 언제든지 에너지 충전가능.

주변 인물 Supporting Character

냐봉이 (웰봉이의 애완 동물이자 고양이)

분홍이 (웰봉이의 여자 친구)

보라 (웰봉이를 짝사랑 하는 여인네)

웰봉이 아빠

웰봉이 엄마

봉여사 (보석을 사랑하 는 재벌 여인)

샤샤 (봉여사의 애완 고양이)

김비서 (봉여사의 오른팔)

파랑이 (웰봉이의 베스트 프렌드)

초록이 (웰봉이 라이벌)

담임선생님

샤이니봉 (당대 최고 아이돌)

한느끼 (느끼함으로 무장한 헬스 트레이너)

그 외 다수…

Table of Contents 차례

Ch.1

산업과 경제

Check-up 아는 단어에 ✔ 표시

- ☐ produce
- ☐ manufacture
- ☐ devise
- ☐ invent
- ☐ by-product
- ☐ consume
- ☐ supply
- ☐ provide
- ☐ distribute
- ☐ share
- ☐ possess
- ☐ economical
- ☐ equipped
- ☐ commodity
- ☐ grocery
- ☐ bargain
- ☐ transaction
- ☐ launch
- ☐ monopoly
- ☐ export
- ☐ import

- ☐ purchase
- ☐ original
- ☐ frugal
- ☐ extravagant
- ☐ valid
- ☐ expiration
- ☐ stall
- ☐ merchant
- ☐ customer
- ☐ patron
- ☐ browse
- ☐ install
- ☐ advertise
- ☐ promote
- ☐ guarantee
- ☐ currency
- ☐ earn
- ☐ unexpected
- ☐ expense
- ☐ profit
- ☐ surplus

produce [prədjúːs]

- ⓥ 생산하다(manufacture) ↔ consume(소비하다)
- ⓝ [prádjuːs] 농산물
  - ↳ **product** n. 생산물, 제품　↳ **productivity** n. 생산성
  - ↳ **productive** a. 생산적인; 결실 있는(fruitful)
  - ↳ **reproduce** v. 재생산하다　↳ **reproduction** n. 재생산

produce the movie　영화를 제작하다

Bora produced an enormous pumpkin this year.
보라는 올해 엄청난 크기의 호박을 생산했다.

manufacture [mæ̀njufǽktʃər]

- ⓥ 제조하다　ⓝ 제조(업)
  - ↳ **manufacturer** n. 제조자(사)

Fresh Milk is manufactured in a factory
sanitarily after being contained in the bottles.
프레시 밀크는 공장에서 위생적으로 병에 담겨 제조된다.

뉘앙스 구별 만들다
make 만들다(가장 일반적)　**produce** 생산하다　**create** 창조하다
assemble 조립하다　**generate** 발생시키다　**yield** 산출하다

devise [diváiz]

- ⓥ 고안하다, 궁리하다(contrive, invent)
  - ↳ **device** n. 고안, 고안물; 장치(apparatus); 계획

a safety device　안전장치

Wellbong finally devised a completely new
method.　웰봉이는 마침내 완전히 새로운 방법을 하나 고안해냈다.

invent [invént]

v 발명하다(create, design); 이야기 등을 꾸며내다(make up)
- **invention** n. 발명품, 발명
- **inventive** a. 창의적인, 독창적인(creative, ingenious)
- **inventor** n. 발명가, 창안자

invent new technologies 새 기술을 발명하다

The electric bulb was **invented** by Edison.
전구는 에디슨에 의해 발명되었다.

by-product [báiprɑ̀dʌkt]

n 부산물

a **by-product** of industrialization 산업화의 부산물

The ant obtained the **by-products** from Bora eating the potato chips.
개미는 보라가 먹는 감자칩에서 떨어진 부스러기를 얻었다.

consume [kənsúːm]

v 소비하다 ↔ produce(생산하다); 소모하다
- **consumer** n. 소비자 ↔ producer(생산자)
- **consumption** n. 소비 ↔ production(생산)

consumer goods 소비재

The hearth **consumes** a lot of firewood in order to make heat.
그 화로는 열을 내기 위해 많은 장작을 소모한다.

supply [səplái]

v 공급하다(with) (provide, furnish) ↔ demand(요구하다)
n 공급(량), 보급품(~s)

the law of supply and demand   수요와 공급 법칙
Wellbong is being supplied with electricity.
웰봉이는 전기를 공급받고 있는 중이다.

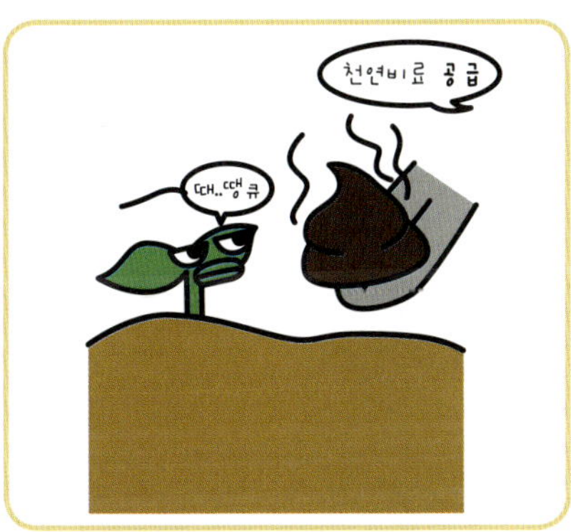

provide [prəváid]

v 제공하다, 공급하다(with) (supply)
└ **provision** n. 공급; 준비; 식량(~s)
└ **provisional** a. 임시의
└ **providing** prep. 만약 ~라면(provided)

It is best that plants are provided with natural
fertilizer. 식물은 자연산 비료를 공급받는 것이 가장 좋다.

수능 빈출표현

S provide A with B S는 A에게 B를 공급하다
S provide B for A S는 A를 위해 B를 공급하다

distribute [distríbjuːt]

v 분배하다(with) (share)
└ **distribution** n. 분배, 배부, 배급, 유통
└ **distributor** n. 배급[판매, 유통]업자

distribute pamphlets 팸플릿을 배포하다

An equal amount of food was distributed to
Wellbong and Nyabong.
똑같은 양의 음식이 웰봉이와 냐봉이에게 분배되었다.

share [ʃέər]

v 나누어주다(with); 공유하다　**n** 몫, 할당(portion)
└ **shareholder** n. 주주

share a lot of information　많은 정보를 공유하다
Wellbong shared his sweet potato equally with* Nyabong.
웰봉이는 냐봉이에게 자신의 고구마를 똑같이 나누어주었다.
* share A with B A를 B와 나누다

possess [pəzès]

v 소유하다(own, have), 소지하다
└ **possession** n. 소유, 재산(~s)
└ **possessive** a. 소유의　└ **possessed** a. 사로잡힌

Mrs. Bong possesses a lot of property including a house and some cows.
봉여사는 집, 소들을 포함한 많은 재산을 소유하고 있다.

voca plus+　재산

property 재산　**possessions** 소유물　**estate** 재산, 사유지
real estate 부동산　**belongings** 소지품　**valuables** 귀중품

economical [èkənámikəl]

a 경제적인, 절약하는(thrifty) ↔ extravagant(낭비하는)
└ **economic** a. 경제의　economic policy 경제 정책
└ **economy** n. 경제, 절약　└ **economization** n. 절약
└ **economics** n. 경제학　└ **economist** n. 경제학자
└ **economize** v. 절약하다 ↔ waste(낭비하다)

economical on gas　연료비가 적게 드는

Wellbong is economical in all areas of his life.
웰봉이는 생활 전반에 걸쳐 절약을 한다.

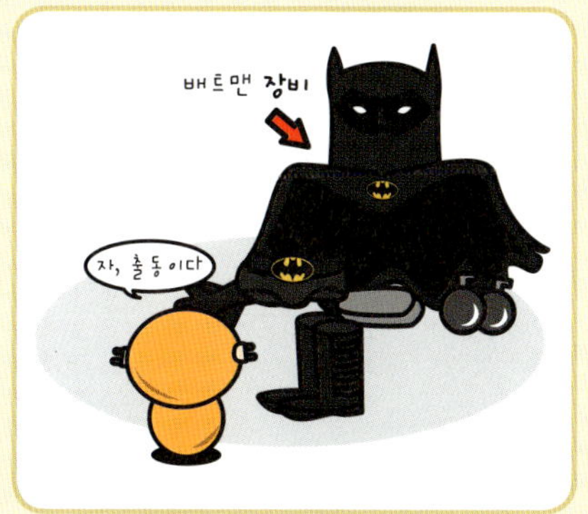

equipped [ikwípt]

ⓐ 장비를 갖춘(with)
└ **equipment** **n.** 장비, 용품(apparatus)

Batman, equipped with* hi-tech weapons, is ready to fight against a bad guy.
최첨단 무기를 장착한 배트맨은 악당과 싸울 준비가 되어 있다.
* (be) equipped with ~를 장착한

commodity [kəmádəti]

ⓝ 상품, 물품, 일용품 **pl.** commodities

a precious commodity 중요한 물건

Wellbong purchased the commodity at the price of $25. 웰봉이는 그 상품을 25달러에 구입했다.

voca plus+ 상품

goods 상품, 제품　**merchandise** 상점에서 파는 상품
product 생산품

grocery [gróusəri]

ⓝ 식료품, 잡화(~ies, 항상 복수로 사용)

Wellbong is standing in front of the grocery store to buy some food for dinner.
웰봉이는 저녁반찬을 사기 위해 식료품 가게 앞에 섰다.

voca plus+ 상점

shop 상점　**store** 가게　**grocery store** 식료 잡화점
supermarket 슈퍼마켓　**convenience store** 편의점
bakery 제과점　**butcher's** 정육점　**department store** 백화점
shopping mall[center] 쇼핑몰[센터]

bargain [bɑ́ːrgən]

ⓝ 정상가보다 싸게 사는 물건; 흥정
ⓥ 흥정하다
└ **bargaining** **n.** 흥정

goods on a bargain sale 염가 판매중인 물건

Bora could purchase the meat at a good bargain. 보라는 고기를 아주 싸게 구입할 수 있었다.

transaction [trænsǽkʃən]

ⓝ 거래, 매매(deal); 업무처리
└ **transact** **v.** 거래하다(trade)
└ **transactional** **a.** 거래의; 업무적인

an online transaction 온라인 거래

The selling and buying of shoes is a commercial transaction.
신발을 사고파는 것은 상업적 거래이다.

launch [lɔ́ːntʃ]

ⓥ (사업 등을) 시작[착수]하다; 출시[출간]하다; (새로 만든 배를) 진수시키다; (우주선 등을) 발사하다   **ⓝ** 출시, 개시; 발사

the launch of the space shuttle 우주왕복선의 발사

The Big Dumpling* was launched by Glory Food. 빅 만두가 글로리 식품에서 출시되었다.   * dumpling 만두

뉘앙스 구별 시작하다

start 시작하다   **begin** 시작하다   **commence** (격식) 시작하다, 개시하다
initiate 착수하다, 시작하다   **originate** 기원하다, 유래하다

monopoly [mənápəli]

n 독점(권)(on)
└ **monopolize** **v.** 독점하다
└ **monopolistic** **a.** 독점적인(exclusive)

a government monopoly on tobacco
담배에 대한 정부의 독점

The company has a virtual monopoly on the bread market.
그 회사는 사실상 제과 시장에서 독점권을 행사하고 있다.

export [ikspɔ́ːrt]

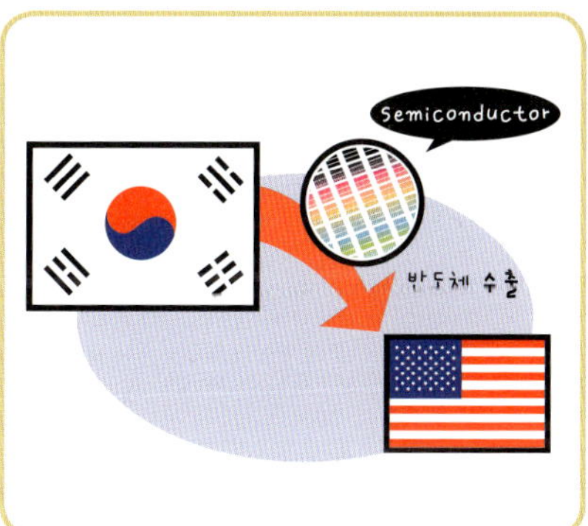

v 수출하다
n [ékspɔːrt] 수출
└ **exporter** **n.** 수출업자

the person in charge of export 수출 담당 직원
Semiconductors have been exported to the USA. 반도체는 미국에 수출되고 있다.

import [impɔ́ːrt]

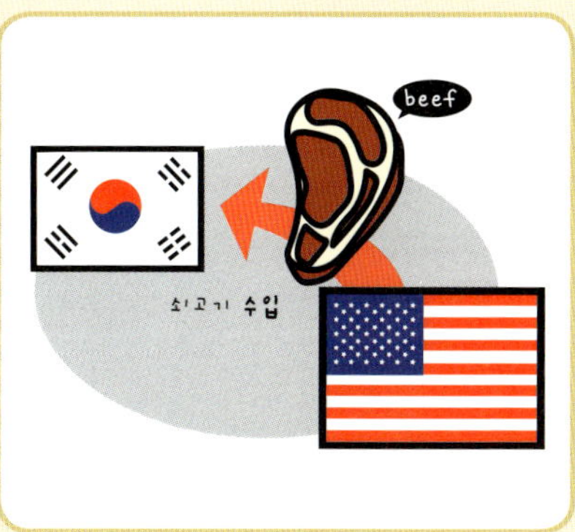

v 수입하다
n [ímpɔːrt] 수입
└ **importer** **n.** 수입업자

be expensive to import 수입하기에 비싸다
Beef has been imported to Korea.
쇠고기가 한국으로 수입되고 있다.

purchase [pə́ːrtʃəs]

n 구입, 구매
v 구입하다, 구매하다(buy)
└ **purchaser** **n.** 구입자(buyer)

quantity purchase 대량 구매

Nyabong purchased some snacks at the store. 냐봉이는 가게에서 과자를 구입했다.

original [ərídʒənl]

a 원본의; 독창적인; 원래의, 최초의(initial)
n 원문
└ **originality** **n.** 독창성
└ **origin** **n.** 기원(genesis), 태생(birth)
└ **originate** **v.** 기원하다(from)

change an original plan 원래의 계획을 바꾸다

Boonhong is holding an original, not fake, brand-name bag. 분홍이는 짝퉁이 아닌 진짜 명품가방을 들고 있다.

frugal [frúːgəl]

a 절약하는, 알뜰한
└ **frugality** **n.** 절약, 검소

frugal and hardworking 검소하고 근면한

Wellbong is accustomed to a frugal lifestyle. 웰봉이는 절약하는 생활이 몸에 배어 있다.

voca plus+ '근검절약하는'의 유의어
saving   thrifty   economical

extravagant [ikstrǽvəgənt]

a 낭비하는 ↔ frugal(절약하는); 사치스러운
↳ **extravagance** n. 낭비, 사치, 화려함

extravagant with her money 돈 씀씀이가 헤픈

Mrs. Bong tends to be extravagant in purchasing luxury items.
봉여사는 사치품에 돈을 낭비하는 경향이 있다.

voca plus+ '낭비하고 사치스러운'의 유의어
wasteful luxurious prodigal thriftless

valid [vǽlid]

a 유효한; 근거 있는 ↔ invalid(무효의; 근거 없는)
↳ **validity** n. 유효성, 타당성

a valid remedy 효과적인 치료
a valid conclusion 타당한 결론

My credit card is valid until this month.
내 신용카드는 이번 달까지 유효하다.

expiration [èkspəréiʃən]

n 만료, 만기, 종결(termination)
↳ **expire** v. 만료되다, 만기가 되다(come to an end)

expiration date 유효 날짜

This dairy product has not yet passed the expiration date. 이 유제품은 아직 유통기한이 지나지 않았다.

stall [stɔ́ːl]

n 매점, 가판대(stand); 마구간(stable)
v 갑자기 멈추다(stop abruptly); 지연시키다(delay)

a shower **stall** 샤워실
stall on steep hills 가파른 언덕에서 시동이 잘 꺼지다
Wellbong has been selling tteokbokki and odeng at a **stall**. 웰봉이는 가판대에서 떡볶이와 오뎅을 팔아왔다.

merchant [mə́ːrtʃənt]

n 상인, 무역상   **a** 상인의, 무역의
└ **merchantable** **a.** 팔 수 있는, 시장에서 팔리는

Merchant Wellbong is selling socks and belts in the market. 상인인 웰봉이는 시장에서 양말과 벨트를 팔고 있다.

뉘앙스 구별 상인
seller 물건을 파는 사람   **salesperson** 판매원   **broker** 중개인
dealer 특정 상품을 전문적으로 파는 상인(import car dealer 수입자동차 딜러)
vendor 노점상인   **peddler** 행상인

customer [kʌ́stəmər]

n 손님, 고객   *cf)* customs 세관, 관세 (철자와 의미 혼동에 유의)
└ **customized** **a.** 개개인의 요구에 맞춘
└ **custom-made** **a.** 주문 제작한

customer management 고객 관리
customer satisfaction 고객 만족
Nyabong is one of the restaurant's most important **customers**.
냐봉이는 그 식당에서 가장 중요한 고객 중 하나이다.

patron [péitrən]

n 후원자(sponsor); 고객, 단골(customer)
↳ **patronage** n. 후원, 지원(support)

a patron of the arts 예술의 후원자

Mrs. Bong has promised Shiny Bong that she would be a patron for him.
봉여사는 샤이니 봉에게 그의 후원자가 되어주겠다고 약속했다.

browse [bráuz]

v (상점 물건들을) 둘러보다(look around); 대강 읽다(scan)
↳ **browser** n. 브라우저(인터넷의 자료들을 읽을 수 있게 해주는 프로그램)

a browse around the shops 상점들을 둘러보기

You are welcome to come in and browse.
들어오셔서 마음껏 둘러보세요.

install [instɔ́:l]

v 설치하다(set up); 취임시키다
↳ **installation** n. 설치, 취임
↳ **installment** n. 분할 불입, 할부
　　　　　　　in monthly *installments* 할부로

install new traffic signals 새 신호등을 설치하다

It is advisable not to install unreliable software. 믿을만하지 않은 프로그램은 설치하지 않는 것이 좋다.

advertise [ǽdvərtàiz]

ⓥ 광고하다, 선전하다(put an ad)
↳ **advertisement** **n.** 광고(줄여서 ad라고도 함)
↳ **advertiser** **n.** 광고인; 광고 회사

advertise in a newspaper　신문에 광고를 내다

Private piano lessons are **advertised** on a telephone pole.* 　피아노 교습광고가 전봇대에 붙어있다.
* telephone pole 전봇대

promote [prəmóut]

ⓥ 홍보하다, 판촉하다; 승진시키다(advance)
↳ **promotion** **n.** 홍보, 판촉; 승진; 장려, 촉진

promote economic growth　경제 성장을 촉진하다

Nyabong is **promoting** his chicken restaurant.
냐봉이는 치킨 가게를 홍보중이다.

voca plus+　마케팅
advertisement 광고(물)　**campaign** 캠페인　**propaganda** 정치적 광고, 선전　**commercial** 광고방송

guarantee [gæ̀rəntíː]

ⓥ 보장하다, 보증하다(warrant); 확실하게 하다(ensure, assure)
ⓝ 보증, 보증서; 담보(물)
↳ **guaranteed** **a.** 확실한, 보장된

a one-year **guarantee**　1년 간의 보장

This bag is **guaranteed** for a year against faulty workmanship.
이 가방은 제작 불량에 대해 1년간 품질 보증이 된다.

currency [kə́ːrənsi]

n 통화; 유통
- **current** **a.** 현재의(present); 유통되고 있는(circulating)
  n. (물, 공기, 전기 등의) 흐름(flow); 추세(trend)
- **currently** **ad.** 현재에

The Korean currency is the won and that of the U.S.A the dollar. 한국통화는 원이고 미국통화는 달러이다.

voca plus+ 화폐

money 돈(가장 일반적) **cash** 현금, 현찰 **bill/note** 지폐 **coin** 동전
change 잔돈 **check** 수표 **monetary** 화폐의

earn [ə́ːrn]

a 벌다(make, get), 일하여 얻다
- **earning** **n.** 벌기; 소득(~s), 수입

Wellbong earned his allowance by cleaning the house. 웰봉이는 집안 청소를 해서 용돈을 벌었다.

voca plus+ 수입

income 소득 **earnings** 소득, 수익 **revenue** 세입
return 수익, 이윤 **profit** 이윤 **proceeds** 매상

unexpected [ʌ̀nikspéktid]

a 예기치 않은 ↔ expected(예상한)
- **unexpectedly** **ad.** 예상치 못하게
- **expect** **v.** 기대하다, 예상하다(anticipate)
- **expectation** **n.** 기대, 예상

an unexpected visit 갑작스러운 방문

Wellbong found unexpected money on the road. 웰봉이는 길에서 예상치 못한 돈을 발견했다.

expense [ikspéns]

n. 비용; 비용이 드는 일
└ **expend** **v.** 소비하다   └ **expenditure** **n.** 지출(액)
└ **expensive** **a.** 비싼 ↔ cheap(값이 싼)

Mrs. Bong is asking the jeweler the expense of workmanship on the diamond.
봉여사는 보석세공사에게 다이아몬드 세공에 드는 비용을 묻고 있다.

voca plus+ '가격이 비싼/저렴한'의 유의어
비싼: costly high-priced exorbitant
저렴한: cheap low-priced inexpensive

profit [práfit]

n. 이익(benefit), 이윤 ↔ loss(손실)
v. 이익을 얻다
└ **profitable** **a.** 이익이 되는(beneficial)

the company's profit performance   회사의 수익 성과

Wellbong made a big profit on the sales of ice cream.   웰봉이는 아이스크림 판매로 상당한 이익을 보았다.

surplus [sə́:rplʌs]

n. 과잉(excess), 잉여, 여분; 흑자 ↔ deficit(적자)
a. 과잉의(excessive), 잉여의 ↔ deficient, insufficient(부족한)

the surplus money   남아도는 돈, 잉여금

Nyabong was so pleased with the surplus fish after having more than enough.
냐봉이는 배불리 먹고도 남을 생선으로 인해 매우 흡족해했다.

Step 1 다음 영단어의 우리말 뜻을 쓰시오.

produce	purchase
manufacture	original
devise	frugal
invent	extravagant
by-product	valid
consume	expiration
supply	stall
provide	merchant
distribute	customer
share	patron
possess	browse
economical	install
equipped	advertise
commodity	promote
grocery	guarantee
bargain	currency
transaction	earn
launch	unexpected
monopoly	expense
export	profit
import	surplus

Step 2 다음 밑줄 친 단어의 <u>유의어</u>를 고르시오.

Hint 색갈피로 가리고 이해가 안가는 경우에만 보세요.

1 <u>produce</u> many cars
① consume ② purchase ③ manufacture
④ export ⑤ import

2 <u>devise</u> a method
① abolish ② delay ③ extend ④ invent ⑤ respect

3 <u>supply</u> the students with lunches
① demand ② apply ③ transfer
④ decrease ⑤ provide

4 <u>distributed</u> to flood victims
① suspended ② shared ③ developed
④ departed ⑤ chosen

5 <u>purchase</u> your ticket in advance* * in advance 미리
① sell ② pick ③ bring ④ break ⑤ buy

---

1 차들을 <u>생산하다</u>
① 소비하다 ② 구매하다 ③ 제조하다
④ 수출하다 ⑤ 수입하다

2 방법을 <u>고안하다</u>
① 폐지하다 ② 전시하다 ③ 연장하다
④ 발명하다 ⑤ 존경하다

3 학생들에게 급식을 <u>제공하다</u>
① 요구하다 ② 적용하다 ③ 옮기다, 이동하다
④ 감소하다 ⑤ 공급하다

4 수재민들에게 <u>배급된</u>
① 중지된, 연기된 ② 공유된 ③ 개발된
④ 출발된 ⑤ 선택된

5 미리 티켓을 <u>구입하다</u>
① 팔다 ② 고르다 ③ 가지고 오다
④ 깨다 ⑤ 사다

Step 3 다음 빈칸에 들어갈 알맞은 단어를 고르시오.

1 Korean people .... a lot of pork and beef.
① purchase ② utilize ③ inspire
④ consume ⑤ promote

2 You are not allowed to .... a pistol in this country.
① discard ② collect ③ possess ④ identify ⑤ irritate

3 It's more .... to buy goods on a bargain sale.
① extravagant ② economical ③ versatile
④ economic ⑤ available

4 The government has .... on tobacco.
① monotony ② monopoly ③ privilege
④ authority ⑤ royalty

5 The famous Korean singer Rain will stay in Hong Kong for a few days to .... his third album.
① prepare ② protest ③ predict
④ promote ⑤ produce

---

1 한국 사람들은 돼지고기와 소고기를 많이 <u>소비한다</u>.
① 구매하다 ② 활용하다 ③ 영감을 주다
④ 소비하다 ⑤ 홍보하다

2 당신은 이 나라에서 권총을 <u>소지할</u> 수 없습니다.
① 버리다 ② 수집하다 ③ 소유하다, 소지하다
④ 확인하다, 동일시하다 ⑤ 짜증나게 하다

3 바겐세일에서 물건을 구입하면 더 <u>경제적이다</u>.
① 낭비하는 ② 경제적인 ③ 다재다능한
④ 경제의 ⑤ 이용 가능한

4 정부가 담배에 대한 <u>독점판매권</u>을 가지고 있다.
① 단조로움 ② 독점 ③ 특권
④ 권위 ⑤ 왕권, 인세

5 유명한 한국가수인 비는 3집 앨범 <u>홍보하기</u> 위해 홍콩에 며칠 더 머물 예정이다.
① 준비하다 ② 저항하다 ③ 예언하다
④ 홍보하다 ⑤ 생산하다

Hint 색깔피로 가리고 이해가 안가는 경우에만 보세요.

> **보기** commodities   transactions   surplus
> profit   import

1 The .... rice is stored in the barn.*   * barn 헛간

2 You should not use a public computer when making internet ....

3 Nowadays many .... are sold on the home shopping network.

4 We .... crude oil* from some countries in the Middle East.   * crude oil 원유

5 It is very natural that an enterprise pursues ....

1 잉여 쌀은 헛간에 저장되어 있다.

2 인터넷 거래를 할 때에는 공적인 컴퓨터를 사용해서는 안 된다.

3 요즈음 많은 상품들이 홈쇼핑에서 팔린다.

4 우리는 몇몇 중동국가로부터 원유를 수입한다.

5 기업이 이윤을 추구하는 것은 지극히 당연한 일이다.

> **보기** equipped   currency   advertise
> guarantee   expense

6 The Mexican .... is the peso.

7 This hospital is well .... for convenience of the disabled.

8 Insurance is a .... against risk.

9 The .... of English education is great in Korea.

10 The publishing company plans to .... its new book extensively.

6 멕시코의 화폐는 페소이다.

7 이 병원은 장애인을 위한 편의 시설이 잘 갖추어져 있다.

8 보험은 잠재 위험에 대비한 보장책이다.

9 한국에서 영어교육비용은 엄청나다.

10 출판사는 신간을 대대적으로 광고할 계획이다.

▶ 정답은 p.338~339에

Check-up 아는 단어에 ✔ 표시

- ☐ affluent
- ☐ prosperity
- ☐ destitute
- ☐ financial
- ☐ asset
- ☐ budget
- ☐ invest
- ☐ seek
- ☐ obtain
- ☐ owe
- ☐ debt
- ☐ bankrupt
- ☐ compel
- ☐ ascertain
- ☐ deposit
- ☐ withdraw
- ☐ insert
- ☐ insurance

- ☐ mechanize
- ☐ operate
- ☐ construct
- ☐ exploit
- ☐ agriculture
- ☐ peasant
- ☐ livestock
- ☐ orchard
- ☐ ripe
- ☐ barren
- ☐ acquire
- ☐ employ
- ☐ commute
- ☐ briefcase
- ☐ document
- ☐ firm
- ☐ enterprise
- ☐ comprehensive

affluent [ǽfluənt]

ⓐ 풍요한, 부유한
↳ **affluence** n. 풍요, 부유

Nyabong felt affluent with all the delicious fish piled high on his plate.
나봉이는 접시 위에 높이 쌓여 있는 맛있는 생선으로 풍요로움을 느꼈다.

voca plus+ '부유한, 잘 사는, 부자인'의 유의어
rich wealthy well-off well-to-do better-off better-to-do

prosperity [praspèrəti]

ⓝ 번영, 번성, 번창
↳ **prosper** v. 번영[번창, 번성]하다(flourish, thrive)
↳ **prosperous** a. 번영한, 번창한

Nyabong is enjoying a period of prosperity.
나봉이는 번영의 시기를 즐기고 있다.

voca plus+ '풍부한, 풍요로운, 번성하는'의 유의어
abundant fertile bountiful plentiful luxuriant thriving flourishing

destitute [déstətjùːt]

ⓐ 극빈한, 궁핍한; ~이 없는(devoid of)
↳ **destitution** n. 궁핍, 결핍, 부족(want)

We should help poor and destitute people in Africa. 아프리카의 불쌍하고 궁핍한 사람들을 도와야 해요.

voca plus+ '가난한, 궁핍한'의 유의어
poor broke needy necessitous impoverished penniless bad(ly)-off

voca plus+ '결핍한, 부족한'의 유의어
lack wanting short of scarce deficient insufficient

financial [finǽnʃəl]

a 금융의; 재정의; 화폐의(monetary)
↳ **financially** ad. 재정적으로

financial crisis 금융 위기

Glory finance tries to pursue its financial stability. 글로리 금융은 재정적 안정을 추구하려고 노력한다.

asset [ǽset]

n 자산(resources), 재산(property)

an intangible asset 무형 자산
a valuable asset 귀중한 자산

Mrs. Bong has a lot of assets, including houses, money, cars, etc.
봉여사는 주택, 돈, 자동차를 포함한 엄청난 재산을 가지고 있다.

voca plus+ 재산
means 재력 **funds** 자금 **holdings/possessions** 소유한 것들
reserves 보유고 **riches** 부 **savings** 저축액

budget [bʌ́dʒit]

n 예산, 비용
v 예산을 세우다
↳ **budgetary** a. 예산의

secure budget 예산을 확보하다

Wellbong's family is planning a trip with a sensible budget.
웰봉이의 가족은 현명한 예산의 여행을 계획하고 있다.

invest [invést]

v 투자하다(in, into) *cf)* speculate 투기하다
└ **investment** **n.** 투자, 투자액
└ **investor** **n.** 투자자

invest in stocks 주식에 투자하다

Mrs. Bong invested an immense amount of money into a building. 봉여사는 엄청난 돈을 빌딩에 투자했다.

seek [síːk]

동사변화 seek–sought–sought

v 시도하다(attempt); 추구하다; 찾다(for, after)

play hide-and-seek 숨바꼭질을 하다

Wellbong was trying to seek the treasure which was hidden somewhere.
웰봉이는 어딘가에 숨겨져 있는 보물을 찾으려고 애썼다.

obtain [əbtéin]

v 획득하다(come by); 입수하다(gain)
└ **obtainable** **a.** 입수할 수 있는

obtain water from ponds 연못으로부터 물을 얻다

Secretary Kim finally managed to obtain a treasure map.
김비서는 마침내 어렵사리 보물지도 한 부를 입수했다.

owe [óu]

v 빚지다; 신세 지다

owe A a big favor   A에게 큰 신세를 지다

A debtor **owes** Mrs. Bong a lot of money.
한 채무자는 봉여사에게 많은 돈을 빚지고 있다.

수능 빈출표현
S owe A to B   S의 A는 B 덕분이다

debt [dét]

n 빚, 부채; 은혜를 입음
└ **indebted**   **a.** 부채가 있는; 감사하는(to) (grateful)
└ **indebtedness**   **n.** 은혜, 신세

pay the **debt**   빚을 갚다

Too many **debts** make a debtor so depressed.
너무 많은 빚으로 채무자는 매우 우울했다.

voca plus+   부채
liabilities 부채   **loan** 대부금   **mortgage** 저당 융자금

bankrupt [bǽŋkrʌpt]

a 파산한, 지불 불능의(insolvent, broke)
n 파산자   **v** 파산시키다
└ **bankruptcy**   **n.** 파산, 파탄, 도산(insolvency)

go **bankrupt**   파산하다

The piggy-bank is almost in a **bankrupt** state.
돼지저금통이 거의 파산상태에 있다.

compel [kəmpèl]

v 강요하다(force, impose)
- **compulsory a.** 강제적인
- **compulsion n.** 강요; (특히 나쁜 것을 하고 싶은) 충동

compel A's retirement A의 은퇴를 강요하다

Mrs. Bong **compelled** the debtor to pay* his debt. 봉여사는 채무자에게 빚을 갚으라고 강요했다.
* compel A to V A를 강제로 ~하게 만들다

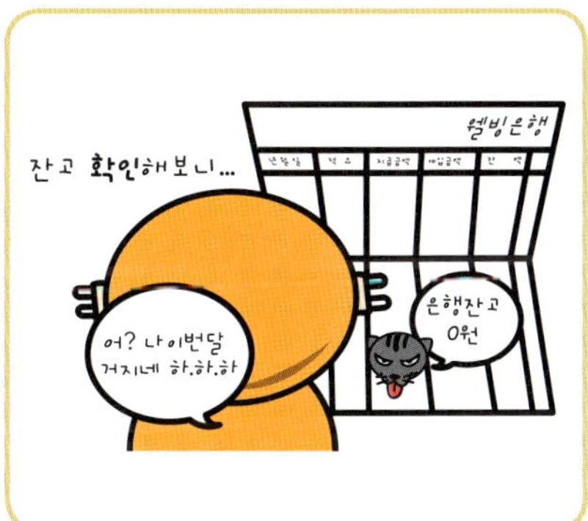

ascertain [æsertéin]

v 확인하다(confirm, ensure); 알아내다(find out)
- **ascertainable a.** 확인할 수 있는
- **certain a.** 확실한, 틀림없는 ↔ uncertain(불확실한)
- **(un)certainty n.** (불)확실성

ascertain the truth 사실을 확인하다

Wellbong **ascertained** that his bank account balance* was zero. 웰봉이는 통장잔고가 0원이라는 것을 확인했다.
* bank account balance 통장잔고

deposit [dipázit]

n 착수금, 보증금(down payment); 예금, 예치금
v (물건 등을) 내려놓다; 맡기다; 예금하다 ↔ withdraw(인출하다)

deposit one's valuables 귀중품을 맡기다

Mrs. Bong **deposited** 10% of the price of the diamond. 봉여사는 다이아몬드가격의 10%의 보증금을 걸었다.

withdraw [wiðdrɔ́:]

동사변화 withdraw–withdrew–withdrawn

v (예금을) 인출하다; (약속, 지원 등을) 취소하다; (군대 등이) 철수하다(retreat)

┗ **withdrawal** **n.** 인출 ↔ deposit(예금); 취소, 철회; 철수

withdraw the bill 법안을 철회하다

Wellbong is **withdrawing** some cash from an ATM. 웰봉이가 현금자동인출기에서 현금을 인출하고 있다.

insert [insə́:rt]

v 삽입하다(into)

┗ **insertion** **n.** 삽입

insert coins into the slot 구멍에 동전을 넣다

Insert the card **into** the slot in order to withdraw cash.
현금을 인출하려면 카드 입출구에 카드를 넣어주세요.

insurance [inʃúərəns]

n 보험(료)

┗ **insure** **v.** 보험에 들다

work for an **insurance** company 보험회사에서 일하다

Give the gift of retirement **insurance** to your parents. 부모님께 실버보험 하나 선물하세요.

voca plus+ 보험

premium 보험료 **coverage** 보상 범위 **claim** 보험금을 청구하다

mechanize [mékənàiz]

Ⓥ 기계화하다
- **mechanical** **a.** 기계로 작동되는
- **mechanization** **n.** 기계화 **mechanic** **n.** 정비공
- **machine** **n.** 기계 **machinery** **n.** (집합적) 기계류
- **mechanism** **n.** 기계장치, 기구 **mechanics** **n.** 기계학

highly mechanized factories 매우 기계화된 공장들

Modern agriculture is now highly mechanized.
현대농업은 이제 고도로 기계화되어 있다.

operate [ápərèit]

Ⓥ 작동하다(work, function); 작용하다(act); 수술하다
(perform surgery)
- **operation** **n.** 작동, 조작, 작용, 수술, 영업
- **operator** **n.** 조작[운전]하는 사람

operate the machine 기계를 조작하다

"How can I operate this robot?"
"Just press the button on the ear."
어떻게 이 로봇을 작동할 수 있지요? – 그냥 귀에 있는 단추를 누르세요.

construct [kənstrʌ́kt]

Ⓥ 건설하다(build) ↔ destroy(파괴하다)
- **construction** **n.** 건설, 건축 ↔ destruction(파괴)
- **constructive** **a.** (생각 등이) 건설적인 ↔ destructive
- **reconstruct** **v.** 재건축하다
- **reconstruction** **n.** 재건축

under construction 공사 중

New apartments are currently being constructed.
새 아파트들이 현재 건설 중에 있다.

exploit [iksplɔ́it]

v ~을 이용하다; 개발하다; 착취하다
└ **exploitation** **n.** 개발; 착취

exploit mineral resources 광물 자원을 개발하다

The government plans to exploit the west coast to create new land.
정부는 새 땅을 만들기 위해 서해안을 개발할 계획이다.

agriculture [ǽgrikʌ̀ltʃər]

n 농업; 농경(farming)
└ **agricultural** **a.** 농업의

large-scale agriculture 대규모의 영농

Wellbong, standing in the field, is involved with* agriculture. 들판에 서있는 웰봉이는 농업에 종사하고 있다.
* be involved with ~에 종사하다

peasant [péznt]

n 소작농 *cf)* farmer 농민
└ **peasantry** **n.** 소작농들

a poor peasant 영세 농민

A peasant is a poor farmer of low social status who owns or rents a small piece of land for cultivation.
소작농은 농지를 빌리거나 소유하는 사회적 지위가 낮은 가난한 농부를 의미한다.

livestock [láivstàk]

n 가축

livestock farming 축산 농가

You can see these kinds of livestock on the farm. 당신은 농장에서 이런 가축들을 볼 수 있다.

voca plus+ 동물
animal 동물 beast 짐승 pet 애완동물

orchard [ɔ́ːrtʃərd]

n 과수원

run an apple orchard 사과 과수원을 운영하다

Bora is the third daughter of the owner of the orchard. 보라는 과수원 주인의 셋째 딸이다.

voca plus+ 식물 재배 장소
flowerbed 화단 garden/yard 정원 lawn 잔디밭
greenhouse 온실

ripe [ráip]

a 익은, 숙성한; (때가) 무르익은(mature)
└ **ripen v.** 익다, 숙성하다
└ **ripeness n.** 성숙, 원숙(maturity)

ripe fruit 익은 과일

This watermelon is very ripe. 이 수박은 잘 익었다.

뉘앙스 구별
premature 시기상조의(untimely) immature 미성숙한

barren [bǽrən]

a 척박한(sterile); 열매가 안 열리는(unfruitful); 불임인 (infertile)

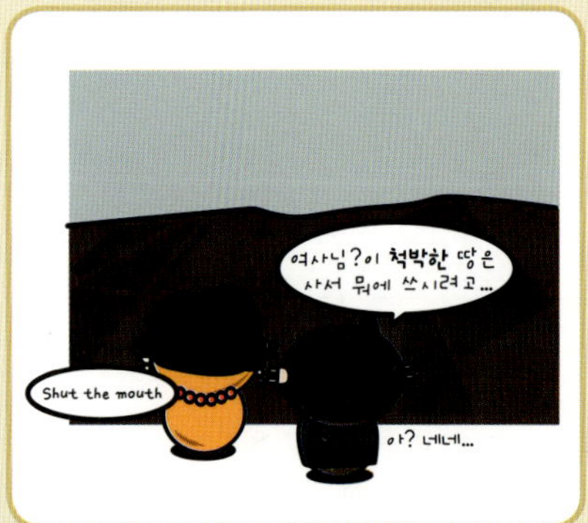

the soil too barren for farming
농업을 하기에 너무 척박한 토양

There is another secret reason why Mrs. Bong purchased the barren land.
봉여사가 척박한 땅을 매입한 비밀스러운 또 다른 이유가 있다.

acquire [əkwáiər]

v 획득하다; 습득하다(obtain, procure)
ㄴ **acquirement** n. 획득, 취득, 습득
ㄴ **acquired** a. 후천적인 ↔ inborn(선천적인)

The little mermaid finally acquired legs after giving her tail to the witch.
인어공주는 자신의 꼬리를 마녀에게 주고 마침내 다리를 획득했다.

voca plus+ '타고난, 선천적인'의 유의어
innate   native   inherited   congenital

employ [implɔ́i]

v 고용하다 ↔ dismiss, fire(해고하다); 이용하다
ㄴ **employment** n. 고용, 취업 ↔ unemployment(실업)
ㄴ **employed** a. 고용된 ↔ unemployed(실직의)
ㄴ **employee** n. 종업원, 직원   ㄴ **employer** n. 고용주

Mr. Kim was luckily employed as a day laborer.
김씨는 운 좋게 일용직에 고용되었다.

voca plus+ 구직 채용
recruit 모집하다; 신입사원   apply 지원하다   reference 추천서; 추천인
hire (일시적으로) 고용하다   permanent 정규직의   temporary 임시직의

commute [kəmjúːt]

v 통근하다
└ **commuter** n. 통근자

commute by subway 지하철로 출퇴근하다
Deputy Bong **commutes** by public transportation.
봉대리는 대중교통으로 통근한다.

voca plus+ 통근
transfer 갈아타다 **shuttle** 왕복하다

briefcase [bríːfkèis]

n 서류 가방
└ **brief** a. 짧은, 간결한(concise)
└ **brevity** n. 간결함

A **briefcase** is a case used for carrying documents. 서류가방은 서류를 넣고 다니는 데 사용되는 케이스이다.

voca plus+ 가방
bag 가방 **handbag** 핸드백 **wallet** 접는 지갑 **purse** 여성용 핸드백
backpack 도보여행용 배낭 **suitcase** 여행가방 **trunk** 대형 여행가방

document [dάkjumənt]

n 서류, 문서 **v** 기록하다
└ **documentary** n. 다큐멘터리, 기록물
　　　　　　　　　 a. 서류로 이뤄진; 다큐멘터리의, 기록물의

legal documents 법률 서류
draw up a document 서류[문서]를 작성하다
Deputy Bong got a female employee to get him the **documents**.
봉대리는 여성 직원에게 서류를 가져오라고 했다.

firm [fə́:rm]

n 상회, 회사 **a** 단단한(solid, hard); 견고한(steady)
ㄴ **firmly** **ad.** 단호히, 확고히
ㄴ **affirm** **v.** 단언하다

This is the law firm for which Wellbong works.
이것은 웰봉이가 일하는 법률회사이다.

voca plus+ 회사 기업
company 회사(가장 일반적) **corporation** 대기업, 법인 **enterprise** 기업(체) **conglomerate** 거대 복합 기업 **multinational** 다국적 기업
parent company 모기업 **subsidiary** 자회사 **affiliate** 계열사

enterprise [éntərpràiz]

n 기업, 회사
ㄴ **enterpriser** **n.** 기업가, 사업가
ㄴ **entrepreneur** **n.** (특히 모험적인) 사업가, 기업가

private enterprise 사기업

LG, Samsung and Hyundai are all major enterprises in the world.
LG, 삼성, 현대는 모두 세계의 주요 기업들이다.

comprehensive [kàmprihénsiv]

a 포괄적인; 종합적인; 이해력이 있는
 cf) comprehensible 이해하기 쉬운 (철자와 의미 혼동에 유의)
ㄴ **comprehensiveness** **n.** 포괄적임, 광범위함

The coverage of this insurance is fully comprehensive. 이 보험은 모든 종류의 질병을 보장한다.

Step 1 다음 영단어의 우리말 뜻을 쓰시오.

affluent	mechanize
prosperity	operate
destitute	construct
financial	exploit
asset	agriculture
budget	peasant
invest	livestock
seek	orchard
obtain	ripe
owe	barren
debt	acquire
bankrupt	employ
compel	commute
ascertain	briefcase
deposit	document
withdraw	firm
insert	enterprise
insurance	comprehensive

Step 2 다음 밑줄 친 단어의 <u>유의어</u>를 고르시오.

1 grew up in an <u>affluent</u> family
① poverish ② wealthy ③ deficient
④ intense ⑤ superior

2 poor and <u>destitute</u>
① prosper ② temperate ③ anxious
④ negative ⑤ poor

3 <u>obtain</u> citizenship
① originate ② restore ③ gain ④ migrate ⑤ arrest

4 <u>compel</u> a person to confess
① compare ② force ③ illuminate ④ derive ⑤ ensure

5 <u>constructed</u> to withstand earthquake damage
① constituted ② assured ③ soothed
④ exaggerated ⑤ built

Step 3 다음 빈칸에 들어갈 알맞은 단어를 고르시오.

1 They are enjoying unexampled .... thanks to the hard work and effort of our previous generations.
① property ② faculty ③ prosperity
④ responsibility ⑤ fragment

2 New York is one of the leading international ....
centers in the world.
① fierce ② fragile ③ tropical ④ arrogant ⑤ financial

3 I have to spend this vacation on a limited ....
① budget ② trend ③ commerce
④ transaction ⑤ income

4 It is very dangerous to .... all of your money in real estate.
① employ ② publish ③ invest ④ improve ⑤ deposit

5 We must .... the resources of the oceans.
① extend ② export ③ purchase
④ accumulate ⑤ exploit

1 <u>풍족한</u> 집안에서 자랐다
① 궁핍한 ② 부유한 ③ 결핍의
④ 강렬한 ⑤ 우세한

2 가난하고 <u>궁핍한</u>
① 번성하는 ② 절제하는 ③ 걱정[열망]하는
④ 부정적인 ⑤ 가난한

3 시민권을 <u>취득하다</u>
① 유래하다 ② 회복하다 ③ 얻다
④ 이주하다 ⑤ 체포하다

4 자백을 <u>강요하다</u>
① 비교하다 ② 강요하다 ③ 조명하다
④ 유래하다 ⑤ 확실히 하다

5 지진 피해에 견딜 수 있도록 특별하게 <u>설계된</u>
① 구성된 ② 확실한 ③ 위로받은
④ 과장된 ⑤ 건설된

1 그들은 이전 세대들의 노력과 수고 덕분으로 전례 없는 <u>번영</u>을 누리고 있다.
① 재산 ② 능력, 교수진 ③ 번영
④ 책임감 ⑤ 파편

2 뉴욕은 세계 주요 국제 <u>금융</u> 중심지 중 한 곳이다.
① 사나운 ② 깨지기 쉬운 ③ 열대의
④ 오만한 ⑤ 재정적인

3 나는 한정된 <u>예산</u>으로 이번 휴가를 보내야 한다.
① 예산 ② 경향, 추세 ③ 상업
④ 거래 ⑤ 소득, 수입

4 당신이 가진 돈 전부를 부동산에 <u>투자하는</u> 것은 매우 위험한 일이다.
① 고용하다 ② 출판하다 ③ 투자하다
④ 향상시키다 ⑤ 맡기다, 예금하다

5 우리는 해양 자원을 <u>개발해야</u> 한다.
① 연장[확대]하다 ② 수출하다 ③ 구입하다
④ 축적하다 ⑤ 개발[착취]하다

Hint  책갈피로 가리고 이해가 안가는 경우에만 보세요.

> **보기** employed   comprehensive   acquired
>   mechanized   operating

1 Our company offers a competitive salary and a(n)
   .... benefits package.

2 The man .... the weapons from Iran.

3 About three hundred employees are .... in the
   company.

4 I read the manual* before .... an electric
   toothbrush.   * manual 설명서

5 Farming has been ...., reducing the need for
   labor.

> **보기** insurance   debt   bankrupt
>   agriculture barren

6 Most people take out .... against a serious
   illness and death.

7 The bank refused to help the company; it went
   ....

8 The desert region is too .... for farming.

9 William has a .... of $1000 to his friend.

10 .... forms the backbone of the rural economy.
   * plays a major role in ～에 중요한 역할을 하다

1 우리 회사는 높은 급여와 <u>종합적인</u> 복지 혜택들을
   제공한다.

2 그 남자는 이란으로부터 무기들을 <u>획득했다</u>.

3 약 300명이 그 회사에 <u>고용되어</u> 있다.

4 나는 전동 칫솔 작동 전에 설명서를 읽어보았다.

5 영농이 <u>기계화되어</u> 노동할 필요가 줄어들었다.

6 대부분의 사람들은 병이나 죽음에 대비해서 <u>보험</u>을
   든다.

7 은행이 그 회사에 원조해 주지 않았다. 그래서 그 회
   사는 <u>부도나고 말았다</u>.

8 이 지역은 토양이 너무 <u>척박해서</u> 농사를 지을 수가
   없다.

9 윌리엄은 친구에게 1000달러의 <u>빚이 있다</u>.

10 <u>농업</u>은 농촌 경제의 근간을 이룬다.

▶ 정답은 p.339～340에

Check-up 아는 단어에 ✔ 표시

☐ establish
☐ opposition
☐ merge
☐ expert
☐ colleague
☐ benefit
☐ incentive
☐ proficient
☐ utilize
☐ apparatus
☐ labor
☐ develop
☐ classify
☐ method
☐ perform
☐ execute
☐ competence
☐ apply

☐ instrument
☐ store
☐ automatic
☐ cultivate
☐ versatile
☐ vain
☐ cooperate
☐ harvest
☐ yield
☐ staple
☐ electric
☐ monotonous
☐ weave
☐ receive
☐ raw
☐ craze
☐ factor
☐ fragile

establish [istǽbliʃ]

ⓥ 설립하다, 수립하다
└ **re-establish** **v.** 재설립하다
└ **establishment** **n.** 설립, 수립, 제정

This jokbaljip was established in 1970.
이 족발집은 1970년에 설립되었다.

voca plus+ 설립
open 개업하다   **found** 창설하다, 설립하다   **establish** 설립하다
set up 설립하다, 설치하다

opposition [àpəzíʃən]

ⓝ 반대; 상대방; 야당
└ **oppose** **v.** 반대하다; 대항하다(defy, resist)
└ **opponent** **n.** 적수, 상대(rival, competitor, enemy, counterpart)
└ **opposite** **a.** 정반대의 **n.** 반대의 사람[물건] **prep.** ~ 맞은편의

The opposition, Apple, is becoming a strong challenger
to Samsung. 경쟁사인 애플은 삼성에게 강력한 도전자가 되고 있다.

voca plus+ 찬성과 반대
찬성: **agree with** ~에 찬성하다   **assent** 동의하다   **concede** 수긍하다
반대: **object to** ~에 반대하다   **be against** ~에 반대하는

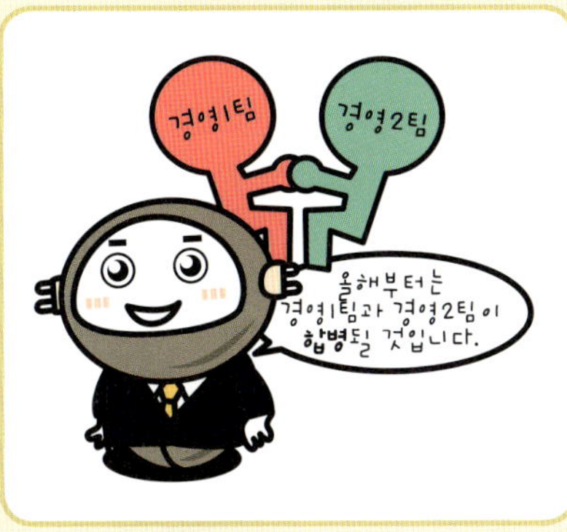

merge [mə́ːrdʒ]

ⓥ 합병하다
└ **submerge** **v.** 잠수하다; 물속에 넣다
└ **merger** **n.** 합병
　　　　cf) M&A(Merger and Acquisition) 기업의 인수와 합병

The two teams are going to merge sooner or
later. 두 팀이 조만간 합병할 것이다.

voca plus+ '합병하다'의 유의어
amalgamate   combine   consolidate   unite   annex

expert [èkspə́ːrt]

- **n** 전문가(in) (specialist) ↔ novice, beginner(초보자), apprentice(실습생)　**a** 숙련된(skilled)
  - ↳ **expertise** n. 전문 지식[기술]

an **expert** in foreign relations　외교 문제 전문가

Wellbong, like Bora, is an **expert in** eliminating bombs.　웰봉이는 보라와 같은 폭탄을 제거하는 데에 있어 전문가이다.

colleague [káliːg]

- **n** (직장)동료(co-worker)

We have been **colleagues** in the office for more than 5 years.　우리는 5년을 함께 한 동료이다.

voca plus+　직원/직위

staff 직원(한 회사에서 근무하는 모든 직원들)　**work force** 전 종업원
personnel 전 직원, 인사과　**boss** 상사　**subordinate** 하급자
co-worker 직업상의 동료　**chairman** 회장, 총재　**president** 사장
CEO 최고 경영자　**entrepreneur** 기업가, 창업가　**executive** 경영 간부, 중역　**director** 이사, 중역　**manager** 관리자　**secretary** 비서

benefit [bénəfit]

- **n** 혜택, 이득(profit, advantage) ↔ loss(손실)
- **v** 이득을 보다(from)
  - ↳ **beneficial** a. 유익한, 이로운(profitable)
  - ↳ **beneficiary** n. 수혜자

unemployment **benefit**　실업 수당

Wellbong **benefited** a little from choosing the cheaper karaoke.
웰봉이는 좀 더 저렴한 노래방을 선택해서 약간의 할인혜택을 더 받았다.

incentive [inséntiv]

n 장려책[금], 동기부여 **a** 격려하는, 장려하는

The boss promised to give his soldiers *Chupa chups* as an incentive for good work.
대장은 군사들에게 선행에 대한 포상으로 츄파춥스를 주기로 약속했다.

voca plus+ 급여, 상여금

pay 급여, 봉급 **salary** (주로 사무직, 전문직 종사자의) 봉급 **wage** (주로 육체노동자가 받는) 임금 **remuneration** (주로 경영자, 고위자의) 보수 **paycheck** 급료로 지급되는 수표, 급료 **bonus** 상여금 **increment** 급여의 인상 **benefit** (봉급 외에 따로 받는 자동차 등의) 혜택

proficient [prəfíʃənt]

a 능숙한(in, at)
↳ **proficiently** **ad.** 능숙하게
↳ **proficiency** **n.** 능숙, 능란; 능력

Butterman is very proficient in talking to women. 느끼남은 여자에게 말을 거는 데 아주 능숙하다.

voca plus+ '능숙, 능란'의 유의어

skilled skillful adept competent experienced professional

utilize [júːtəlàiz]

v 활용하다, 이용하다
↳ **utilization** **n.** 활용, 이용
↳ **utility** **n.** 유용(성), 효용; (전기, 수도, 가스 등의) 공공 서비스; (컴퓨터) 유용한 프로그램

Wellbong is utilizing leverage in order to lift the stone. 웰봉이는 돌을 들어올리기 위해 지렛대를 활용하고 있다.

voca plus+ '활용하다, 이용하다'의 유의어

use exploit make (good) use of take advantage of harness(자연력을 이용하다)

apparatus [æpərǽtəs]

n (특정한 활동, 과제를 하는 데 필요한) 도구(utensil);
(주로 과학적, 기술적 목적을 위해 사용되는) 기구, 장치

breathing apparatus for firefighters
소방관들을 위한 산소 호흡기

Dr. Bong is repairing a piece of apparatus.
닥터 봉은 기구의 부품 하나를 수리하고 있다.

voca plus+ '도구, 기구'의 유의어
tool 도구, 연장, 공구   **instrument** (섬세하거나 과학적인 작업에 쓰는) 기구
implement (옥외 활동에 쓰이는 간단한) 도구   **gadget** (작고 유용한) 도구
kit (특정한 목적용 장비) 세트

labor [léibər]

n 노동   **v** 노동하다(work)
└ **laborer** n. 노동자(worker)   └ **laboratory** n. 실험실
└ **laborious** a. 힘든, 고된(hard, tough)

Wellbong labored all day in the fields.
웰봉이는 하루 종일 들판에서 일을 했다.

voca plus+ 일, 노동
work 일, 노동(가장 일반적)   **job** 특정한 일, 일거리   **task** 맡겨진 과업, 일
mission 다른 곳으로 파견되어 하는 임무   **chore** 허드렛일, 가정의 잡일
errand 심부름   **load** 작업량   **overwork** 과로

develop [divéləp]

v 발달하다[시키다]; 개발하다; (사진을) 현상하다
└ **development** n. 개발; 발달, 발전
└ **developmental** a. 개발의; 발달의
└ **underdeveloped** a. 저개발의, 후진국의

The earth has been developed for the
betterment of mankind throughout history.
전 역사를 통하여 땅은 보다 나은 쪽으로 개발되어져 왔다.

voca plus+ '발전시키다'의 유의어
enhance   advance   progress

classify [klǽsəfài]

v 분류하다
└ **classification** n. 분류; 범주(category)
└ **classified** a. 주제별로 분류된 *classified* ad 안내 광고

classify books by subjects 책을 주제별로 나누다

The marbles on the table are being **classified** according to color.
테이블위의 구슬들은 색깔별로 분류되어지고 있다.

voca plus+ '분류하다'의 유의어
group sort assort divide categorize

method [méθəd]

n 방법, 방식
└ **methodical** a. 체계적인(systematic)
└ **methodology** n. 방법론

So-called Sadari-tagi is one of the best **methods** for deciding what to eat.
소위 사다리타기는 뭘 먹을지를 결정할 때 가장 좋은 방법 중 하나이다.

voca plus+ '수단, 방법'의 유의어
way means manner measure vehicle expedient(편법)

perform [pərfɔ́ːrm]

v 수행하다, 이행하다; 공연하다, 연주하다, 연기하다
└ **performance** n. 수행; 공연, 연주, 연기; 실적, 성과
└ **performer** n. 연기자, 연주자

perform a contract 계약을 이행하다

Wellbong is going to **perform** the experiment on Nyabong with the invention he made.
웰봉이는 자신이 개발한 발명품을 냐봉이에게 실험하려 한다.

execute [éksikjùːt]

ⓥ 실행하다, 수행하다(implement); 처형시키다
↳ **execution** n. 실행, 수행; 처형, 사형
↳ **executive** a. 실행[집행]하는 n. [igzékjutiv] 행정부; 임직원, 간부

Dr. Bong made one of his staff execute his command. 닥터 봉은 직원 중 한 명에게 명령을 실행하게 했다.

뉘앙스 구별 살인, 학살

kill 죽이다(가장 일반적) murder (의도적으로) 살인하다 assassinate (주로 정치적 이유로) 암살하다 massacre 학살하다 slaughter (이유 없이 많은 사람들을) 학살하다; (가축을) 도살하다 suicide 자살하다(kill oneself) martyr 순교당하다(수동태로); 순교자

competence [kàmpətəns]

ⓝ 능숙함; 역량 ↔ incompetence(무능함)
↳ **compete** v. 경쟁하다, 겨루다
↳ **competent** a. 능숙한 ↔ incompetent(무능한)

show one's competence 역량을 발휘하다

Wellbong has professional competence at sticking eyeballs onto a doll.
웰봉이는 인형 눈을 붙이는 데 능숙하다.

apply [əplái]

ⓥ 적용하다, 응용하다(to); 신청하다, 지원하다(for); 바르다
↳ **application** n. 지원, 신청; 적용; 바르기
↳ **applicable** a. 응용할 수 있는(feasible)
↳ **applicant** n. 지원자

apply ointment to a wound 상처에 연고를 바르다

A reference book can be applied to various purposes. 참고서는 다양한 목적으로 응용될 수 있다.

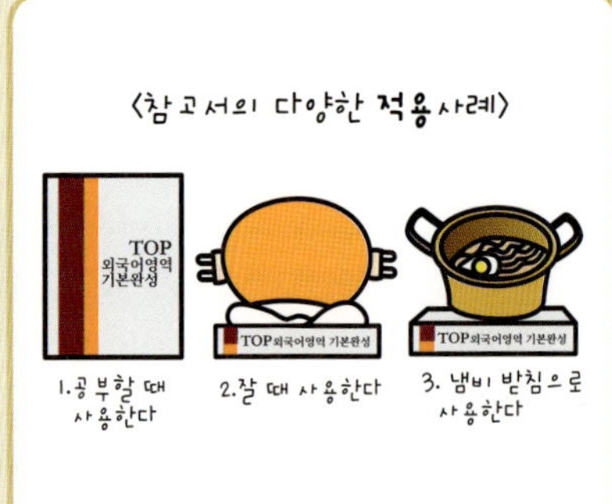

instrument [ínstrəmənt]

n 기구, 도구(tool); 수단(means)
↳ **instrumental** **a.** 도구의, 수단이 되는

musical instrument 악기

There are a few instruments that are needed for shoe polishing. 구두닦이에 필요한 몇 가지 도구들이 있다.

store [stɔ́ːr]

v 저장하다(stock)
n 저장; 가게, 상점(shop)
↳ **storage** **n.** 저장(고), 보관(소) (warehouse, repository)

be safely stored 안전하게 저장되어 있다

Ant workers are storing their food for the winter. 개미들은 겨울에 대비하여 식량을 저장하고 있다.

automatic [ɔ̀ːtəmǽtik]

a 자동의 ↔ manual(수동의)
↳ **automatically** **ad.** 자동적으로
↳ **automate** **v.** 자동화하다
↳ **automation** **n.** 자동화

automatic probe 자동[무인] 탐측기

An automatic door is very convenient to go in and out. 자동문은 들어가고 나가기에 참 편리하다.

cultivate [kʌ́ltəvèit]

v 경작하다(till); 재배하다(grow); 함양하다, 연마하다
ㄴ **cultivated** **a.** 경작되는; 재배되는; 세련된, 교양 있는
ㄴ **cultivation** **n.** 경작; 재배; 함양, 연마

begin to cultivate corn 옥수수를 재배하기 시작하다
Farmer Wellbong is cultivating the soil diligently. 농부 웰봉이는 부지런히 땅을 경작하고 있다.

versatile [və́ːrsətl]

a 다재다능한(gifted, talented); 다용도의(many-sided); 다목적의(multi-purpose)
ㄴ **versatility** **n.** 다재다능

a highly versatile instrument 굉장한 다목적의 기구
This Swiss Army knife is a very versatile tool.
이 스위스 군용 칼은 매우 다용도로 쓸 수 있는 도구이다.

vain [véin]

a 헛된, 소용없는(futile); 허영심이 많은
ㄴ **vanity** **n.** 허영심; 공허함
ㄴ **vainly** **ad.** 허사로, 헛되이

end in vain 헛되이 끝나다
Wellbong is telling Bora that the excessive fan letters would make her vain in the end.
웰봉이는 보라에게 과도한 팬레터가 결국에는 헛될 것이라고 말하고 있다.

cooperate [kouápərèit]

v 협력하다, 협동하다(with) (collaborate)
└ **cooperation** **n.** 협동
└ **cooperative** **a.** 협동하는

cooperate to prevent a war 전쟁을 막기 위해 협력하다
The ants have cooperated with one another in carrying their food. 개미들은 서로 협동하여 식량을 날랐다.

harvest [háːrvist]

n 수확(crop), 추수; 수확물
v 수확하다; 거둬들이다(reap, gather)

harvest festival 추수 감사제
Wellbong has achieved a huge grain harvest this year. 웰봉이는 올해 엄청난 수확을 거두었다

voca plus+ 농업
reap 수확하다　cultivate 경작하다　plow 갈다　sow 씨를 뿌리다
irrigate 토지에 물을 대다　fertilize 비료나 거름을 주다

yield [jíːld]

v 산출[생산]하다(produce); 항복하다(surrender); 양보하다
n (농작물의) 수확(량)
└ **yielding** **a.** 생산량이 많은; 고분고분한(obedient)

yield after a long siege 오랜 포위 공격 끝에 굴복하다
The grapevine yielded well this year.
올해 포도밭이 (열매를) 많이 내었다.

staple [stéipl]

a 주요한(primary)
n 주요 산물(~s)

The staple food* of a squirrel is an acorn and that of Bora rice. 다람쥐의 주식은 도토리이고 보라는 밥이다.
* staple food 주식(부식은 side dish)

electric [iléktrik]

a 전기의
└ **electricity** **n.** 전기, 전류
└ **electrician** **n.** 전기 기사[기술자]

an electric guitar 전기 기타

The electric currents are flowing through the electric wire. 전류가 전선을 통해 흐르고 있다.

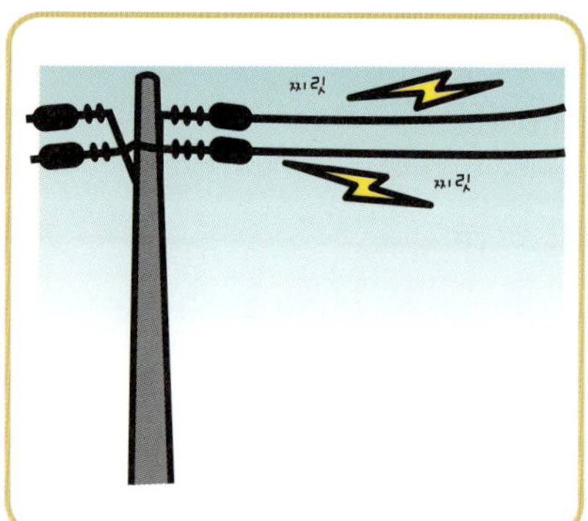

monotonous [mənátənəs]

a 단조로운; 변함없는
└ **monotony** **n.** 단조로움
└ **monotonousness** **n.** 단조로움; 한결 같음

monotonous work 단조로운 일

Wellbong was sick and tired of his monotonous everyday life. 웰봉이는 단조로운 매일의 삶이 지겨웠다.

voca plus+ '지루한, 싫증나는'의 유의어
dull boring routine tedious tiresome lengthy(장황한)

weave [wíːv]

동사변화 weave–wove–woven

ⓥ (옷감, 바구니 등을) 짜다, 엮다
└ **weaver** **n.** 베 짜는 사람

weave webs 거미줄을 짜다

An African child is weaving the strips of a palm tree into a basket.
한 아프리카 아이는 야자수 가지를 엮어 바구니를 만들고 있다.

receive [risíːv]

ⓥ 받다, 수령하다 ↔ give(주다)
└ **reception** **n.** 받기, 수령; 응접, 접대; 환영회, 피로연
　　　　　　　　　reception desk 접수처
└ **receipt** **n.** 영수증
└ **recipient** **n.** 수령인, 수취인
└ **receptionist** **n.** 접수원

Wellbong is receiving a parcel from the delivery man. 웰봉이는 택배 아저씨로부터 택배를 받고 있다.

raw [rɔ́ː]

ⓐ 익히지 않은, 날것의(uncooked) ↔ cooked(익힌); 가공되지 않은

raw fish 날생선
the raw materials 원자재
Nyabong likes fish the most when it is raw.
냐봉이는 날로 먹는 생선을 가장 좋아한다.

craze [kréiz]

n 대유행, 열풍, 열광　**v** 열광시키다
└ **crazy**　**a.** 열광하는; 미친(**about**)

be (all) the craze　대유행이다

The hair style is the latest craze to sweep the country.　그 헤어스타일은 전국을 휩쓸면서 대유행하고 있다.

voca plus+　'유행'의 유의어
fad　fashion　trend　vogue　catching on

factor [fǽktər]

n 요인, 인자(cause)

the decisive factor　결정적인 요소

The rotten milk was the factor causing unexpected diarrhea.*
상한 우유가 예상치 못한 설사의 요인이었다.
* diarrhea 설사

fragile [frǽdʒəl]

a 부서지기 쉬운(breakable, flimsy); 허약한(weak)
└ **fragileness**　**n.** 깨지기 쉬움; 가냘픔

seemingly fragile　겉보기에 연약한

The item that Bora is holding is very fragile.
보라가 들고 있는 물건은 쉽게 부서질 수 있다.

 **3**

Step 1 다음 영단어의 우리말 뜻을 쓰시오.

establish	instrument
opposition	store
merge	automatic
expert	cultivate
colleague	versatile
benefit	vain
incentive	cooperate
proficient	harvest
utilize	yield
apparatus	staple
labor	electric
develop	monotonous
classify	weave
method	receive
perform	raw
execute	craze
competence	factor
apply	fragile

Step 2 다음 밑줄 친 단어의 유의어를 고르시오.

1 <u>establish</u> a charitable organization
① accomplish ② diminish ③ found
④ furnish ⑤ advertise

2 have many <u>benefits</u>
① tasks ② damage ③ identity ④ profits ⑤ addition

3 <u>develop</u> a new smartphone
① compensate ② associate ③ exploit
④ graduate ⑤ display

4 a <u>vain</u> effort
① prompt ② useful ③ neutral ④ careful ⑤ futile

5 <u>cooperate</u> with each other
① communicate ② speculate ③ estimate
④ collaborate ⑤ investigate

1 자선단체를 <u>설립하다</u>
① 성취하다 ② 줄이다 ③ 설립하다
④ 공급[비치]하다 ⑤ 광고하다

2 여러가지 <u>혜택</u>이 많다
① 업무, 과업 ② 손상 ③ 정체성
④ 이익, 이득 ⑤ 추가

3 새로운 스마트폰을 <u>개발하다</u>
① 보상하다 ② 연상시키다 ③ 개발하다
④ 졸업하다 ⑤ 전시하다

4 <u>헛된</u> 노력
① 즉각적인 ② 유용한 ③ 중립의
④ 주의하는 ⑤ 무익한

5 <u>서로 협력하다</u>
① 의사소통하다 ② 사색[투기]하다 ③ 평가하다
④ 협동하다 ⑤ 조사하다

Step 3 다음 빈칸에 들어갈 알맞은 단어를 고르시오.

1 There was obvious .... to the proposal.
① religion ② passion ③ opposition
④ opinion ⑤ concentration

2 I get along well with my .... in the office.
① apology ② audience ③ colleague
④ biologist ⑤ passer-by

3 His English .... enabled him to get a higher position.
① expression ② competence ③ consequence
④ circumstance ⑤ finance

4 Brenda felt bored with her .... daily routine.
① abnormal ② punctual ③ skeptical
④ traditional ⑤ monotonous

5 Fall is called the season of ....
① harmonize ② require ③ execute
④ harvest ⑤ receive

1 그 제안에 대해서 분명한 반대가 있었다.
① 종교 ② 열정 ③ 반대 ④ 의견 ⑤ 집중

2 난 <u>직장 동료</u>들하고 잘 지낸다.
① 사과 ② 청중 ③ 동료 ④ 생물학자 ⑤ 행인

3 그의 영어 <u>능력</u>이 그를 더 높은 지위로 올라갈 수 있게 해주었다.
① 표현 ② 능력 ③ 결과 ④ 환경 ⑤ 자금

4 브렌다는 <u>단조로운</u> 일상이 지루했다.
① 비정상적인 ② 정각의 ③ 회의적인
④ 전통적인 ⑤ 단조로운

5 가을은 <u>수확</u>의 계절이라 불린다.
① 조화시키다 ② 요구하다 ③ 실행하다
④ 추수하다 ⑤ 받다

보기	received	fragile	executed
	versatile	classify	

1 The .... articles* have to be treated with extra care when moving.   * article 물건

2 The star .... hundreds of letters from his fans every day.

3 A smartphone is a highly useful and .... device.

4 This program only can be .... on Windows 7 or above.

5 Please .... the document by date.

보기	proficient	electric	utilize
	instrument	raw	

6 The skier is also very .... at the snowboard.

7 This scientific .... is designed for educational purposes.

8 The .... cars will not pollute the air of the city.

9 My son tried .... fish for the first time in his life.

10 We can .... the sun as an energy source.

1 이사할 때 깨지기 쉬운 물건은 각별하게 취급해야 한다.

2 그 스타는 매일 수 백 통의 편지를 받았다.

3 스마트폰은 굉장히 유용한 다방면의 도구이다.

4 이 프로그램은 윈도우7 이상의 환경에서만 실행될 수 있다.

5 서류를 날짜별로 분류해주세요.

6 그 스키어는 스노우보드에도 아주 능숙하다.

7 이 과학 기기는 교육용으로 고안되었다.

8 전기자동차는 도시의 공기를 오염시키지 않을 것이다.

9 내 아들은 평생 처음으로 생선회를 먹어보았다.

10 우리는 태양을 에너지원으로 이용할 수 있다.

▶ 정답은 p.340~341에

There is no greater harm than that of time wasted.

Michelangelo

시간을 낭비하는 것보다 더 큰 해악은 없다.

– 미켈란젤로, 이탈리아의 조각가 · 화가 · 건축가 · 시인

Ch.2

교통과 통신

Check-up 아는 단어에 ✔ 표시

- [ ] pavement
- [ ] vehicle
- [ ] transportation
- [ ] thrust
- [ ] navigate
- [ ] sight
- [ ] passenger
- [ ] congestion
- [ ] toll
- [ ] allow
- [ ] proceed
- [ ] overtake

- [ ] barrier
- [ ] collide
- [ ] overload
- [ ] aboard
- [ ] depart
- [ ] correspondent
- [ ] paddle
- [ ] anchor
- [ ] correspondence
- [ ] interact
- [ ] transmit
- [ ] satellite

pavement [péivmənt]

n 인도, 보도; 포장도로
↳ **pave** **v.** (벽돌 등으로 길을) 포장하다

A good asphalt pavement can be easily seen on the remote country roads.
요즘은 외진 시골길도 아스팔트로 포장이 잘 되어있다.

voca plus+ 길

path 오솔길 **alley** 골목길 **passer-by** 통행인 **pedestrian** 보행자
crosswalk 횡단보도 **avenue** 대로 **street** 거리 **ramp** 경사로
underpass 지하도 **freeway** 고속도로 **overpass** 고가도로, 육교

vehicle [víːikl]

n 차량, 탈 것; 수단, 방법(method, means)

the rear of the vehicle 차의 뒤쪽

Motor vehicles can also be used as transportation. 자동차들은 또한 운송용으로 사용할 수 있다.

voca plus+ 육상 운송수단

bike/bicycle 자전거 **motorcycle** 오토바이 **car/automobile**
자동차 **van** 밴 **bus** 버스 **shuttle bus** 셔틀버스 **truck** 트럭
taxi/cab 택시 **train** 기차 **subway/underground** 지하철

transportation [trænspərtéiʃən]

n 운송, 수송
↳ **transport** **v.** 운송하다, 수송하다

Wellbong's transportation is one of the most famous transportation companies in Korea.
웰봉 운송은 한국에서 가장 유명한 운송회사중 하나이다.

voca plus+ '나르다'의 유의어
carry convey deliver transfer transmit

thrust [θrʌ́st]

동사변화 thrust–thrust–thrust

ⓥ 밀다; 밀치다(shove, push) ↔ pull(당기다); 무기로 사람을 찌르다

thrust one's way through the crowd
군중을 밀어젖히고 나아가다

Station employee Bora thrust the people roughly towards the door.
역무원 보라는 사람들을 문 쪽으로 거칠게 떠밀었다.

navigate [nǽvəgèit]

ⓥ 길을 찾다; (바다, 강 등을) 항해하다
ㄴ **navigation** **n.** 항해, 항공
ㄴ **navigator** **n.** 항해사, 조종사

navigate by the stars 별을 보며 방향을 찾다

Captain, Wellbong is navigating a ship toward a treasure island. 선장 웰봉이는 보물섬을 향해 항해중이다.

sight [sait]

ⓝ 시각, 시력; 시야, 시계(視界)
ㄴ **eyesight** **n.** 시력 ㄴ **foresight** **n.** 선견지명
ㄴ **insight** **n.** 통찰력 ㄴ **sight-seeing** **n.** 관광, 구경

water at the sight of the hamburger
햄버거를 보자 군침이 고이다

Sight is possible at night thanks to headlights.
헤드라이트 덕택으로 밤에 시야를 확보할 수 있다.

passenger [pǽsəndʒər]

n 승객
↳ **passage**　**n.** 통행, 통과; (시간의) 경과(lapse)

the passenger elevator　승객용 엘리베이터

Wellbong is seated on the plane as a passenger.　웰봉이는 기내에 승객으로 앉아있다.

뉘앙스 구별　손님
client (은행, 변호사 등의) 고객　**patient** (병원에서) 환자
guest (호텔 등에서) 손님　**passenger** (교통관련에서) 승객

congestion [kəndʒéstʃən]

n 혼잡(traffic jam); (눈의) 충혈
↳ **congest**　**v.** 정체시키다; 충혈시키다
↳ **congested**　**a.** 교통이 혼잡한(jammed, chaotic)

be late because of a traffic congestion
교통 정체로 지각하다

Nyabong was irritated by the traffic congestion.　냐봉이는 교통체증 때문에 짜증이 났다.

toll [tóul]

n 사용료; 통행료; 사상자 수
↳ **tollbooth**　**n.** 통행료 징수소, 도로 요금소
↳ **tollgate**　**n.** 통행료 징수소, 톨게이트

the death toll from the earthquake
지진으로 발생한 사망자 수

The attendant charged Nyabong 2,000 won in toll charges.　안내원은 냐봉이에게 통행료로 2천원을 내라고 했다.

allow [əláu]

v 허락하다(permit, approve); 용납하다
↳ **allowance** **n.** 허가; 용돈; 수당
↳ **allowed** **a.** 허가받은, 허용된

allow children to* watch TV 아이들이 TV를 시청하는 것을 허락하다 * allow A to V A가 ~하는 것을 허락하다

Wellbong is now **allowed** to cross the street at a crosswalk. 웰봉이는 이제 횡단보도를 건너도 된다.

proceed [prəsíːd]

v 진행하다(with) ↔ recede(후퇴하다)
↳ **process** **n.** 진행, 과정; 공정
↳ **procession** **n.** 행렬, 행진(march)
↳ **proceeds** **n.** 수익(금), 매상

insufficient memory to **proceed**
계속 진행하기에 부족한 메모리

A green traffic light instructs drivers to **proceed** again. 초록색불은 운전자들이 다시 앞으로 나아갈 것을 지시한다.

overtake [òuvərtéik]

v 추월하다, 앞지르다(catch up with)

Wellbong's car **overtook** that of Nyabong.
웰봉이의 차가 냐봉이의 차를 앞질렀다.

voca plus+ 운전
drive 운전하다 **steer** 핸들을 조종하다 **start** 시동을 걸다 **pull out** 차를 몰고 나가다 **pull up** 차를 세우다 **pull over** 차를 길가에 대다
back 후진시키다 **make a U-turn** U턴을 하다 **park** 주차시키다
parking 주차 **speeding** 속도위반

barrier [bǽriər]

n 장벽, 장애물
ↆ **barrier-free** **a.** 장애물이 없는

the attempt to cross the barrier 장애물을 넘으려는 시도
Wellbong is complaining about the barrier on the road. 웰봉이는 길 위의 장애물에 대해 불평하고 있다.

voca plus+ '장애물'의 유의어
bar obstacle barricade obstruction hurdle (경주의)

collide [kəláid]

v 충돌하다, 부딪치다(with) (bang)
ↆ **collision** **n.** 충돌, 부딪침

collide with a taxi 택시와 충돌하다
Two cars collided head-on* on the road.
두 자동차는 길에서 정면충돌했다. * collide head-on 정면충돌하다

뉘앙스 구별 충돌하다
hit 부딪히다 **bump** 부딪히다 **impact** 충돌하다 **crash** 세게 부딪히다
clash 금속이 부딪혀 나는 소리, 의견의 충돌

overload [òuvərlóud]

v 과적하다(overcharge)
ↆ **overloaded** **a.** 과적된, 과부하가 된
ↆ **load** **v.** (짐, 사람 등을) 싣다(charge)

overload the boat 보트에 너무 많은 사람을 태우다
Nyabong overloaded the truck with too much feedstuff. 냐봉이는 트럭에 너무 많은 사료를 담았다.

aboard [əbɔ́ːrd]

ad 탑승한, 승선한 *cf)* on board 탑승 중인
prep (배, 열차, 비행기 등) 내에서
    cf) abroad 해외로 (철자와 의미 혼동에 유의)

Wellbong is going aboard the plane with a happy feeling. 웰봉이는 즐거운 마음으로 비행기에 탑승하고 있다.

voca plus+ a- 형용사

접두어 a를 포함하여 항상 명사 뒤에서 수식하는 독일어계 형용사들
awake 깨어있는 **alike** 비슷한 **afloat** 떠다니는 **adrift** 표류하는
alight 불이 붙은 **alone** 혼자의 **ashamed** 수치스러운

depart [dipáːrt]

v 떠나다(from); 죽다
  └ **departure** n. 출발 ↔ arrival(도착)
  └ **department** n. 부문; 분야; 학과 *department* store 백화점

depart from Terminal 3 3번 터미널에서 출발하다

Wellbong waved his yellow handkerchief when Boonhong departed.
웰봉이는 분홍이가 떠나려 할 때 노란 손수건을 흔들었다.

correspondent
[kɔ̀ːrəspándənt]

n 기자, 통신원, 특파원; 편지를 쓰는 사람
    cf) journalist (신문, 방송) 기자   reporter (보도) 기자, 리포터
  └ **correspond** v. 대응하다(to); 일치하다(with); 서신을 주고받다
  └ **correspondence** n. 대응; 서신왕래

From WBC's Seoul Bureau, correspondent Bong has the details.
WBC 방송 서울지국에서 봉 특파원이 자세히 전해드리겠습니다.

paddle [pǽdl]

ⓝ 노(oar)　**ⓥ** 노를 젓다(row)

use a paddle to steer the boat
노를 사용하여 보트를 조종하다

Wellbong is paddling the canoe along the coast. 웰봉이는 해안을 따라 카누의 노를 젓고 있다.

voca plus+ 배, 항해

vessel 큰 배　**cruise** 유람　**drift** 표류하다　**row** 배를 젓다　**sail** 돛, 항해하다　**mast** 돛대　**anchor** 닻　**berth** 정박시키다　**lighthouse** 등대

anchor [ǽŋkər]

ⓝ 닻　**ⓥ** 닻을 내리다, 정박하다
└ **anchorage　n.** 정박지
└ **anchored　a.** 닻을 내린

anchor man/woman 앵커맨/앵커우먼

Pirate Nyabong put the ship's anchor into the water to take a rest for a while.
해적 냐봉이는 잠시 쉬기 위해 바다에 닻을 내렸다.

correspondence
[kɔ̀ːrəspándəns]

ⓝ 서신, 편지(letter); 일치, 상응(response)
└ **correspond　v.** 서신을 주고받다; 일치하다, 상응하다

have correspondence with the people
사람과 편지 왕래를 하다

Wellbong required Nyabong to answer his correspondence. 웰봉이는 냐봉이에게 답장을 쓰라고 했다.

interact [intərǽkt]

v 상호 작용하다, 서로 영향을 끼치다(with)
ㄴ **interaction**　**n.** 상호 작용　social *interaction* 사회적 상호 작용
ㄴ **interactive**　**a.** 상호작용을 하는

Wellbong interacts with Boonhong through his smartphone.
웰봉이는 자신의 스마트폰을 통해 분홍이와 소통한다.

transmit [trænsmít]

v 전송하다, 송신하다(send); 전달하다(deliver)
ㄴ **transmission**　**n.** 전송, 송신; 전달
ㄴ **retransmit**　**v.** 재송신하다

be transmitted via physical contact
신체적 접촉을 통하여 감염되다

The data will be transmitted completely in one minute.　데이터는 1분 이내로 완전히 전송될 것이다.

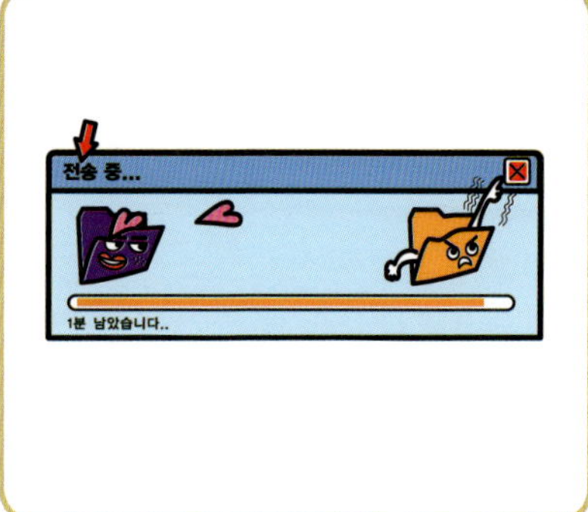

satellite [sǽtəlàit]

n 위성　*cf)* comet 혜성

an artificial satellite 인공위성
launch a satellite 인공위성을 발사하다

Satellites move continually around the earth.
위성은 계속적으로 지구를 돈다.

voca plus+ 행성(planet)
Mercury 수성　**Venus** 금성　**Earth** 지구　**Mars** 화성　**Jupiter** 목성
Saturn 토성　**Uranus** 천왕성　**Neptune** 해왕성

 4

Step 1 다음 영단어의 우리말 뜻을 쓰시오.

pavement	barrier
vehicle	collide
transportation	overload
thrust	aboard
navigate	depart
sight	correspondent
passenger	paddle
congestion	anchor
toll	correspondence
allow	interact
proceed	transmit
overtake	satellite

Step 2 다음 밑줄 친 단어의 유의어를 고르시오.

1 no <u>barrier</u> in love
① integrity　② discussion　③ ignorance
④ aspiration　⑤ obstacle

2 <u>collide</u> with a taxi
① measure　② resent　③ claim　④ crash　⑤ supply

3 <u>transmit</u> data
① involve　② judge　③ govern　④ achieve　⑤ send

4 be in <u>correspondence</u>
① orphan　② letter　③ tablet　④ crisis　⑤ advantage

5 <u>allow</u> children to watch educational TV
① convey　② supply　③ permit　④ persuade　⑤ resist

1 사랑에 <u>국경(장벽)</u>이 없는
① 성실, 정직, 고결　② 토론　③ 무지
④ 열망　⑤ 장애물

2 택시와 <u>충돌하다</u>
① 측정하다, 재다　② 분개하다　③ 요구하다
④ 충돌하다　⑤ 공급하다

3 정보를 <u>전송하다</u>
① 포함시키다　② 판단하다　③ 통치하다
④ 성취하다　⑤ 보내다

4 <u>서신</u>을 주고받다
① 고아　② 편지　③ 정제, 명판　④ 위기　⑤ 이점

5 아이들이 교육적인 TV를 시청할 수 있도록 <u>허락하다</u>
① 나르다, 운반하다　② 공급하다　③ 허락하다
④ 설득하다　⑤ 저항하다

Step 3 다음 빈칸에 들어갈 알맞은 단어를 고르시오.

1 The mechanic is repairing the ……………．
① triumph　② obstacle　③ vehicle
④ barrier　⑤ congestion

2 They built a lighthouse to facilitate …………… the seas.
① utilizing　② composing　③ navigating
④ dictating　⑤ decreasing

3 If the boat is …………… with many people, it will sink.
① overdone　② overloaded　③ overwhelmed
④ overtaken　⑤ overheard

4 Traffic …………… is expected this weekend.
① destination　② information　③ temptation
④ transportation　⑤ congestion

5 How much is the …………… for a compact car* on the expressway from Seoul to Busan? * compact car 소형차
① crime　② tuition　③ barrier　④ pavement　⑤ toll

1 수리공이 <u>차량</u>을 수리하고 있다.
① 승리　② 장애물　③ 탈 것　④ 장벽　⑤ 정체

2 그들은 <u>항해</u>를 용이하게 하기 위해서 등대를 세웠다.
① 활용하기　② 작곡하기　③ 항해하기
④ 받아쓰게 하기　⑤ 감소하기

3 보트에 너무 많은 사람을 실으면, 보트는 가라앉을 것이다.
① 지나치게 한　② 과적한　③ 압도된
④ 따라잡힌　⑤ 엿들은

4 이번 주말은 교통 <u>혼잡</u>이 예상된다.
① 목적지　② 정보　③ 유혹　④ 운송, 수송　⑤ 정체

5 서울에서 부산까지 소형차의 고속도로 <u>통행료</u>는 얼마입니까?
① 범죄　② 수업료　③ 장벽
④ 포장도로　⑤ 통행료

보기	interact	satellite	floating
	passengers	depart	

1 The moon is a .... of the Earth.

2 The family doesn't .... with their neighbors.

3 The first flight is scheduled to .... tomorrow morning at 7.

4 White clouds are .... in the sky peacefully.

5 .... are getting out of the plane.

1 달은 지구의 <u>위성</u>이다.

2 그 집은 이웃과 전혀 <u>왕래하지</u> 않았다.

3 첫 비행은 내일 아침 7시에 <u>출발할</u> 예정이다.

4 하늘에는 흰 구름이 평화롭게 <u>떠다니고</u> 있다.

5 <u>승객들</u>이 비행기에서 내리고 있다.

보기	transportation	paddling	pavement
	aboard	overtake	

6 He uses public .... to get to work.

7 A(n) .... is usually made of concrete, asphalt, gravel or stones.

8 Passengers are being seated .... the airplane.

9 They are .... down along the river.

10 The driver tried to .... the car in front of him.

6 그는 대중교통을 이용해서 출근한다.

7 <u>포장도로</u>는 대개 콘크리트, 아스팔트, 자갈, 돌 등으로 만든다.

8 비행기를 <u>탄</u> 승객들이 자리에 앉고 있다.

9 그들은 <u>노를 저어</u> 강을 따라 <u>내려가고</u> 있다.

10 그 운전자는 앞에 있는 차를 <u>따라 잡으려고</u> 했다.

▶ 정답은 p.341~342에

Think twice before you speak, because your words and influence will plant the seed of either success or failure in the mind of another.

Napoleon Hill,

말하기 전에 두 번 생각하라. 당신의 말이나 영향력이 타인의 마음에 성공 혹은 실패의 씨앗을 뿌린다.

– 나폴레옹 힐, 미국의 작가

Ch.3
인류와 문화

Check-up 아는 단어에 ✔ 표시

- ☐ humanity
- ☐ create
- ☐ prehistoric
- ☐ ethnic
- ☐ tribe
- ☐ ritual
- ☐ bind
- ☐ historical
- ☐ feat
- ☐ medieval
- ☐ contemporary
- ☐ traditional
- ☐ custom
- ☐ clumsy
- ☐ preserve
- ☐ local
- ☐ immortal
- ☐ sacred
- ☐ spirit
- ☐ divine
- ☐ religion

- ☐ miraculous
- ☐ instinct
- ☐ maze
- ☐ superstition
- ☐ psychology
- ☐ philosopher
- ☐ process
- ☐ literature
- ☐ preface
- ☐ author
- ☐ compose
- ☐ publish
- ☐ periodical
- ☐ conductor
- ☐ carve
- ☐ monument
- ☐ statue
- ☐ architecture
- ☐ display
- ☐ perspective
- ☐ relative

humanity [hjuːmǽnəti]

ⓝ 인류; 인간성; 인간애
- **human** **a.** 인간의; 인간다운
- **humane** **a.** 인도적인, 자비로운 ↔ inhumane(비인도적인)
- **humanism** **n.** 인본[인문]주의

All the people in the world can be referred to
as humanity.   세상의 모든 사람들은 인류라고 불릴 수 있다.

voca plus+ 사람

human (being) 인간 이외의 사물과 대비한 사람   **person** 개개인의 사람
individual 독립개체로서의 한 사람   **people** 사람들   **folk** 특정 유형, 집단
의 사람들   **public** 대중   **crowd** 군중

create [kríeit]

ⓥ 창조하다
- **creation** **v.** 창조, 창작   the *creation* of the universe 우주의 생성
- **creature** **n.** 생물; 사람
- **creative** **a.** 창조적인, 창의적인(inventive)
- **creator** **n.** 창조자, 창조주   **creativity** **n.** 창조성, 독창력

Adam and Eve were created by God.
하나님이 아담과 이브를 만드셨다.

prehistoric [priːhistɔ́ːrik]

ⓐ 선사 시대의
- **prehistory** **n.** 선사 시대

It has been said that people who lived in
prehistoric times, usually farmed and hunted.
선사시대에는 주로 사냥을 하거나 농사를 지으며 살았다고 한다.

voca plus+ '태고의, 원시의'의 유의어

immemorial   earliest   primeval   pristine

ethnic [éθnik]

a 민족의, 종족의, 인종의(racial)
  cf) ethic 윤리 (철자와 의미 혼동에 유의)
└ **ethnicity**   **n.** 민족성

ethnic minority   소수 민족 집단
citizens of diverse ethnic backgrounds
다양한 민족적 배경의 시민들

There are various ethnic communities in the world.   세상에는 다양한 민족들이 있다.

tribe [tráib]

n 부족, 종족
└ **tribal**   **a.** 부족의, 종족의

savage tribe   야만족   nomadic tribe   유목 민족
He is a member of the tribe living in the African rain forest.
그는 아프리카 열대우림에 살고 있는 부족의 일원이다.

voca plus+   인종, 민족
race 신체적 특성에 따른 인종   **nation** 동일한 문화를 공유하는 민족

ritual [rítʃuəl]

n 종교의식, 의례   **a** 의식의
└ **rite**   **n.** 의식, 의례(ceremony)
└ **ritually**   **ad.** 의식에 따라; 격식대로

a common ritual at a wedding   일반적인 결혼 의식
When the young reach 17 in the tribe, they have to go through a ritual to become adults.
그 부족에서 17세가 되면, 젊은이들은 성인이 되기 위해 의식을 하나 치러야만 한다.

bind [baind]

동사변화 bind–bound–bound

v 묶다(tie), 감다; 결속시키다

The hands and feet of Wellbong are **bound** tightly by rope. 웰봉이의 손과 발은 밧줄로 단단하게 묶여 있다.

voca plus+ 묶다

string 끈 **rope** 밧줄 **strap** (시곗줄 등의) 띠 **tight** 꽉 죄인 **loose** 느슨한

수능 빈출표현

bind A to V A로 하여금 ~하게 하다
be bound[certain, sure] to V 반드시 ~하다

historical [histɔ́ːrikəl]

a 역사상의(of history)

└ **historically ad.** 역사상   └ **history n.** 역사(chronicle)
└ **historian n.** 역사학자

Bora's costume can be understood from a **historical** point of view. 보라의 의상을 역사적 관점으로 보면 이해할 수 있다

뉘앙스 구별 역사적

historic 역사상 아주 중요하여 기념할 만한 가치가 있을 때 쓴다.
historical 과거와 관련된 것 또는 과거에 실제 있었던 일에 대해 쓴다.
ex) historic event 역사적 사건 *historical* data 역사 자료

feat [fíːt]

n 위업, 공적

a **feat** which would astound the world
세계를 놀라게 할 만한 업적

The most famous **feat** of Columbus was the discovery of the new continent.
콜럼버스의 업적은 신대륙의 발견이다.

voca plus+ '위업, 공적, 업적'의 유의어

merit exploit great achievement accomplishment deed

medieval [mìːdiíːvəl]

a 중세의(서기 1000년에서 1450년 사이)

date back to medieval times 중세로 거슬러 올라가다

A castle is an example of typical architecture of the medieval age. 성은 중세시대의 전형적인 건축물이다.

voca plus+ 중세

ancient 고대의 modern 현대의 the Middle Ages medieval times 중세 knight 기사 castle 성(城)

contemporary
[kəntémpərèri]

a 동시대의(coeval); 현대의(modern)
n 동시대인(coevality)

contemporary literature 현대문학

This illustration shows the difference between a contemporary building and a traditional house.
이 그림은 현대빌딩과 전통가옥 사이의 차이점을 보여준다.

traditional [trədíʃənl]

a 전통의, 전통적인(conventional)
  └ **traditionally** ad. 전통적으로

Kite flying is one of the most popular traditional games in Korea.
연날리기는 한국에서 가장 인기 있고 전통적인 놀이들 중에 하나이다.

voca plus+ 전통, 관례, 관습

custom (전통적이어서 일반적으로 인정되고 습관화되어온) 관습
tradition (예로부터 전해져 내려오는) 전통
convention (모든 구성원이 당연한 것으로 여기는) 관례, 관습
practice (자주 행해져서 습관처럼 굳어진) 관례, 관행

custom [kʌ́stəm]

n 관습, 풍습(convention)
  ↳ **customary** **a.** 관습적인(conventional); 습관적인(habitual)

social custom 사회적 관습

There is one custom in the Na'vi tribe that you have to follow. 나비족에는 당신이 따라야만 하는 관습이 한 가지 있다.

clumsy [klʌ́mzi]

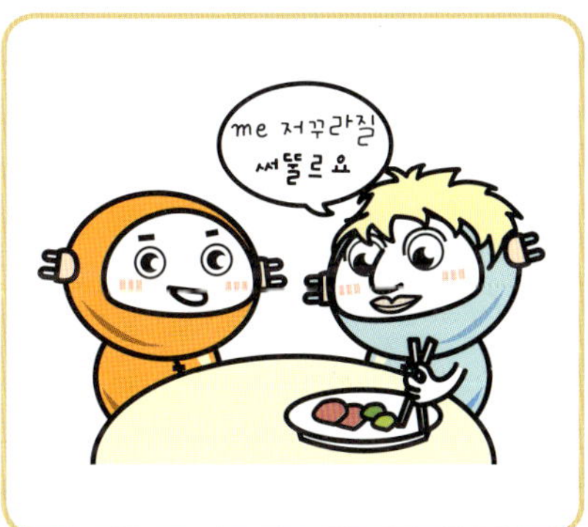

a 어설픈, 서투른(awkward, unskillful)
  ↳ **clumsily** **ad.** 어색하게, 서투르게
  ↳ **clumsiness** **n.** 어색함, 서투름

clumsy and awkward dancing 어색하고 서투른 춤

He, a foreigner, still seems a little clumsy at handling chopsticks.
외국인인 그는 아직도 젓가락질이 서투른 것 같다.

preserve [prizə́ːrv]

v 보존하다; 관리하다; 저장하다   **n** 잼, 설탕 절임(~s)
  ↳ **preservation** **n.** 보존, 유지
  ↳ **reserve** **v.** 보존하다; 예약하다

preserve the environment 환경을 보존하다

The ancient Egyptians preserved the dead body as a mummy. 고대 이집트인은 시신을 미라로 보존하였다.

뉘앙스 구별 보존하다
conserve 보존하다   **maintain** 원래의 수준을 보존[보수]하다
sustain 어떤 상황을 악화시키지 않도록 유지하다

local [lóukəl]

ⓐ 지역의(regional); 현지의
∟ **locally** ad. 지역적으로
∟ **localize** v. 지역화하다
∟ **localization** n. 지역화

local government 지방 자치, 지방 정부

A correspondent asked a **local** resident a question. 통신원이 지역주민에게 질문을 했다.

immortal [imɔ́ːrtl]

ⓐ 죽지 않는, 불멸의(undying) ↔ mortal(죽을 운명의)
∟ **immortality** n. 불멸(eternity) ↔ mortality(죽을 운명)

the **immortal** words 불후의 명언

Do you remember the historical drama, 'Immortal Yi Sun-shin'?
역사 드라마, '불멸의 이순신'을 기억하세요?

sacred [séikrid]

ⓐ 성스러운(holy); 종교적인(religious)

be held **sacred** in ancient times
고대에는 신성시되다

Where Moses* is standing is very **sacred**.
모세가 서있는 곳은 매우 신성한 곳이다.
* **Moses** 성경에 나오는 인물로 이스라엘의 종교적 지도자이자 민족적 영웅

spirit [spírit]

n 정신, 영혼(soul); 마음(mind); 기분(~s) (mood)
∟ **spiritual** **a.** 정신의, 정신적인; 영적인 **n.** 흑인영가
∟ **spirited** **a.** 기운찬, 활발한
↔ dispirited, disheartened(풀이 죽은)

Blessed are the poor in spirit.
마음이 가난한 자는 복이 있나니. (성경)

Everyone has their own spirit.
모든 사람들은 자신만의 영혼이 있다.

divine [diváin]

a 신의, 신성한(sacred, holy)
∟ **divinity** **n.** 신성, 신(神) (god. 기독교는 God)

divine grace 신의 은총

Jesus Christ, called the son of God in Christianity, is divine himself.
기독교에서 하나님의 아들이라 불리는 예수 그리스도는 그 자신이 신성이다.

religion [rilídʒən]

n 종교(religious faith)
∟ **religious** **a.** 종교적인; 신앙심이 깊은(devout, pious)

accept religion 종교를 받아들이다

There are various religions in the world.
세계에는 다양한 종교가 있다.

voca plus+ 종교의 종류
Christianity 기독교 **Protestantism** 개신교 **Catholicism** 카톨릭
Buddhishism 불교 **Islam** 이슬람 **Hinduism** 힌두교 **atheism** 무신론 **atheist** 무신론자

miraculous [mirǽkjuləs]

a 기적적인
↳ **miracle** **n.** 기적; 경이(wonder)

a miraculous recovery 기적적인 회복

The parting of the Red Sea in the Bible is one of the miraculous events in history.
성경에서 홍해가 갈라진 일은 역사상 가장 기적적인 일 중에 하나이다.

voca plus+ '기적적인'의 유의어
amazing   marvelous   supernatural

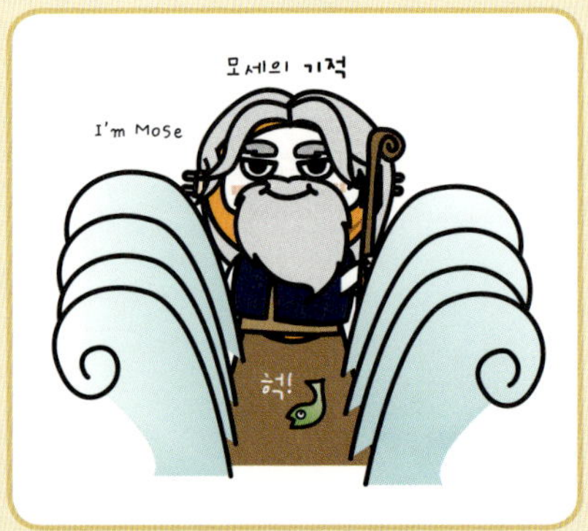

instinct [ínstiŋkt]

n 본능; 직관(intuition) ↔ experience(경험)
↳ **instinctive** **a.** 본능적인
↳ **instinctively** **ad.** 본능적으로

maternal instincts 모성 본능
homing instinct 회귀 본능

Men have an innate instinct for women.
남자가 여자를 좋아하는 것은 타고난 본능이다.

maze [méiz]

n 미로(labyrinth)
↳ **maze-like** **a.** 미로 같은
↳ **amaze** **v.** 놀라게 하다
↳ **amazing** **a.** 놀라운

escape from the maze 미로에서 빠져나오다

Unfortunately, Wellbong got lost in the maze.
불행하게도 웰봉이는 미로에서 길을 잃었다.

superstition [sùːpərstíʃən]

ⓝ 미신(folk belief)
└ **superstitious** **a.** 미신을 믿는, 미신적인

a widespread superstition
널리 퍼져 있는 미신

Attaching yeot to the school gate for acceptance is a kind of widespread superstition in Korea.
합격을 위해 교문에 엿을 붙이는 것은 한국에서 널리 퍼져있는 미신이다.

psychology [saikálədʒi]

ⓝ 심리학; 심리(상태) (mentality)
└ **psychological** **a.** 심리의, 정신적인 ↔ physical(신체적인)
└ **psychologist** **n.** 심리학자

very interested in psychology
심리학에 관심이 아주 많은

Wellbong came to learn the psychology of women through tabloid magazines.
웰봉이는 잡지를 통해 여자의 심리를 알게 되었다.

philosopher [filásəfər]

ⓝ 철학자
└ **philosophic(al)** **a.** 철학의, 철학에 관련된
└ **philosophy** **n.** 철학

the Greek philosopher Aristotle
그리스 철학자 아리스토텔레스

Confucius and Socrates are representative philosophers in the East and West.
공자와 소크라테스, 그들은 동서양의 대표적인 철학자들이다.

process [prɑ́ses]

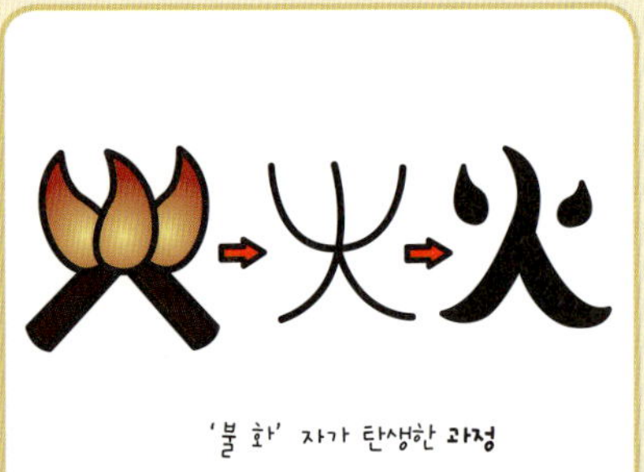

n 과정; 공정 **cf)** procedure 순서, 절차
v 가공하다
└ **proceed** **v.** 진행하다(with) ↔ recede(후퇴하다)
└ **procession** **n.** 행진(march), 행렬

a **process** of trial and error 시행착오의 과정
This is the **process** through which the Chinese character 火 was born. 이것이 '불 화' 자가 탄생된 과정이다.

literature [lítərətʃər]

n 문학; 문헌
└ **literary** **a.** 문학의, 문학적인

Wellbong is very **interested** in music and literature. 웰봉이는 음악과 문학에 매우 관심이 많다.

voca plus+ 문학의 형식
novel 소설 **novelist** 소설가 **synopsis** 줄거리 **poetry** (문학 장르로서의) 시 **poem** 시 **verse** 운문 ↔ 산문(prose) **essay** 수필 **drama** (문학 장르로서의) 희곡, 극 **play** (배우들의 위해 쓴) 연극, 희곡

preface [préfis]

n 서문 **v** 서문을 쓰다
└ **prefatory** **a.** 서문의, 머리말의(introductory)

write a **preface** to a book 책의 머리말을 쓰다
The author's main idea is referred to in the **preface**. 저자의 중심 내용은 서문에 언급되어 있다.

voca plus+ 책의 구성요소
title 제목 **contents** 목차, 차례 **preamble** 서론, 전문 **chapter** 장(章) **index** 색인 **appendix** 부록

author [ɔ́ːθər]

n 작가(writer), 저자

a co-author 공동 저자

Wellbong's *Wordmate* was written by author
Mr. K. 웰봉이의 《워드메이트》는 저자 K씨에 의해 쓰여졌다.

뉘앙스 구별 작가/저자

author (특정 책의 지은이) 저자   writer (문학 창작 활동이나 글쓰기를 입으로
하는 사람) 작가

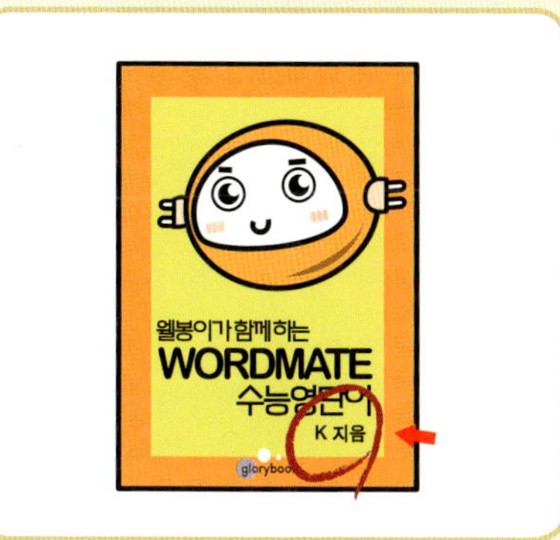

compose [kəmpóuz]

v 구성하다(constitute); 작곡하다, 작문하다
└ **composer** n. 작곡가
└ **composition** n. 구성; 작곡, 작문

Bongthoven, one of the greatest composers,
composed a lot of masterpieces.
가장 위대한 작곡자들 가운데 한 명인 봉토벤은 많은 명작을 작곡했다.

수능 빈출표현 ~로 구성되다
be made up of = be composed of = consist of =
comprise

publish [pʌ́bliʃ]

v 출판하다; 발표하다(make public)
└ **publication** n. 출판; 발표
└ **publisher** n. 출판인, 출판사

Wellbong published his first book, called
Wordmate. 웰봉이는 그의 첫 작품인 《워드메이트》라는 책을 출판했다.

voca plus+ 출판

manuscript 원고   **draft** 초안   **contribution** 기고   **edit** 편집
compile 편집하다   **print** 인쇄하다   **copyright** 저작권, 판권
edition (출간 횟수를 나타내는) 판

periodical [pìəriádikəl]

n 정기 간행물

a 정기적인; 주기적인(periodic); 정기간행의
 ↳ **periodically** **ad.** 정기적으로, 주기적으로
 ↳ **period** **n.** 기간, 시기(era, epoch 역사적 의미가 있는 기간)

subscribe to periodicals   정기 간행물을 구독하다

Dr. Bong made the cloned cat bring the periodical to him.
봉박사는 복제 고양이에게 정기간행물을 가지고 오게 했다.

conductor [kəndʌ́ktər]

n 지휘자; (기차, 버스 등의) 차장

train conductor   차장
conductor of the symphony   관현악단의 지휘자

The performance began under the baton of the conductor.   지휘자의 지휘로 연주가 시작되었다.

carve [káːrv]

v 조각하다, 새기다; (요리된 고기를 먹기 좋게) 자르다
 cf) crave 갈망하다 (철자와 의미 혼동에 유의)
 ↳ **carver** **n.** 조각가   ↳ **carving** **n.** 조각(물)

carve marble into a statue   대리석으로 조각상을 만들다

Bora carved their love on the tree.
보라는 나무에 그들의 사랑을 새겼다.

voca plus+   조각
engrave (장식용으로) 새겨 넣다   **inscribe** (비석 등에) 새기다
sculpture 조각, 조각품   **statue** 조각상

monument [mǽnjumənt]

n 기념물, 기념비
- **monumental** **a.** 기념비적인

erect a monument 기념비를 건립하다

The monument for Mrs. Bong was built in front of the Glory Building.
봉여사를 위한 기념비가 글로리 빌딩 앞에 세워졌다.

statue [stǽtʃuː]

n 조각상(sculpture, carving)

an immense statue in the park 공원에 있는 거대한 동상

The Statue of Liberty is in New York.
자유의 여신상은 뉴욕에 있다.

voca plus+ 철자와 의미 혼동에 유의
status 신분, 자격; (사회적) 지위; 상황
state 상태; 국가, 나라; 주(州); 언급하다
stature 위상; (사람의) 키

architecture [ɑ́ːrkətèktʃər]

n 건축(술); 건축 양식
- **architect** **n.** 건축가, 건설가
- **architectural** **a.** 건축(술)의

the Gothic style of architecture 고딕 양식의 건축

There are many elaborate kinds of architecture in the world. 세상에는 정교한 건축물들이 많이 있다.

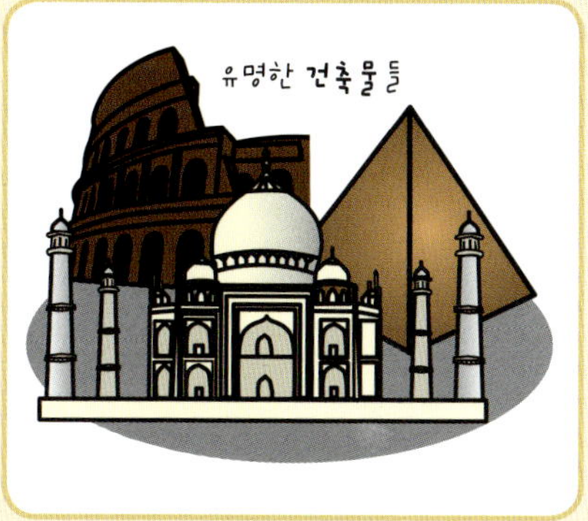

display [displéi]

v 전시하다(show, exhibit) ↔ hide(숨기다; 과시하다)
n 전시, 진열(exhibition)

on display 전시 중인

Wellbong appreciates the displayed works in the local exhibition. 웰봉이는 전시관에서 전시된 작품을 감상한다.

voca plus+ '숨기다, 가리다'의 유의어

mask conceal secrete cover screen disguise dissimulate

perspective [pərspéktiv]

n 관점(on); 원근법; 조망(view, scene, vista, outlook)

perspective on occupation 직업관

The picture can be seen differently if the perspective is altered.
그림은 보는 관점에 따라 다르게 보여질 수 있다.

voca plus+ '관점'의 유의어

viewpoint   point of view   standpoint

relative [rélətiv]

a 상대적인(comparative) ↔ absolute(절대적인)
n 친척
└ **relatively** ad. 상대적으로   └ **relation** n. 관계, 친척
└ **relationship** n. 관련, 친척관계
└ **relativity** n. 상대성   the theory of *relativity* 상대성 이론

Their side dishes on the table are relative.
테이블 위에 놓여있는 그들의 반찬은 상대적이다.

TEST 5

Step 1 다음 영단어의 우리말 뜻을 쓰시오.

humanity	miraculous
create	instinct
prehistoric	maze
ethnic	superstition
tribe	psychology
ritual	philosopher
bind	process
historical	literature
feat	preface
medieval	author
contemporary	compose
traditional	publish
custom	periodical
clumsy	conductor
preserve	carve
local	monument
immortal	statue
sacred	architecture
spirit	display
divine	perspective
religion	relative

Step 2 다음 밑줄 친 단어의 <u>유의어</u>를 고르시오.

1 <u>prehistoric</u> times
① cultural ② earliest ③ latest ④ historical ⑤ individual

2 a <u>sacred</u> place
① scared ② amazed ③ honest ④ mutual ⑤ holy

3 one <u>ethnic</u> family* speaking one language
* ethnic family 민족
① ethic ② rural ③ racial ④ virtual ⑤ moral

4 <u>contemporary</u> literature
① antique ② modern ③ previous
④ eternal ⑤ constant

5 a <u>traditional</u> Korean holiday
① respectful ② grateful ③ delightful
④ rational ⑤ conventional

Step 3 다음 빈칸에 들어갈 알맞은 단어를 고르시오.

1 New automobiles are .... on the Tokyo Motor Show.
① concealed ② hidden ③ displayed
④ adapted ⑤ aspired

2 Beethoven .... several beautiful symphonies.
① endured ② refused ③ composed
④ contained ⑤ proposed

3 Animals are born with a(n) .... for survival.
① philosophy ② fallacy ③ prejudice
④ instinct ⑤ sacrifice

4 We should .... our cultural heritage* well for our next generations. * cultural heritage 문화유산
① presume ② preserve ③ predict ④ consent ⑤ generate

5 According to ancient .... , moles* reveal a person's character. * mole 점
① preservation ② obligation ③ examination
④ superstition ⑤ indifference

| 보기 | statue | perspective | architecture |
| | process | religion | |

1 I tried to see the issue from a different ....

2 We admired the .... such as the sphinx and the pyramids in Egypt on our trip.

3 A(n) .... is being carved by an artist.

4 .... is really helpful for those who are in trouble.

5 Students were able to observe the .... of film production.

1 나는 그 사안을 다른 시각에서 보도록 노력했다.

2 우리는 여행 중에 스핑크스와 피라미드와 같은 이집트 건축물을 보고 감탄했다.

3 예술가가 조각상을 깎아 만들고 있다.

4 종교는 어려움에 처해 있는 사람들에게 도움이 된다.

5 학생들은 영화 제작 과정을 관찰할 수 있었다.

| 보기 | clumsy | author | conductor |
| | historical | feat | |

6 The .... lived in an attic while writing his book.

7 Many music critics praised this young .... very highly.

8 My boyfriend's .... hands are trying to prepare food for me.

9 Remains* that have been found recently have great .... significance.   * remains 유물

10 Hangul is a great .... of King Sejong in Korean history.

6 그 작가는 책을 쓰는 동안 다락방에 기거했다.

7 많은 음악 평론가들이 이 젊은 지휘자를 극찬했다.

8 남자친구의 서툰 손은 나를 위한 음식을 준비하고 있다.

9 최근에 발견된 유물은 중요한 역사적 의의가 있다.

10 한글은 한국역사상 세종대왕의 위대한 업적이다.

▶ 정답은 p.342~343에

Life-transforming ideas have always come to me through books.

Bell Hooks

나는 삶을 변화시키는 아이디어를 항상 책에서 얻었다.

– 벨 훅스, 미국의 흑인 페미니스트 · 사회 운동가

Ch.4

언어와 의사소통

Check-up 아는 단어에 ✔ 표시

- ☐ symbolize
- ☐ illiterate
- ☐ derive
- ☐ phrase
- ☐ quotation
- ☐ dialect
- ☐ bilingual
- ☐ imply
- ☐ context
- ☐ inquire
- ☐ respond
- ☐ request
- ☐ impart
- ☐ explain
- ☐ remark

- ☐ illustrate
- ☐ statement
- ☐ retrospection
- ☐ propose
- ☐ announce
- ☐ narrate
- ☐ recite
- ☐ describe
- ☐ depict
- ☐ enlighten
- ☐ portray
- ☐ proclaim
- ☐ interpret
- ☐ emphasize
- ☐ recommend

symbolize [símbəlàiz]

ⓥ 상징하다(represent, stand for)
└ **symbol** **n.** 상징 the *symbol* of the spring 봄의 상징
└ **symbolic** **a.** 상징적인, 상징하는

These logos symbolize the heroes of Hollywood movies.
이 로고들은 할리우드 영화 속에 나오는 영웅들을 상징한다.

voca plus+ '상징'의 유의어
emblem logo token sign

illiterate [ilítərət]

ⓐ 글을 모르는, 문맹의(unlettered, unlearned, uneducated)
└ **illiteracy** **n.** 문맹 ↔ literacy(글을 읽고 쓰는 능력); 무식

A young man once was illiterate, but later he learned to read and write.
한 젊은이는 한때 문맹이었으나, 이후 읽고 쓰는 법을 배웠다.

voca plus+ 철자와 의미 혼동에 유의
literary 문학의, 문학적인(of literature)
literate 글을 읽고 쓸 줄 아는(learned)
literal 문자 그대로의(word-for-word)

derive [diráiv]

ⓥ (이익, 즐거움 등을) 끌어내다(from); 얻다(obtain); 유래하다 (from) (stem, originate)
└ **derivation** **n.** 유도, 유래
└ **derivative** **a.** 유도된, 파생의 **n.** 파생어

derive knowledge from history 역사에서 지식을 얻다.

The word 'kimchi' is derived from 'dimche'.
김치는 딤채로부터 유래하였다.

phrase [fréiz]

n 구, 구절

↳ **phrasal** **a.** 구(句)의, 구로 된 *phrasal* verbs 구(句)동사

a catchphrase 선전 문구

When several words are put together, it becomes a phrase. 여러 단어가 모이면 구가 된다.

voca plus+ 글

syllable 음절 **letter** 글자 **spell** 철자 **word** 단어 **clause** 구
sentence 문장 **character** 문자 **vocabulary** 어휘 **paragraph**
단락 **essay** 에세이 수필 **grammar** 문법

quotation [kwoutéiʃən]

n 인용구(citation); 견적, 시세

↳ **quote** **v.** 인용하다, 발췌하다 (cite, extract); 견적을 내다

↳ **quoted** **a.** 인용된, 발췌된; 제시된

a quotation apt for the occasion
그 경우에 적절한 인용구

Wellbong likes this quotation from the Bible.
웰봉이는 이 성경구를 좋아한다.

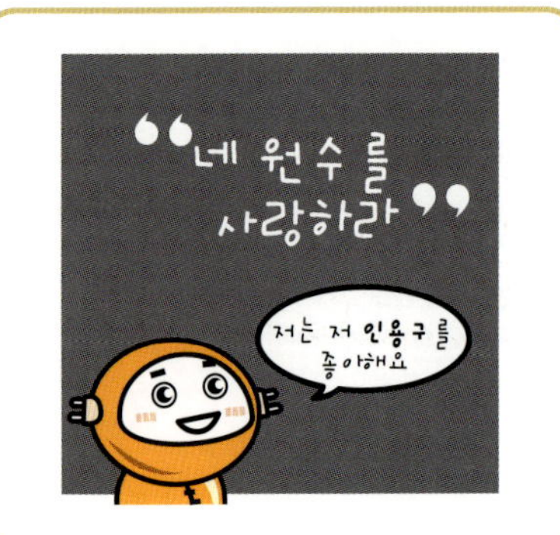

dialect [dáiəlèkt]

n 방언, 사투리 *cf)* slang 속어, 은어

↳ **dialectal** **a.** 방언의, 사투리의

speak in dialect 사투리로 말하다

We can find their dialect amusing.
그들의 사투리가 참 재밌다.

bilingual [bailíŋgwəl]

ⓐ 이중 언어를 구사할 줄 아는
ⓝ 이중 언어 구사자

be bilingual in English and Spanish
영어와 스페인어 두 언어를 하다

Wellbong is a really proficient bilingual person.
웰봉이는 정말 유능한 이중 언어 구사자이다.

voca plus+ 언어

foreign language 외국어　mother tongue 모국어　first
language 모국어　native speaker 원어민

imply [implái]

ⓥ 내포하다, 암시하다; 의미하다(mean)
↳ **implication** **n.** 함축, 암시, 시사
↳ **implicit** **a.** 함축적인 ↔ explicit(명백한)

The peppers hanging on the straw rope* imply
the birth of a son in Korean custom. 한국풍습에서
새끼줄에 걸려있는 고추는 아들의 탄생을 의미한다. * straw rope 새끼줄

voca plus+ '암시하다'의 유의어

hint　infer　suggest　connote　allude

context [kántekst]

ⓝ 문맥; 정황(circumstance)
↳ **contextual** **a.** 맥락[전후 사정]과 관련된

be understood in the same context
같은 맥락에서 이해되다

Wellbong's mom scolded Wellbong abruptly
without any context.
웰봉이 엄마는 앞뒤 정황을 듣지 않고 다짜고짜 웰봉이를 나무랐다.

inquire [inkwáiər]

ⓥ 질문을 하다(ask); 조사하다, 탐구하다(investigate)
└ **inquirer** **n.** 문의자; 조사원, 탐구자
└ **inquisition** **n.** 조사, 탐구
└ **inquiry** **n.** 질문; 탐구

inquire at the information desk 안내 데스크에 문의하다

Wellbong is **inquiring** the way to a movie theater. 웰봉이는 극장가는 길을 묻고 있다.

respond [rispánd]

ⓥ 반응하다(to) (react); 응답하다(reply, answer)
└ **response** **n.** 반응(reaction), 응답
└ **responsive** **a.** 반응하는(to)
└ **responsible** **a.** 책임져야 할(for)

respond to a question 질문에 답하다

Wellbong **responded to** an alien on the screen quickly. 웰봉이는 화면에 있는 외계인에게 즉시 응답했다.

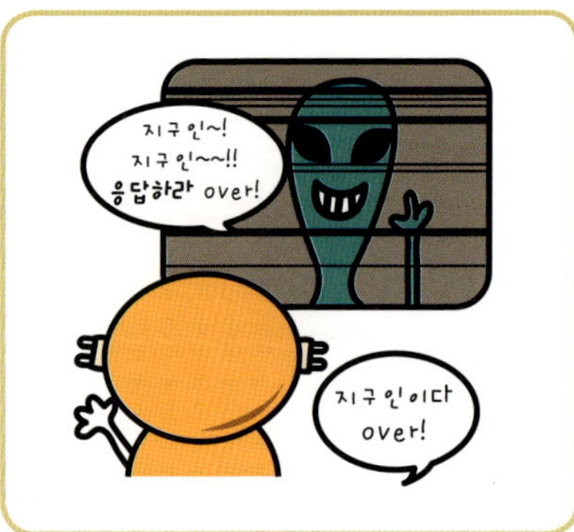

request [rikwést]

ⓥ 요청하다, 요구하다
ⓝ 요청, 요구

The hotel guest in 1205 **requested** other guests not to disturb him.
1205 호텔 투숙객은 다른 투숙객들에게 자신을 방해하지 말라고 요청했다.

뉘앙스 구별 요구하다
ask 요청하다(가장 일반적) **demand** 강력하게 요구하다
claim 청구하다 **call for** (주로 집단적으로) ~을 요구하다
require (특히 법, 규칙 등에 따라 강하게) 요구하다

impart [impáːrt]

ⓥ 알리다(inform); ~에게 …을 나누어주다(give, offer)
└ **impartable** **a.** 알릴 수 있는; 줄 수 있는

have much to impart to the person
사람에게 알려줄 것이 많다

The bloom of forsythia* imparts the advent of spring. 개나리의 개화는 봄이 왔음을 알린다. * forsythia 개나리

explain [iksplétin]

ⓥ 설명하다(account for)
└ **explanation** **n.** 설명
└ **explanatory** **a.** 설명하기 위한, 이유를 밝히는

explain the position 입장을 설명하다

Wellbong is explaining the abstract painting painted by E.J Yung.
웰봉이는 E.J.융이 그린 추상화를 설명하고 있다.

remark [rimáːrk]

ⓝ 발언, 논평, 언급(comment); 주목(attention)
ⓥ 발언하다, 논평하다, 언급하다
└ **remarkable** **a.** 놀랄 만한, 주목할 만한(notable)

Wellbong has made a remark that he is a roly-poly.* 웰봉이는 그가 오뚜기라는 충격적인 발언을 하였다.
* roly-poly 오뚜기

뉘앙스 구별 말하다

say 말하다 **state** 분명히 말하다 **specify** 상술하다 **comment** 논평하다 **mention** 주로 짧게 언급하다 **refer to** 구체적으로 언급하다

illustrate [íləstrèit]

v 삽화[도해]를 넣어 설명하다
└ **illustration** n. 삽화, 도해   └ **illustrator** n. 삽화가
└ **illustrative** a. 실례가 되는; 분명히 보여주는
└ **illustrated** a. 삽화[도해, 사진]를 넣은

illustrate a book 책에 삽화를 넣다

A little mouse is illustrating how to get to the storeroom to other mice.
작은 쥐는 다른 쥐에게 식량이 있는 곳을 설명하고 있다.

statement [stéitmənt]

n 성명, 진술
└ **state** v. 진술하다 n. 국가, 나라; 주(州)

issue a statement about the plan
계획에 대한 성명서를 내놓다

The police officer required them to make a clear statement.
경찰관은 그들에게 명쾌하게 진술할 것을 요청하였다.

retrospection [rètrəspékʃən]

n 회상, 회고 *cf)* introspection 자아성찰, 내성
└ **retrospect** v. 회상하다 in *retrospect* 돌이켜 생각해보면
└ **retrospective** a. 회상하는

Mrs. Bong often cries when she looks back in retrospection. 봉여사는 과거를 회상하며 가끔씩 눈물을 흘린다.

voca plus+ '기억, 회상'의 유의어
remember recall reminisce recollect look back on

propose [prəpóuz]

V 제안하다(suggest); 청혼하다
  ↳ **proposal** **n.** 제안; 청혼   ↳ **proposition** **n.** 제안; 진술

propose a new plan 새 계획을 제안하다

Nyabong **proposed** an attractive bet on the basketball game. 냐봉이는 농구경기로 매력적인 내기 제안을 하였다.

뉘앙스 구별 제안하다
suggest 제안하다   **come up with** 제안하다, 생각해내다
recommend 권하다

---

announce [ənáuns]

V (공식적으로) 발표하다, 알리다(make public)
  ↳ **announcement** **n.** 발표, 공고
  ↳ **announcer** **n.** 방송 진행자, 아나운서

announce the result 결과를 발표히디

A news anchor is **announcing** news on TV.
뉴스앵커는 TV에서 뉴스를 발표하고 있다.

뉘앙스 구별 알리다
inform 알리다   **notify** 공지하다   **declare** 선언하다
proclaim (국가적으로 중대한 일을) 공포하다

---

narrate [nǽreit]

V 이야기를 하다[들려주다] (relate)
  ↳ **narration** **n.** 이야기를 진행하기; 내레이션
  ↳ **narrator** **n.** 이야기하는 사람; 내레이터

narrate one's activities in a war
전쟁에서의 활약상을 이야기하다

Wellbong's mom is **narrating** the days of her youth. 웰봉이 엄마는 젊었을 때의 이야기를 하고 있다.

recite [risáit]

v (시, 산문 등을) 암송하다, 낭독하다
└ **recitation** n. 암송, 낭독, 낭송
└ **recital** n. 독창회, 독주회

recite a poem 시를 낭송하다, 시를 읊다

Wellbong began to recite the familiar Korean poem Sijo fluently.
웰봉이는 친숙한 시조를 유창하게 낭송하기 시작했다.

describe [diskráib]

v 묘사하다, 기술하다
└ **description** n. 묘사, 서술, 기술(記述)
　　beyond *description* 말로 표현할 수 없는(indescribable)

Wellbong described the object that he saw last night in detail.
웰봉이는 어젯밤 그가 본 물체를 상세하게 묘사했다.

voca plus+ '묘사하다'의 유의어
depict   portray   delineate

depict [dipíkt]

v 묘사하다(as) (describe)
└ **depiction** n. 묘사(description)

depict A as a hero A를 영웅으로 묘사하다

Wellbong is trying to depict his dream vividly.
웰봉이는 자신의 꿈을 생생하게 묘사하려고 노력중이다.

enlighten [inláitn]

ⓥ (설명하여) 이해시키다, 깨우치다, 계몽시키다(illuminate)
↳ **enlightened** **a.** 깨우친, 계몽된
↳ **enlightening** **a.** 계몽적인, 밝혀 주는
↳ **enlightenment** **n.** 깨우침, 선명하게 알려주기
　　　　　a rural *enlightenment* campaign 농촌 계몽 운동

Bora enlightened Wellbong as to why Nyabong had done such a strange thing.
보라는 웰봉이에게 냐봉이의 이상한 행동을 설명해서 이해시켰다.

portray [pɔːrtréi]

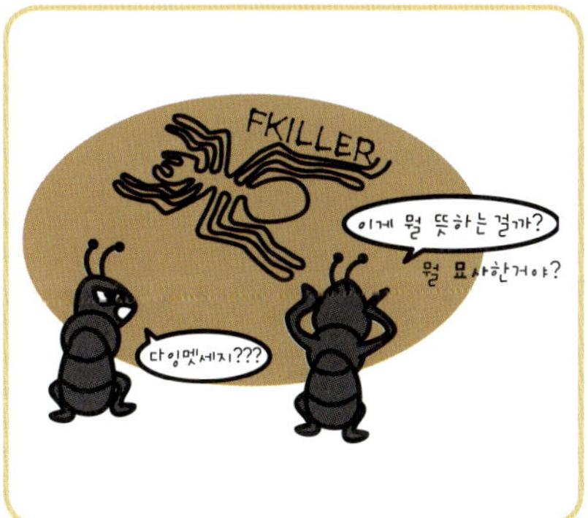

ⓥ (인물 등을) 묘사하다(depict)
↳ **portrayal** **n.** 묘사(depiction)
↳ **portrait** **n.** 초상화, 인물 사진
↳ **self-portrait** **n.** 자화상

positively portray　긍정적으로 묘사하다

The ants tried to find the meaning of the portrayed drawing on the ground.
개미들은 땅에 묘사된 그림의 뜻을 알아내려고 노력했다.

proclaim [proukléim]

ⓥ (공식적으로) 선언하다, 공표하다(announce, declare)
↳ **proclamation** **n.** 선언(서)

An officiant proclaims the couple husband and wife.　주례자는 커플이 부부가 되었음을 선포한다.

voca plus+　어근 -claim(cry, shout)이 포함된 단어들
claim 권리를 주장하다　**acclaim** 환호하다　**declaim** 감탄하다
disclaim 포기하다, 거절하다　**reclaim** 개간하다

interpret [intə́ːrprit]

v (특정한 방식으로) 해석하다(explain); 통역하다(translate)
    ↔ misinterpret(오역하다)
  ∟ **interpretation** n. 통역, 번역(translation), 해석
  ∟ **interpreter** n. 통역사(translator)

interpret the poem 시를 해석하다

Nyabong **interpreted** the dream that Wellbong had last night. 냐봉이는 지난밤에 웰봉이가 꾼 꿈을 해석하고 있다.

emphasize [émfəsàiz]

v 강조하다
  ∟ **overemphasize** v. 지나치게 강조하다
  ∟ **emphasis** n. 강조(on) pl. emphas**es**
  ∟ **emphatic** a. 강조하는

Wellbong **emphasized** the content with the red colored pen. 웰봉이는 빨간펜으로 그 내용을 강조했다.

voca plus+ '강조하다'의 유의어
stress underscore underline highlight accentuate

recommend [rèkəménd]

v 추천하다, 권하다 *cf)* 주로 동명사(V-ing)를 목적어로 취한다
  ∟ **recommendation** n. 추천(장)
  ∟ **recommendatory** a. 추천의, 권고의

recommend a candidate 후보자를 추천하다

Wellbong **recommends** *Wordmate* to all the students. 웰봉이는 모든 학생들에게 《워드메이트》를 추천한다.

Step 1 다음 영단어의 우리말 뜻을 쓰시오.

symbolize	illustrate
illiterate	statement
derive	retrospection
phrase	propose
quotation	announce
dialect	narrate
bilingual	recite
imply	describe
context	depict
inquire	enlighten
respond	portray
request	proclaim
impart	interpret
explain	emphasize
remark	recommend

Step 2 다음 밑줄 친 단어의 유의어를 고르시오.

1 <u>symbolize</u> the peace
①　applaud　②　dictate　③　represent
④　innovate　⑤　motivate

2 <u>derived</u> from Latin and Greek
①　created　②　negotiated　③　graduated
④　originated　⑤　humiliated

3 <u>inquire</u> a person's name
①　require　②　ask　③　acquire　④　inspire　⑤　admire

4 <u>respond</u> to stress
①　prolong　②　postpone　③　reply　④　enforce　⑤　afford

5 <u>describe</u> a thief
①　depict　②　restrict　③　contrast
④　complete　⑤　suggest

Step 3 다음 빈칸에 들어갈 알맞은 단어를 고르시오.

1 The boy once was ...., but later he learned to read and write.
①　literary　②　sanitary　③　voluntary
④　illiterate　⑤　necessary

2 Silence often .... consent* in some cultures.
* consent 동의
①　varies　②　carves　③　implies
④　meditates　⑤　cultivates

3 His thoughtless .... have(has) become the object of controversy.
①　consumption　②　reports　③　mistakes
④　virtue　⑤　remarks

4 They .... aid from the central government.
①　repeated　②　requested　③　explained
④　portrayed　⑤　implied

5 A rooster cried to .... the coming of dawn.
①　disappoint　②　manipulate　③　announce
④　dismiss　⑤　deserve

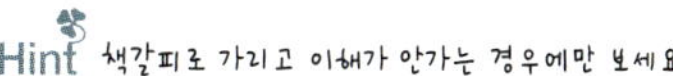

보기	emphasize	depicted	narrated
	explain	dialect	

1 The psychology of the main character is well .... in this scene.

2 The story was used to .... the humanity of Jesus.

3 The teacher .... his first love story to his class.

4 The people of Jeju Island use a very unique ....

5 I'll .... briefly about this new product.

1 주인공의 심리가 이 장면에 잘 <u>묘사되어</u> 있다.

2 그 이야기는 예수의 인간성을 <u>강조하는</u> 데 이용되었다.

3 선생님은 반 학생들에게 그의 첫사랑 <u>이야기를 해주었다.</u>

4 제주도 사람들은 독특한 <u>사투리를</u> 사용한다.

5 제가 이 신제품에 대해 잠시 <u>설명을 드리도록</u> 하겠습니다.

보기	proclaimed	retrospection	recite
	context	phrases	

6 Each student had to .... a poem to the class.

7 I often enjoy .... while traveling by train.

8 In 1863, President Lincoln .... all slaves to be free.

9 You can use .... to figure out the meaning of the word.

10 "Love each other" is one of my favorite ....

6 학생들 각자가 학급 학생들 앞에서 시를 <u>암송해야</u> 했다.

7 나는 종종 기차여행을 하면서 <u>회상을</u> 즐긴다.

8 1863년 링컨 대통령은 모든 노예들의 석방을 <u>선언</u>했다.

9 <u>문맥을</u> 사용해서 단어의 의미를 파악할 수 있다.

10 "서로 사랑하라"는 것이 내가 가장 좋아하는 말 중의 하나이다.

▶ 정답은 p.343~344에

Check-up 아는 단어에 ✔ 표시

☐ demonstrate

☐ pose

☐ advise

☐ persuade

☐ urge

☐ convince

☐ insist

☐ dictate

☐ accept

☐ acknowledge

☐ assent

☐ disapprove

☐ denial

☐ appointment

☐ pledge

☐ communicate

☐ discussion

☐ dialog

☐ debate

☐ conversation

☐ conference

☐ unanimously

☐ mention

☐ evoke

demonstrate [démənstrèit]

v 증명하다; 실연(實演)하다; 시위 운동하다(against)
(protest, rally)
└ **demonstration** **n.** 증명; 실연; 시위, 데모
└ **demonstrative** **a.** 증명하는

Wellbong demonstrates why the elderly get sharp pains in their knees when it rains.
웰봉이는 비오는 날 왜 어르신들이 무릎이 쑤시는지 그 이유를 증명하고 있다.

pose [póuz]

v (위협, 문제 등을) 제기하다; 자세[포즈]를 취하다
n 자세, 포즈

pose for the camera 카메라 포즈를 취하다
pose the awkward questions 곤란한 질문을 하다

The tree posed one question to Wellbong.
나무가 웰봉이에게 질문을 하나 했다.

advise [ædváiz]

v 충고하다(counsel)
└ **advice** **n.** 충고

Let me advise you. 제 말을 들으세요.

Wellbong advised Parang about how to* date.
웰봉이는 파랑이에게 데이트하는 법에 대해 충고해주었다.

* advise A to V A가 ～하도록 충고하다

persuade [pərswéid]

ⓥ 설득하다, 납득시키다(convince)
 ↳ **persuasion** n. 설득, 납득
 ↳ **persuasive** a. 설득력 있는

Wellbong's mom persuaded Wellbong to buy*
the shoes later.
웰봉이 엄마는 신발을 나중에 사라고 웰봉이를 설득했다.

* persuade A to V A를 타일러서 ~하게 하다
  dissuade A from V-ing A를 타일러서 ~를 못하게 하다

urge [ə́:rdʒ]

ⓥ 재촉하다(push); 요구하다(require); 주장하다(maintain)
ⓝ 충동(impulse)
 ↳ **urgent** a. 긴급한(imperative); 재촉하는
 ↳ **urgency** n. 긴급 *cf)* emergency 비상(사태)

Wellbong urges his friend to try* a song at
karaoke. 웰봉이는 친구에게 노래방에서 노래 한 곡 해보라고 재촉했다.

* urge A to V A가 ~하도록 촉구하다

convince [kənvíns]

ⓥ 확신시키다, 납득시키다(of); 설득하다(persuade)
 ↳ **convinced** a. 확신하는(assured)
 ↳ **convincing** a. 설득력 있는; 확실한
 ↳ **conviction** n. 확신; 설득(persuasion); 신념; 유죄판결

Medicine peddler Bong is trying to convince
people of* the effectiveness of the drug.
약장수는 사람들에게 그 약의 효과를 납득시키려 애쓰고 있다.

* convince A of B A에게 B를 확신시키다

insist [insíst]

ⓥ 고집하다, 주장하다(on), 우기다
⌐ **insistence** n. 고집, 주장
⌐ **insistent** a. 고집하는, 주장하는, 우기는

Wellbong **insisted** that an octopus had ten legs. 웰봉이는 문어다리가 10개라고 우겼다.

뉘앙스 구별 **주장하다**

claim 주장하다 **maintain** 주장하다 **assert** 단언하다
allege (근거가 별로 없이) 주장하다

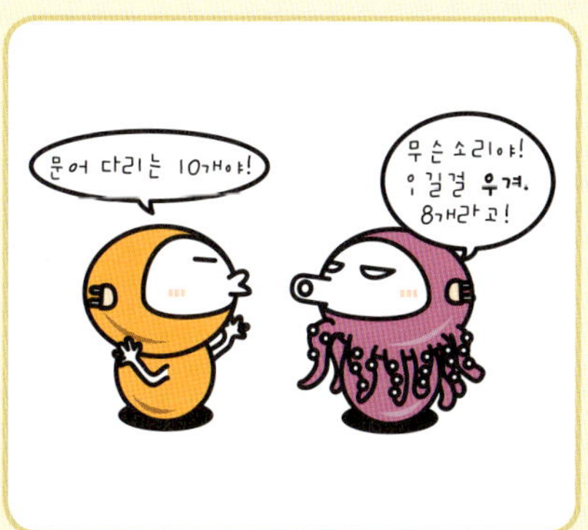

dictate [díkteit]

ⓥ 받아쓰게 하다; 지시[명령]하다(order); 영향을 미치다(affect)
⌐ **dictation** n. 받아쓰게 하기, 받아쓰기 시험; 명령

Bora told Wellbong to **dictate** what she said to Wellbong. 보라는 웰봉이에게 자신이 불러주는 내용을 받아 적으라고 했다.

뉘앙스 구별 **쓰다/적다**

write 쓰다, 적다(가장 일반적) **write down** 나중 기억을 위해 적어놓다
take down 말하는 것을 듣고 동시에 적다 **take notes** 메모하다, 기록하다
fill in[out] 문서 등에 필요한 내용을 기입하다 **scribble** 휘갈겨 쓰다

accept [æksépt]

ⓥ 받아들이다, 수락하다 ↔ refuse(거절하다); 인정하다(admit)
⌐ **acceptance** n. 수락(acception)
⌐ **acceptable** a. 받아들일 수 있는 ↔ unacceptable

accept reality 현실을 받아들이다

Wellbong **accepted** the friend proposal from a celebrity. 웰봉이는 유명인이 제시한 친구제안을 받아들였다.

acknowledge [æknάlidʒ]

ⓥ 인정하다(admit) ↔ deny(부정하다); 감사하다(appreciate)
↳ **acknowledg(e)ment** **n.** 승인, 인정, 감사

acknowledge one's defeat 패배를 인정하다

Wellbong also acknowledged that D.G Jang is nice-looking. 웰봉이도 D.G 장이 잘생겼다고 인정했다.

assent [əsént]

ⓥ 찬성하다, 동의하다(consent) ↔ dissent(반대하다)
ⓝ 찬성, 동의(to) (concord, unanimity, consensus)

have one's assent ~의 동의를 얻다

Wellbong assented to the special proposal for himself. 웰봉이는 자신을 위한 특별 제안에 찬성했다.

disapprove [dìsəprúːv]

ⓥ 승인[찬성]하지 않다(of) ↔ approve(찬성하다)
↳ **disapproval** **n.** 반감, 못마땅함

disapprove of the bill 법안을 찬성하지 않다

The grandmother strongly disapproved of their fashion. 할머니는 그들의 패션을 아주 못마땅해 했다.

denial [dináiəl]

n 부인, 부정; 거절, 거부
↳ **deny** **v.** 부인하다 ↔ admit(인정하다); 거절하다(refuse)

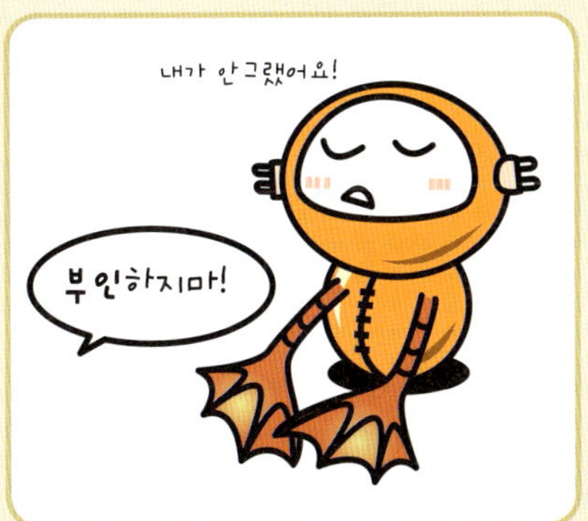

an official denial of the rumor
소문에 대해 공식적으로 부정

Wellbong repeated the denial of what he had done. 웰봉이는 자기가 한 것에 대한 부인을 반복했다.

appointment [əpɔ́intmənt]

n 약속(engagement); 임명, 지명
↳ **appoint** **v.** 임명하다, 지명하다(nominate, designate); (시간, 장소를) 정하다
↳ **appointed** **a.** 지정된, 약속된

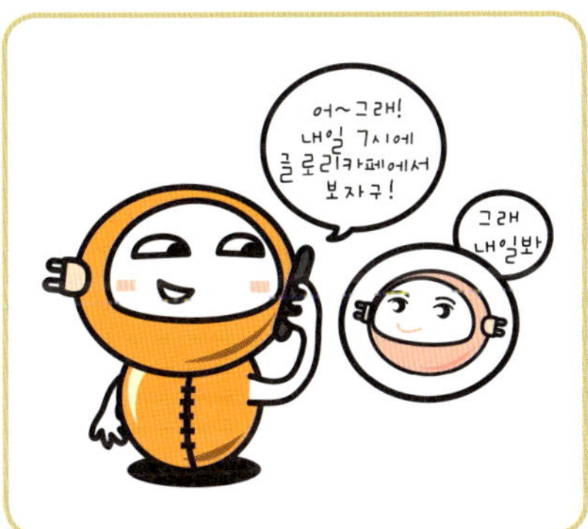

Wellbong had an appointment with Boonhong to meet at the Cafe glory.
웰봉이는 분홍이와 글로리 카페에서 만나기로 약속을 했다.

pledge [pléd3]

n 맹세, 서약(vow, oath); 보증(guarantee)
v 맹세하다(swear); 보증하다
↳ **pledgeable** **a.** 보증할 수 있는

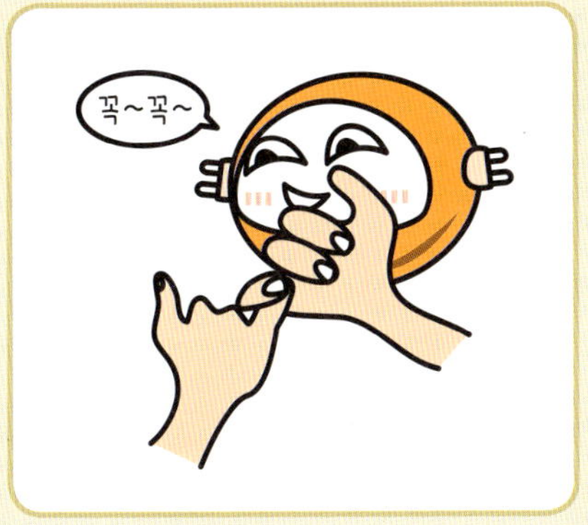

take a pledge 맹세하다

The two boys pledged to keep an eternal friendship. 두 소년은 영원한 우정을 맹세했다.

communicate
[kəmjúːnəkèit]

v 의사소통을 하다(with)
- **intercommunicate** **v.** 서로 교제[통신]하다
- **miscommunicate** **v.** 잘못 전달하다
- **communication** **n.** 의사소통, 전달

Nyabong and Wellbong communicated with each other by a telephone made with paper cups and thread.
냐봉이와 웰봉이는 종이컵과 실을 이용해서 만든 전화기로 의사소통을 했다.

discussion [diskʌ́ʃən]

n 논의, 상의
- **discuss** **v.** 상의하다, 의논하다, 논의하다
    cf) discuss는 about과 함께 쓰지 않는다. discuss about (x)

The three boys are having a discussion about CSAT.* 세 명의 소년들은 수능시험에 대해 토론을 하고 있다.
* CSAT(College Scholastic Ability Test) 수능시험

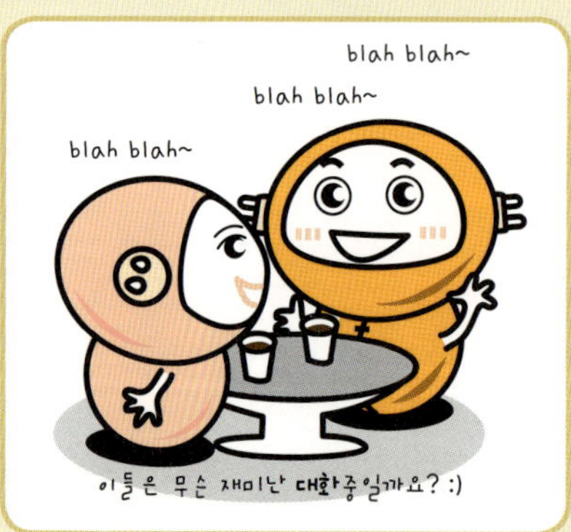

dialog(ue) [dáiəlɔ̀ːg]

n 대화(conversation)
- **dialogic** **a.** 대화의, 문답의

use the dialog box 대화상자를 사용하다

Boonhong and Wellbong are having a pleasant dialog. 분홍이와 웰봉이는 즐거운 대화를 나누고 있다.

voca plus+ 대화
monologue 독백   **chat** 잡담   **gossip** 남의 뒷말
conversation 대화

debate [dibéit]

n 토론, 토의; 논의(discussion, argument)
v 토론하다, 논의하다(discuss, argue)

be on the pros side of the debate
토론의 찬성 쪽에 있다

Wellbong, a businessman, is debating a new project with his partner.
사업가인 웰봉이는 동업자와 함께 새 프로젝트에 관한 토론을 하고 있다.

conversation [kànvərséiʃən]

n 대화, 회화
 ↳ **conversational** *a.* 대화의 *cf)* colloquial 구어체의
 ↳ **converse** *v.* 이야기하다, 담화를 나누다

have a long conversation   긴 대화를 나누다

Conversation between family members is needed for a healthy home.
가족 간의 대화는 건강한 가정을 위해 필요하다.

conference [kánfərəns]

n 회의, 회담(talks, convention)
 ↳ **confer** *v.* 협의하다(with) (consult), 수여하다(on, upon) (grant, bestow)

press conference   기자회담

The G20 summit conference was held in Seoul in November 2010.
G20 정상회의가 2010년 11월 서울에서 개최되었다.

unanimously [juːnǽnəməsli]

ad 만장일치로, 같은 생각의(like-minded)
└ **unanimous** **a.** 만장일치의
└ **unanimity** **n.** 만장일치

unanimously approve 만장일치로 찬성하다.

The judges unanimously gave Bong Yeon-a 10-points. 심판들은 모두 봉연아에게 만장일치로 10점을 주었다.

mention [ménʃən]

n 언급(reference) **v** 언급하다(refer to)

Don't mention it. (고맙다는 말에 대한 정중한 인사로) 별말씀을.

Mrs. Bong forced her secretary not to mention her poor past.
봉여사는 비서에게 그녀의 가난했던 과거를 언급하지 말라고 말했다.

수능 빈출표현

not to mention ~은 말할 것도 없고
He's rich and not to mention, he's handsome, too!
그 남자, 잘생긴 것은 말할 것도 없고 부자야.

evoke [ivóuk]

v (감정, 기억, 이미지를) 떠올리게 하다
└ **evocation** **n.** 기억의 환기
└ **evocative** **a.** 좋은 생각[기억]을 떠올리게 하는

evoke sympathy 공감을 불러일으키다

The clothes evoked memories of his birth.
그 옷은 그가 태어났을 때의 추억을 떠오르게 했다.

Step 1 다음 영단어의 우리말 뜻을 쓰시오.

demonstrate	denial
pose	appointment
advise	pledge
persuade	communicate
urge	discussion
convince	dialog
insist	debate
dictate	conversation
accept	conference
acknowledge	unanimously
assent	mention
disapprove	evoke

Step 2 다음 밑줄 친 단어의 유의어를 고르시오.

1 a <u>debate</u> on TV
① conversation ② composition ③ exposure
④ argument ⑤ exploration

2 <u>convince</u> others of one's opinion
① persuade ② introduce ③ accept
④ perform ⑤ magnify

3 <u>acknowledge</u> the authority of president
① identify ② admit ③ prefer ④ deny ⑤ suffer

4 <u>assent</u> to daughter's marriage
① object ② ascribe ③ compete
④ descend ⑤ consent

5 <u>urge</u> me to study medical studies
① proceed ② deceive ③ require ④ acclaim ⑤ encounter

Step 3 다음 빈칸에 들어갈 알맞은 단어를 고르시오.

1 I'll .... for you how our new home theater system works.
① represent ② inspect ③ aspire
④ navigate ⑤ demonstrate

2 Could you .... a good hotel that isn't too expensive ?
① recommend ② comprehend ③ attend
④ expend ⑤ pretend

3 The .... was getting more and more heated.
① opinion ② passion ③ mission
④ discussion ⑤ admission

4 The child .... that the toy was his.
① distrusted ② adjusted ③ constituted
④ insisted ⑤ astounded

5 I .... you to stop spending so much time playing online game.
① announce ② advise ③ abound
④ devote ⑤ suppose

---

1 TV <u>토론</u>
　① 대화 ② 작문, 구성 ③ 노출 ④ 논쟁 ⑤ 탐험

2 남에게 의견을 <u>설득시키다</u>
　① 설득시키다 ② 소개하다 ③ 수락하다
　④ 실행[이행, 공연]하다 ⑤ 확대하다

3 대통령의 권위를 <u>인정하다</u>
　① 동일시하다 ② 인정하다 ③ 선호하다
　④ 부인하다 ⑤ 고통 받다

4 딸의 결혼을 <u>승낙하다</u>
　① 반대하다 ② ~의 탓으로 돌리다 ③ 경쟁하다
　④ 하강하다 ⑤ 동의하다

5 나에게 의학 공부를 하도록 <u>요구했다</u>
　① 진행하다 ② 기만하다 ③ 요구하다
　④ 환호하다 ⑤ 조우하다, 우연히 만나다

1 우리 새 홈시어터가 어떻게 작동하는지 너에게 <u>보여 줄게</u>.
　① 나타내다, 대표하다 ② 조사하다 ③ 열망하다
　④ 항해하다 ⑤ 증명하다, 시범을 보이다

2 너무 비싸지 않으면서 좋은 호텔을 <u>추천해</u> 주시겠습니까?
　① 추천하다 ② 이해하다 ③ 참석하다
　④ 소비하다 ⑤ ~인 체하다

3 <u>토론</u>은 더욱더 열기를 더해갔다.
　① 견해 ② 열정 ③ 임무, 직무
　④ 토론 ⑤ 입장, 용인, 시인

4 그 아이는 장난감이 자기 것이라고 <u>주장했다</u>.
　① 불신했다 ② 조절했다 ③ 구성[조직]했다
　④ 주장했다 ⑤ 놀라게 했다

5 나는 네가 많은 시간을 컴퓨터 게임에 보내는 것을 멈추기를 <u>권해</u>.
　① 발표하다 ② 충고하다 ③ 풍부하다
　④ 헌신하다 ⑤ 가정하다

 빈칸에 알맞은 단어를 보기에서 골라 쓰시오.

보기	disapproved	persuaded	denial
	dialog	accept	

1 The mother .... her son to go to school.

2 Caroline wants to be an actress, but her parents ....

3 He shook his head in ....

4 Richard was delighted to .... her invitation to dinner.

5 After listening to the ...., choose the best answer.

1 엄마는 아들이 학교에 가도록 설득하려 했다.

2 캐롤라인은 배우가 되고 싶지만 그녀의 부모는 탐탁찮아 한다.

3 그는 부정하며 머리를 가로저었다.

4 리차드는 그녀의 저녁 초대를 기쁘게 받아들였다.

5 대화를 듣고 정답을 고르시오.

보기	unanimously	communicate	pledged
	dictated	conversation	

6 The student council .... approved the plan.
   * unanimously 만장일치로

7 The boss .... a letter to his secretary.

8 The government .... their support for the plan.

9 We can .... with many people at the same time through *Kakao Talk*.

10 I've been studying French for 3 years, so I have little difficulty having a simple ....

6 학생위원회는 그 계획을 만장일치로 승인했다.

7 사장은 비서에게 편지를 받아쓰게 했다.

8 정부는 그 계획을 지원하기로 약속했다.

9 카톡을 통해 여러 사람들과 동시에 연락할 수 있다.

10 나는 3년이나 프랑스어를 공부했기 때문에, 간단한 대화는 거의 어렵지 않다.

▶ 정답은 p.344~345에

Life opens up opportunities to you, and you either take them or
you stay afraid of taking them.

Jim Carrey

인생은 여러 번 기회를 준다. 이 기회를 잡거나 아니면 두려워 놓치거나 둘 중 하나이다.

– 짐 캐리, 미국의 영화배우

Ch.5

국가와 정치 국제관계

Check-up 아는 단어에 ✔ 표시

☐ citizenship
☐ oath
☐ independence
☐ domesticate
☐ immigrant
☐ bureaucracy
☐ hierarchy
☐ govern
☐ reign
☐ dominate
☐ royal
☐ monarch
☐ march
☐ appeal
☐ vote
☐ candidate
☐ confess
☐ election
☐ representative
☐ revolution
☐ diplomat

☐ conform
☐ command
☐ discipline
☐ invade
☐ warfare
☐ conquer
☐ conflict
☐ mediate
☐ struggle
☐ willing
☐ obey
☐ defend
☐ wounded
☐ casualty
☐ release
☐ restrict
☐ confine
☐ sustain
☐ realm
☐ alliance
☐ forbid

citizenship [sítəzənʃìp]

n 시민권, 시민의 신분
- **citizen** **n.** 시민, 국민
- **civil** **a.** 시민의, 민간인의 ↔ military(군대의)
- **civilian** **a. n.** 민간인(의) - **civilization** **n.** 문명[화]
- **civilized** **a.** 문명화된 ↔ barbarian(야만의)

dual citizenship 이중 국적

Wellbong is entitled to apply for citizenship after five years' residency in the U.S.
웰봉이는 미국에서 5년을 거주했기 때문에 시민권을 신청할 자격이 있다.

oath [óuθ]

n 맹세; 선서(swear)

a false oath 거짓 맹세

Wellbong takes an oath* of loyalty to his country. 웰봉이는 국가에 대한 충성을 맹세하고 있다.
* take[swear] an oath 선서하다

independence
[índipèndəns]

n 독립, 자립(from) ↔ dependence(의존)(on)
- **independent** **a.** 독립된(of) ↔ dependent(의존하는)(on)

declare one's independence 독립을 선언하다

Ryu Gwansoon, a patriot, strived for the independence of Korea.
순국열사 유관순은 한국 독립을 위해 분투하였다.

domesticate [dəméstikèit]

v 길들이다(tame); 가정적이 되게 만들다
- **domesticated** a. (동물이) 길들여진; (사람이) 가정적인
- **domestication** n. 길들이기, 사육
- **domestic** a. 가정의; 국내의 ↔ foreign(외국의);
  길들인(tamed) ↔ wild(야생의)

Wellbong is trying to domesticate a new recruit Nyabong.
웰봉이는 신병 냐봉이를 길들이려고 노력중이다.

immigrant [ímigrənt]

n (입국) 이민자 *cf)* emigrant (출국) 이민자
- **immigrate** v. 이민을 오다 *cf)* emigrate 이민을 나가다
- **immigration** n. 이민(들어감) *cf)* emigration 이민(나감)

John has lived in Korea as an immigrant for 3 years. 존은 3년 동안 이민자로 한국에서 살고 있다.

voca plus+ 외국에서 온 사람

adoptive citizen alien incomer newcomer
cf) naturalized citizen 귀화시민(외국인이 본토인처럼 귀화된 사람)

bureaucracy [bjuərákrəsi]

n 관료제, 관료 정치; 관료주의
- **bureaucratic** a. 관료의, 관료주의적인

This organization chart represents the bureaucracy of Korea. 이 조직도는 한국의 관료제를 나타낸다.

voca plus+ 정치체제

democracy 민주주의 **republic** 공화국 **communism** 공산주의
socialism 사회주의 **capitalism** 자본주의 **feudalism** 봉건주의
dictatorship 독재주의 **federation** 연방제 **anarchy** 무정부 상태

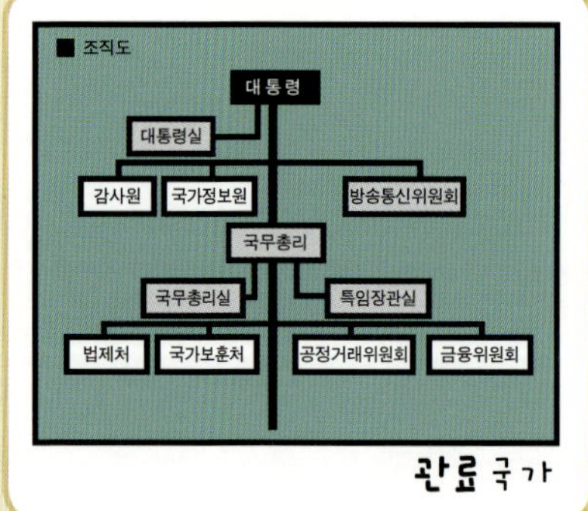

hierarchy [háiərɑ́ːrki]

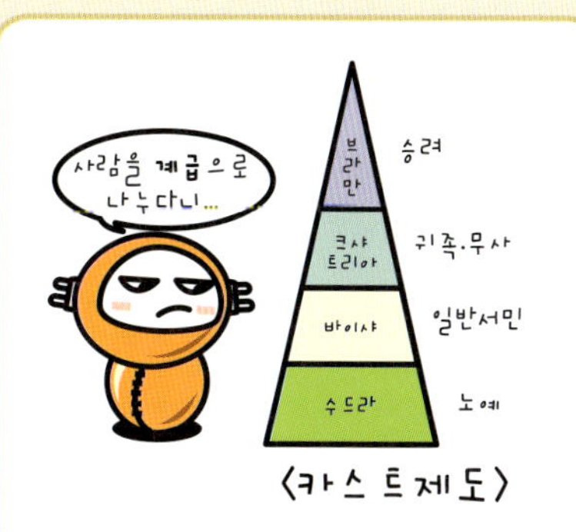

n 계급(제도)(class, stratum)
↳ **hierarchic(al)** **a.** 위계조직의

The caste-system in India is a kind of hierarchy that is composed of four different classes. 인도의 카스트 제도는 4개의 다른 신분계급으로 구성되어 있는 계급사회체제의 일종이다.

voca plus+ 계급

upper class 상류계급 **middle class** 중류계급 **lower class** 하류계급
working class 노동계급 **educated class** 지식계급

govern [gʌ́vərn]

v 통치하다(reign); 지배하다(dominate)
↳ **government** **n.** 정부, 정권, 통치, 행정
↳ **governmental** **a.** 통치의, 정부의
↳ **governor** **n.** 통치자, 주지사

govern the country absolutely 나라를 독재적으로 지배하다

The country will be governed by the newly elected queen, Bora.
그 나라는 새로이 선출된 여왕인 보라에 의해 지배될 것이다.

reign [réin]

v 다스리다, 통치하다(over) (govern); 군림하다
n 통치(기간), 지배

during the reign of Charles I 찰스 1세 치세 때

King Wellbong reigned well over his people.
왕 웰봉은 백성들을 잘 다스렸다.

voca plus+

authority 권한 **sovereignty** 주권

dominate [dάmənèit]

v 지배하다(rule, govern); 우위를 차지하다
└ **domination** **n.** 지배, 우세(over) (dominance)
└ **dominant** **a.** 지배적인(dominating), 우세한(prevailing)

K-pop **dominating** the world 세계를 지배하는 K-pop

The alter ego* inside of Wellbong tried to **dominate** him. * alter ego 또 다른 자아

웰봉이 안의 또 다른 자아가 그를 지배하려 했다.

royal [rɔ́iəl]

a (국)왕의(regal, majestic); 당당한
　　cf) loyal 충성스러운 (철자와 의미 혼동에 유의)
└ **royalty** **n.** 왕족, 인세, 저작권 *cf)* loyalty 충성

He is the king of the Bong **royal** family.
그는 봉왕족의 왕이다.

voca plus+ 왕가(王家)

king 왕　**queen** 여왕　**throne** 왕좌　**emperor** 황제
prince 왕자　**princess** 공주

monarch [mάnərk]

n 군주 *cf)* tyrant 폭군 dictator, despot 독재자
└ **monarchy** **n.** 군주제, 군주국
└ **monarchism** **n.** 군주주의

an absolute **monarch** 전제 군주

The lion can be called the **monarch** of the forest. 사자는 숲 속의 왕이라고 불려진다.

march [máːrtʃ]

v 행진하다(process), 행군하다 **n** (March) 3월

on the march 행군[행진] 중인
march through a city 시내를 행진하다
The soldiers of Napolebong are marching on the street. 나폴레봉의 군사들이 거리를 행진하고 있다.

appeal [əpíːl]

v 호소하다, 간청하다(to); 항소하다
n 호소, 상소; 매력
└ **appealing** a. 호소하는; 매력적인(attractive)

Nyabong appealed to the king for his unfairness. 냐봉이는 왕에게 그의 억울함을 호소했다.

뉘앙스 구별 간청하다
entreat 간곡히 설득하면서 부탁하다 plead 간청하다
solicit 청원하다 implore 애원하다 beg 구걸하다

vote [vóut]

n 투표(ballot) **v** 투표하다
└ **voter** n. 투표자, 유권자(elector)

cast one's vote 한 표를 행사하다

It's time to vote for the classroom president.
반장을 선출할 시간이다.

voca plus+ 선거
poll 여론조사 ballot 투표, 투표용지 referendum 국민투표
suffrage 선거권

candidate [kǽndidèit]

n 후보자

a presidential candidate 대통령 후보자
a successful candidate 당선자

Four presidential candidates' posters are attached to the wall side by side.
네 명의 대통령 후보자 포스터가 벽에 나란히 붙어있다.

confess [kənfés]

v 자백하다, 고백하다
↳ **confession** **n.** 자백, 고백

confess one's crime 죄를 자백하다

Nyabong confessed that he had spoiled Wellbong's poster.
냐봉이가 웰봉이의 선거벽보에 낙서를 해 망쳤다고 자백했다.

voca plus+ '인정하다'의 유의어
admit grant concede acknowledge

election [ilékʃən]

n 선거, 당선
↳ **elect** **v.** 선출하다, 선거하다(vote)

an election campaign 선거 운동

Nyabong won the election* and defeated Wellbong became frustrated.
냐봉이는 선거에 당선되었고 낙선한 웰봉이는 좌절했다.
* win an election 선거에서 이기다, 당선되다

voca plus+ landslide 압승

representative

[rèprizéntətiv]

- ⓝ 대표자, 대리인(delegate)
- ⓐ 대표적인, 대리의; 표현하는, 묘사하는(of)
  ↳ **represent** v. 표시하다, 의미하다(stand for); 대표하다, ~에 해당하다(correspond to)
  ↳ **representation** n. 표시, 표현; 대표

Wellbong is a representative of Korea.
웰봉이는 한국을 대표하는 사람이다.

revolution [rèvəlúːʃən]

- ⓝ 혁명; 공전, 회전
  ↳ **revolutionary** a. 혁명의 n. 혁명가

the green revolution 녹색 혁명 (품종 개량에 의한 식량 증산)

Bong Guevara is going to start a revolution to change the world. 봉게바라는 세상을 바꿀 혁명을 시작할 것이다.

diplomat [dípləmæt]

- ⓝ 외교관
  ↳ **diplomatic** a. 외교의, 외교적 수완이 있는
  ↳ **diplomacy** n. 외교, 외교 수완능력

Wellbong became a proud diplomat on behalf of Korea. 웰봉이는 한국을 대표하는 자랑스러운 외교관이 되었다.

voca plus+ 주요 관료

president 대통령 **vice president** 부통령 **prime minister** 총리 수상 **governor** 주지사 **ambassador** 대사

conform [kənfɔ́ːrm]

ⓥ (법, 관습 등에) 순응하다(to) (obey) ↔ defy(저항하다)
cf) confirm 확인하다 (철자와 의미 혼동에 유의)
└ **conformity**   n. 순응(to); 일치

conform to safety regulation   안전 규정을 준수하다

When in Rome, you should conform to the Roman law.   로마에 있을 때는 로마법을 따라야 한다.

command [kəmǽnd]

ⓥ 명령하다(order); 구사하다; 내려다보다(overlook)
ⓝ 명령; 구사; 조망
└ **commander**   n. 지휘관, 사령관
└ **commandment**   n. 명령; 계율
└ **commanding**   a. 지휘하는; 전망이 좋은

a good command of English   훌륭한 영어 구사력

Mrs. Bong commanded his secretary to finish the job.   봉여사는 비서에게 일을 끝내라고 명령했다.

discipline [dísəplin]

ⓝ 훈련, 규율; 징계
ⓥ 훈련시키다(train)
└ **disciplined**   a. 훈련받은, 잘 통솔된(well-trained)
└ **disciplinary**   a. 훈련의; 징계의

home discipline   가정교육

Wellbong is disciplining Nyabong strictly.
웰봉이는 냐봉이를 엄격하게 훈련시키고 있다.

invade [invéid]

ⓥ 침입하다, 침략하다; (권리 등을) 침해하다(violate, infringe)
> **invasion**　**n.** 침입, 침략; 침해(infringement)

invade one's privacy　～의 사생활을 침해하다
invade one's territory　영토를 침범하다

The pencil invaded the eraser's territory by mistake.　연필은 실수로 지우개의 영역에 침범했다.

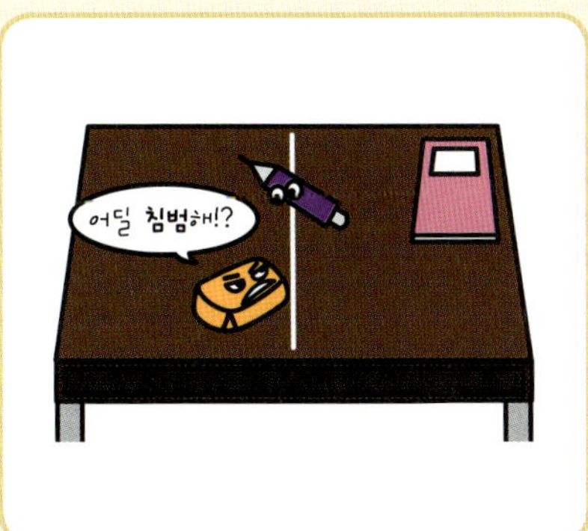

warfare [wɔ́ːrfɛ̀ər]

ⓝ 전투(fight, battle), 전쟁(war)
> *cf)* warfare는 war에 비해 전쟁행위를 강조함

economic warfare　경제 전쟁
a new round of bloody warfare　새로운 국면의 유혈 전투

There was warfare between the North and the South in the past.　과거에 남북한 사이에 전쟁이 있었다.

conquer [kɑ́ŋkər]

ⓥ 정복하다(defeat, subdue) ↔ surrender, submit(항복하다);
극복하다(overcome, surmount)
> **conqueror**　**n.** 정복자
> **conquest**　**n.** 정복; 극복

conquer the enemy　적을 정복하다

Napolebong is now setting out to conquer the world.　나폴레봉은 이제 세계정복을 하기 시작했다.

conflict [kánflikt]

n 분쟁, 갈등; 충돌(confrontation)
v [kənflíkt] 상충하다(with)

a **conflict** of interest   이해 충돌

The relationship between a dog and a cat is a classic example of **conflict**.
개와 고양이의 관계는 대립의 전형적인 예이다.

mediate [míːdièit]

v 중재하다, 조정하다(intervene)
↳ **mediation**   n. 조정, 중재; 매개; 화해
↳ **mediator**   n. 중재인

mediate in the dispute   분쟁을 조정하다

Chicken delivery boy, Nyabong, stepped in to **mediate** their petty argument.
치킨배달원 냐봉이는 그들의 까다로운 문제를 해결하기 위해 중재에 나섰다.

struggle [strʌ́gl]

n 투쟁, 분투; 노력
v 싸우다, 분투하다
↳ **struggling**   a. 발버둥 치는, 기를 쓰는

Wellbong is **struggling** for a brand-new computer.   웰봉이는 새 컴퓨터를 위한 투쟁을 벌이고 있다.

willing [wíliŋ]

ⓐ 기꺼이 하려는(voluntary)
↔ unwilling, reluctant(하려지 않는)
ㄴ **willingly** **ad.** 자진해서, 기꺼이
ㄴ **willingness** **n.** 쾌히[자진하여] 하기; 기꺼이 하는 마음

be **willing** to learn from failures
실패에서 기꺼이 배우려 하다

Nong-gae was **willing** to give up her life for the nation. 논개는 나라를 위해 자기의 목숨을 기꺼이 내주었다.

obey [oubéi]

ⓥ 순종하다, 복종하다 ↔ disobey(불순종하다)
ㄴ **obedience** **n.** 순종, 복종
ㄴ **obedient** **a.** 순종하는, 복종하는

Nyabong **obeyed** Wellbong's order without question. 냐봉이는 이의 없이 웰봉이 명령에 복종했다.

voca plus+ '순종, 복종'의 유의어
tractability subordination subservience submissiveness

defend [difénd]

ⓥ 방어[수비]하다(guard, protect); 옹호[변호]하다(advocate)
ㄴ **defence** **n.** 방어 ↔ offense, attack(공격)
ㄴ **defendant** **n.** 피고 ↔ the accused(원고)
ㄴ **defender** **n.** 방어자; 옹호자
ㄴ **defensive** **a.** 방어적인 ↔ offensive, aggressive(공격적인)

be ready to **defend** the fortress 요새를 방어할 준비가 되다
Wellbong **defended** Bora's attack with his fingers. 웰봉이는 자신의 손가락으로 보라의 공격을 방어했다.

wounded [wúːndid]

동사변화 wound–wounded–wounded

ⓐ 부상을 입은, 다친
└ **wound** v. 상처[부상]을 입히다 n. 부상, 상처

wounded soldier 부상병

Wellbong was heavily wounded after the battle. 웰봉이는 전투 후에 심하게 부상을 입었다.

voca plus+ '해를 입히다'의 유의어
hurt injure harm damage

casualty [kǽʒuəlti]

ⓝ 피해자; 사상자(~ies) (fatality)
└ **casual** a. 우연한(accidental); 평상복의; 임시의(temporary)

a casualty figure 사상자 수

The mindless behavior of Wellbong caused a lot of casualties in the ant kingdom.
웰봉이의 생각 없는 행동이 개미왕국에서 많은 사상자를 발생시켰다.

release [rilíːs]

ⓥ 공개하다, 발표하다(publish); 개봉하다, 발매하다; 풀어 주다, 석방하다(set free, let go of) ↔ imprison(투옥시키다)
ⓝ 공개, 발표; (영화, 음반 등의) 개봉, 발매; 석방

be finally on general release 마침에 일반에 공개되다

Nyabong released the fish that he caught into the pond. 냐봉이는 잡은 물고기를 연못으로 놓아주었다.

restrict [ristríkt]

v 제한하다, 제약하다(limit, confine)
↳ **restriction**　**n.** 제한, 제약; 구속(constraint)
　　　　immigration *restriction* 이민제한
↳ **restricted**　**a.** 제한된, 제약을 받는

Eventually Nyabong's behavior caused him to be restricted on a chain after causing trouble.
결국, 말썽을 피운 후 사슬에 묶인 냐봉이의 행동은 제약을 받았다.

confine [kənfáin]

v 국한시키다, 제한시키다(restrict); 감금하다(imprison)
↳ **confined**　**a.** 좁고 사방이 막힌
↳ **confinement**　**n.** 갇힘, 가둠

confine the discussion to this matter
의제를 이 문제로 국한하다

Wellbong kept Nyabong confined in a travelling bag.　웰봉이는 여행용 가방에 냐봉이를 가두었다.

sustain [səstèin]

v (필요한 것을 제공하여) 지탱하게 하다
↳ **sustainable**　**a.** 지속 가능한
↳ **substainability**　**n.** 지속 가능성, 환경 파괴 없이 지속될 수 있음

sustain one's life　목숨을 부지하다

The children in North Korea don't have enough food to sustain their lives.
북한 아이들은 삶을 지탱할 충분한 음식이 없다.

realm [rélm]

n 영역(domain, territory); 범위(range); 분야(field)

the **realm** of literature 문학 영역
expand its **realm** 그 영역을 넓히다

The spider spur on a web to create his own **realm**. 거미는 거미줄을 쳐서 자신의 영역을 만든다.

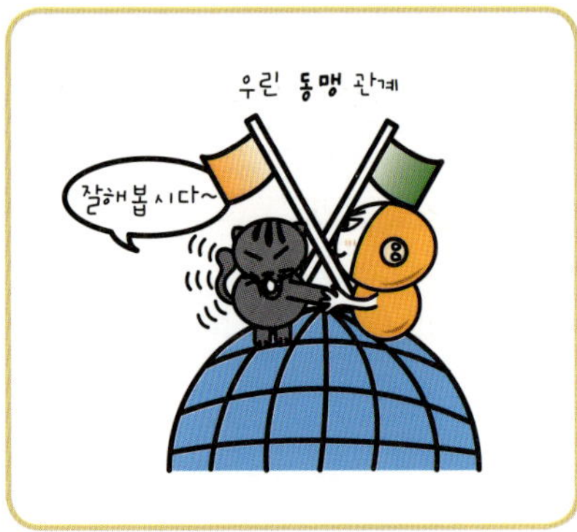

alliance [əláiəns]

n 협약(treaty); 연합, 동맹
↳ **allied** a. 동맹한, 연합한
↳ **ally** v. 동맹시키다

strategic **alliance** 전략적 제휴

Nyabong is now in **alliance** with Wellbong.
냐봉이는 지금 웰봉이와 동맹을 맺고 있다.

voca plus+ '동맹, 연합'의 유의어
association confederacy coalition union

forbid [fərbíd]

동사변화 forbid–forbade–forbidden
v 금지시키다(prohibit, ban)
↳ **forbidden** a. 금지된
↳ **forbidding** a. 위협적인(threatening)

be **forbidden** without the consent
동의 없이 금지되다

Pets are **forbidden** to enter this way.
이 길은 애완동물의 출입이 금지되어 있다.

 **8**

Step 1 다음 영단어의 우리말 뜻을 쓰시오.

citizenship	conform
oath	command
independence	discipline
domesticate	invade
immigrant	warfare
bureaucracy	conquer
hierarchy	conflict
govern	mediate
reign	struggle
dominate	willing
royal	obey
monarch	defend
march	wounded
appeal	casualty
vote	release
candidate	restrict
confess	confine
election	sustain
representative	realm
revolution	alliance
diplomat	forbid

Step 2 다음 밑줄 친 단어의 <u>유의어</u>를 고르시오.

Hint 책갈피로 가리고 이해가 안가는 경우에만 보세요.

1 <u>domesticated</u> sheep and cows
① wild ② stubborn ③ tamed ④ ethic ⑤ lost

2 <u>govern</u> an immense territory
① respond ② explain ③ recommend ④ reign ⑤ provoke

3 once <u>conquered</u> by Napoleon
① attached ② accumulated ③ shifted
④ subdued ⑤ weakened

4 <u>mediate</u> the two countries
① benefit ② intercept ③ intervene
④ contribute ⑤ destroy

5 <u>forbidden</u> in all public areas
① debated ② indicated ③ dedicated
④ prohibited ⑤ duplicated

1 길들여진 양과 소
① 야생의, 거친 ② 고집스러운 ③ 길들여진
④ 윤리의 ⑤ 잃은, 분실한

2 광대한 영토를 <u>통치하다</u>
① 응답하다 ② 설명하다 ③ 추천하다
④ 통치하다 ⑤ 자극시키다

3 한때 나폴레옹에게 <u>정복당한</u>
① 첨부된 ② 축적된 ③ 이동된, 변경된
④ 정복당한 ⑤ 약해진

4 두 나라를 <u>중재하다</u>
① 이익 ② 방해 ③ 개입하다
④ 기여하다 ⑤ 파괴하다

5 모든 공공장소에서 <u>금지되어 있는</u>
① 논쟁된 ② 나타난, 지적당한 ③ 헌신된
④ 금지된 ⑤ 복제된

Step 3 다음 빈칸에 들어갈 알맞은 단어를 고르시오.

1 Catherine is a(n) .... from Greece.
① merchant ② immigrant ③ descendant
④ attendant ⑤ botanist

2 David found himself in .... with his parents over his future career.
① addict ② district ③ agreement ④ conflict ⑤ appliance

3 Samsung and Apple are trying to .... the smartphone and tablet PC market.
① prescribe ② dominate ③ operate
④ confront ⑤ influence

4 There's a very rigid social .... called Caste in India.
① authority ② monarch ③ democracy
④ hierarchy ⑤ kingdom

5 On June 25th, 1950, the North .... the South.
① protested ② invested ③ invaded
④ employed ⑤ increased

1 캐서린은 그리스 출신의 <u>이민자</u>이다.
① 상인 ② 이민자 ③ 후손
④ 참석자 ⑤ 식물학자

2 데이비드는 장래 진로를 두고 부모님과 <u>갈등</u>을 빚게 되었다.
① 중독 ② 구역 ③ 동의, 합의
④ 갈등, 충돌 ⑤ 적용, 기구, 장치

3 삼성과 애플은 스마트폰과 태블릿 PC 시장을 <u>지배하</u>려고 한다.
① 처방하다, 규정하다 ② 지배하다 ③ 작동하다
④ 대면하다 ⑤ 영향을 미치다

4 인도에는 카스트라 불리는 매우 엄격한 사회 <u>계급</u> 제도가 있다.
① 권위 ② 군주 ③ 민주주의 ④ 계급제도 ⑤ 왕국

5 1950년 6월 25일, 북한은 남한을 <u>침략</u>했다.
① 저항했다 ② 투자했다 ③ 침입했다
④ 고용했다 ⑤ 증가했다

 Hint 색갈피로 가리고 이해가 안가는 경우에만 보세요.

> **보기** oath willing independence
> appeal bureaucracy

1 I am quite .... to sacrifice my life for my country.

2 Obama took the presidential .... on January 20, 2009.

3 Mahatma Gandhi was a peaceful man who achieved .... for India.

4 The government wasted the people's taxes through inefficient ....

5 Your speech had little .... to them. Only few became interested in it.

1 나라를 위해서라면 <u>기꺼이</u> 목숨을 바치려 <u>한다</u>.

2 오바마는 2009년 1월 20일에 대통령 취임 <u>선서</u>를 했다.

3 마하트마 간디는 인도의 <u>독립</u>을 이룬 평화적인 사람이었다.

4 정부는 비효율적인 <u>관료주의</u>로 국민의 세금을 낭비하였다.

5 네 연설은 그들에게 <u>호소력</u>이 약했다. 극소수만이 그것에 관심을 갖게 되었다.

> **보기** sustain casualties defend
> confessed candidate

6 The soldiers were ready to .... the fortress.*
　* fortress 요새

7 The number of .... of the tsunami reached tens of thousands.

8 The sea wall* is constructed to .... the shocks of waves. * sea wall 방파제

9 Which .... do you support in the upcoming election?

10 Alex .... that he had stolen the money.

6 병사들은 요새를 <u>방어</u>할 준비가 되어 있었다.

7 쓰나미 <u>사상자</u>의 수가 수만 명에 달했다.

8 방파제는 파도의 충격을 잘 <u>견디기</u> 위해 건설된다.

9 당신은 이번 선거에 어느 <u>후보</u>를 지지하십니까?

10 알렉스가 그 돈을 훔쳤다고 <u>자백했다</u>.

▶ 정답은 p.345~346에

Genius is the ability to put into effect what is on your mind.

F. Scott Fitzgerald

천재성이란 마음속에 있는 것을 실행에 옮기는 것이다.

- 스콧 피츠제럴드, 미국의 작가

Ch.6

과학 · 지구 · 우주

Check-up 아는 단어에 ✔ 표시

☐ pressure

☐ compress

☐ friction

☐ circuit

☐ oxygen

☐ emit

☐ radioactive

☐ reflection

☐ illuminate

☐ evaporate

☐ moist

☐ experiment

☐ categorize

☐ nuclear

☐ molecule

☐ antarctic

☐ arctic

☐ volcano

☐ rural

☐ urban

☐ continent

☐ dig

☐ island

☐ geography

pressure [préʃər]

ⓝ 압박, 압력
└ **press**　**v.** (사물, 사람 등을) (내리)누르다

financial pressure　재정난, 재정의 압박
pressure gauge　압력계

Wellbong gets depressed under the tremendous pressure of study.
웰봉이는 엄청난 학업의 압박으로 우울하다.

compress [kəmprés]

ⓥ 압축시키다[되다](condense); 요약하다(summarize)
└ **compression**　**n.** 압축; 요약(summary)
└ **compressed**　**a.** 압축된(condensed)

firmly compress the soil in the pot
화분에 있는 흙을 꾹꾹 다지다

The large files can be compressed by Alzip software.　용량이 큰 파일들은 알집으로 압축시킬 수 있다.

friction [fríkʃən]

ⓝ 마찰
└ **frictional**　**a.** 마찰의, 마찰로 일어나는　*frictional* force 마찰력

cause friction between two nations
두 국가 간에 불화를 일으키다

A match can be ignited* by the power of friction.　마찰력으로 성냥을 붙일 수 있다.
* ignite 점화하다

circuit [sə́ːrkit]

n (전기)회로, 순환

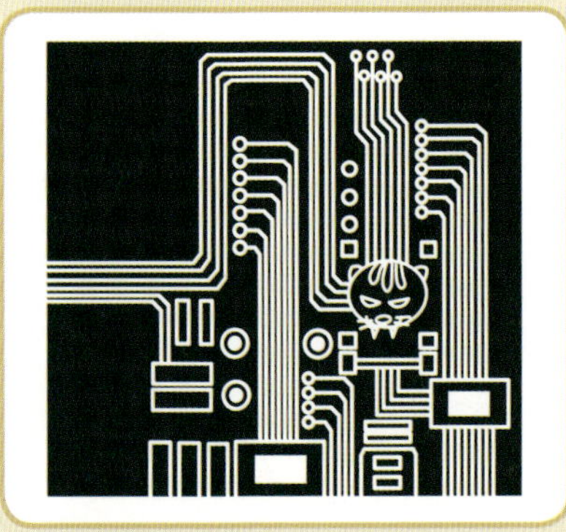

closed circuit 폐쇄회로
how to build an electric circuit 전기 회선 만드는 방법

You can find Nyabong in the circuit if you look at it closely. 유심히 보면 회로에서 냐봉이를 발견할 수 있다.

oxygen [áksidʒen]

n 산소

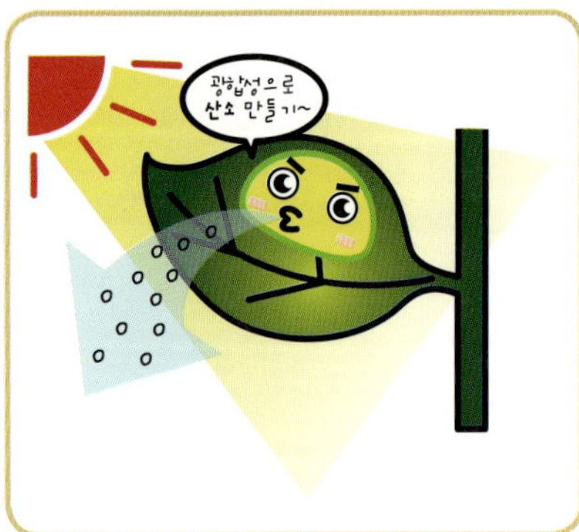

put on an oxygen mask 산소 마스크를 쓰다

Trees release oxygen through photosynthesis.
나무들은 광합성으로 산소를 뿜어낸다.

voca plus+ 주요 기체

nitrogen 질소 hydrogen 수소 carbon dioxide 이산화탄소
methane 메탄 ammonia 암모니아 ozone 오존
cf) liquid 액체 gas 기체 solid 고체

emit [imít]

동사변화 emit–emitted–emitted

v 내뿜다, 방출하다(give off, discharge)
└ **emission** n. 배출(물), 배기가스
└ **emissive** a. 방출하는, 방출된

emit harmful gasses 유해 가스를 방출하다

The whale is emitting some water through its blowhole. 고래가 숨구멍을 통해 물을 내뿜고 있다.

radioactive [rèidiouǽktiv]

a 방사능[성]의
- **radiation** n. 방시(선)
- **radiant** a. 빛나는(shining)
- **radioactivity** n. 방사능[성]

manage radioactive waste 방사능 폐기물을 관리하다

There are a few reasons why radioactive waste is dangerous.
방사능 쓰레기가 왜 위험한지에 대한 몇 가지 이유들이 있다.

reflection [riflékʃən]

n (거울 등에 비친) 상(像), 반사, 반영; 심사숙고(on)
- **reflect** v. 반사하다, 반영하다; 숙고하다(consider)
    cf) deflect 무엇을 맞고 방향을 바꾸다
- **reflective** a. 사색적인; 빛을 반사하는, ~을 반영하는

a reflection of reality 현실의 반영

Wellbong admired his reflection in the pond.
웰봉이는 연못에 비친 그의 모습에 감탄했다.

illuminate [ilúːmənèit]

v 조명하다(light); 해명하다(explain); 계몽하다(enlighten)
- **illumination** n. 조명; 설명; 계몽
- **illuminative** a. 밝게 하는; 계몽적인

Wellbong illuminated the cave with a torchlight. 웰봉이는 횃불로 동굴을 밝혔다.

voca plus+ 빛이 비추다

light 빛을 보내 밝게 하다 **shine** 빛나다, 비추다 **flash** 번쩍 비치다
glare 눈부시게 빛나다 **flicker** 깜박이다 **sparkle** 반짝이다
glitter 빛나다 **glisten** 반들반들 빛나다 **twinkle** 반짝이다

evaporate [ivǽpərèit]

v 증발하다[시키다](vaporize)
↳ **evaporation** n. 증발

be evaporated by the sun 햇빛의 의해 증발되다
Almost all the water in the pot has evaporated from the heat. 냄비 안에 있는 거의 모든 물이 열로 인해 증발되었다.

moist [mɔ́ist]

a 촉촉한, 습한 ↔ dry, arid, unwatered(건조한)
↳ **moisture** n. 수분, 습기
↳ **moisten** v. 촉촉하게 하다(moisturize)

This lotion keeps your skin moist all the time.
이 로션은 당신의 피부를 항상 촉촉하게 해준다.

voca plus+ 물기
wet 젖은 soaked 흠뻑 젖은 drenched 흠뻑 젖은 damp 축축한

experiment [ikspérəmənt]

n 실험 **v** 실험을 하다
↳ **experimental** a. 실험적인(empirical); 시험적인(tentative)

the purpose of the experiment 실험 목적
Dr. Bong conducted an experiment with a frog. 닥터 봉은 개구리 한 마리로 실험을 했다.

수능 빈출표현
carry out[do, make, perform] an experiment on[in, with] ~에 관해 실험하다

categorize [kǽtəgəràiz]

v ~을 범주에 넣다(into); 분류하다(classify)
 ↳ **categorization** **n.** 범주화; 분류(classification)
 ↳ **categorized** **a.** 분류된, 범주화된

be categorized according to age
연령별로 분류되다

Bora was categorized into animals by Wellbong. 웰봉이는 보라를 동물의 범주에 넣었다.

nuclear [njúːkliər]

a 원자력의; 핵무기의, 핵의
 ↳ **nucleus** **n.** 핵, 세포핵; 중심, 핵심

nuclear bomb 핵폭탄　　nuclear energy 핵에너지
nuclear power 원자력　　nuclear family 핵가족

Nuclear weapons could lead to the destruction of the earth.
핵무기는 지구를 파멸로 이끌 수 있다.

molecule [mάləkjùːl]

n 분자
 ↳ **molecular** **a.** 분자의, 분자로 된

The atoms bond together to form a molecule.
원자들이 함께 결합하여 분자를 형성한다.

voca plus+ 입자
atom 원자　**particle** 입자　**granule** 작은 알갱이

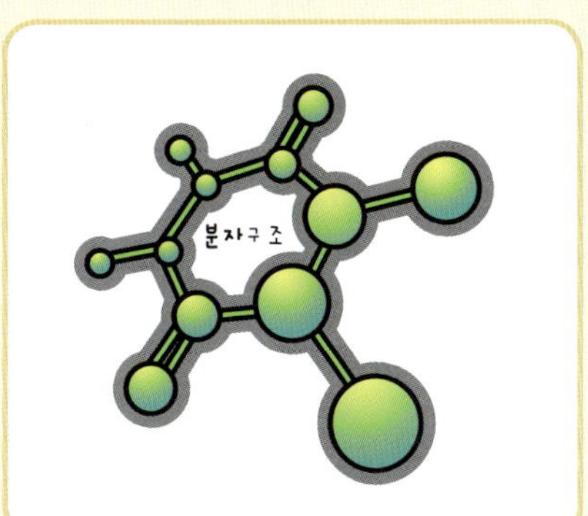

antarctic [æntɑ́ːrktik]

ⓐ 남극의 ↔ arctic(북극의)
ⓝ 남극 지역(the Antarctic)

Antarctic exploration 남극 탐험

The Emperor Penguin inhabits the Antarctic in groups. 황제 펭귄은 남극에서 무리를 지어 서식한다.

arctic [ɑ́ːrtik]

ⓐ 북극의 ↔ antarctic(남극의)
ⓝ 북극 지역(the Arctic)

winter in the Arctic 북극의 겨울

Polar bears swimming well are mostly found in the Arctic. 헤엄을 잘 치는 북극곰은 주로 북극에서 볼 수 있다.

volcano [vɑlkéinou]

ⓝ 화산
└ **volcanic** a. 화산의

volcano ash 화산재
active volcano 활화산

Lava is flowing down from the volcano.
용암이 화산으로부터 흘러내리고 있다.

rural [rúərəl]

a 시골의, 농촌의(pastoral, country, rustic) ↔ urban(도시의)
└ **rurality** **n.** 시골, 전원 풍경
└ **ruralize** **v.** 전원화하다

scenes of rural life 전원생활의 풍경

Wellbong has become accustomed to the rural life, cultivating crops.
웰봉이는 농작물을 경작하면서 시골생활에 적응해갔다.

urban [ə́ːrbən]

a 도시의, 도시풍의
└ **urbanize** **v.** 도시화하다
└ **urbanization** **n.** 도시화

Nyabong is missing Wellbong, after leading an urban life for a while.
냐봉이는 얼마 동안의 도시생활을 한 후 웰봉이를 그리워하고 있다.

뉘앙스 구별 도시

city civic civil urban metropolitan(대도시)
town 마을(village)보다 크고 도시(city)보다 작은 소규모의 도시

continent [kántənənt]

n 대륙, 육지(land)
└ **continental** **a.** 대륙의

cross the African continent 아프리카 대륙을 횡단하다

Asia is the largest continent in the world.
아시아는 세계에서 가장 큰 대륙이다.

voca plus+ 대륙

Asia 아시아 **Europe** 유럽 **Africa** 아프리카 **Oceania** 오세아니아
North America 북아메리카 **South America** 남아메리카

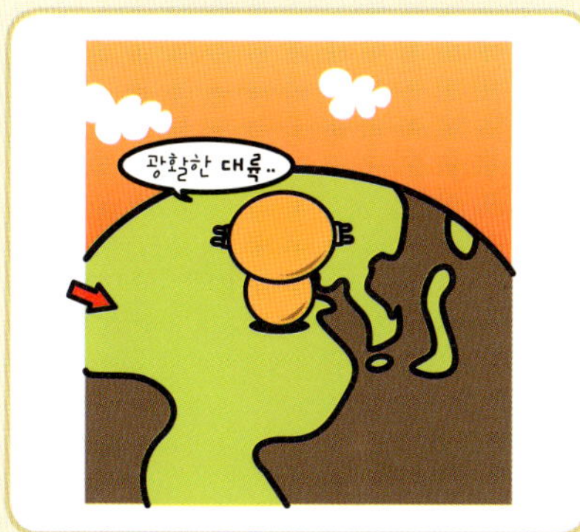

dig [díg]

동사변화 dig–dug–dug

ⓥ 파다, 파내다(excavate) ↔ bury(묻다)

dig the hole 구멍을 파다
dig out the truth 진실을 캐내다

Nyabong is digging in the ground to find the stuff he hid secretly.
냐봉이는 몰래 숨겨두었던 물건을 찾기 위해 땅을 파고 있다.

island [áilənd]

ⓝ 섬
└ **islet** **n.** (독도와 같은) 아주 작은 섬
└ **insular** **a.** 섬의, 섬과 관련된

land on a small island 작은 섬에 착륙하다

Finally Wellbong discovered an island after a long voyage. 마침내 웰봉이는 긴 항해 후에 섬을 발견했다.

geography [dʒiágrəfi]

ⓝ 지리(학) **cf)** terrain 지형
└ **geographer** **n.** 지리학자
└ **geographic(al)** **a.** 지리학의, 지리적인

Wellbong has become interested in geography recently. 웰봉이는 최근에 지리학에 관심을 가지게 되었다.

voca plus+ 철자와 의미에 주의
geology 지질학 **geologist** 지질학자

Step 1 다음 영단어의 우리말 뜻을 쓰시오.

pressure	categorize
compress	nuclear
friction	molecule
circuit	antarctic
oxygen	arctic
emit	volcano
radioactive	rural
reflection	urban
illuminate	continent
evaporate	dig
moist	island
experiment	geography

Step 2 다음 밑줄 친 단어의 <u>유의어</u>를 고르시오.

1 <u>emitted</u> from the volcano
① taken off   ② broken off   ③ put off
④ given off   ⑤ turned off

2 <u>categorized</u> as a vegetable
① protected   ② classified   ③ excused
④ justified   ⑤ stripped

3 the biggest <u>urban</u> zone
① pleasant ② smooth ③ civic ④ different ⑤ positive

4 <u>evaporate</u> more quickly
① advertise ② realize ③ vaporize ④ freeze ⑤ thaw

5 <u>illuminate</u> the dark of the cave
① develop ② share ③ light ④ extinguish ⑤ conceal

1 화산으로부터 <u>뿜어져 나온</u>
① 벗겨진 ② 분리된 ③ 연기된, 미루어진
④ 발산된 ⑤ 꺼진

2 야채로 <u>분류된</u>
① 보호된 ② 분류된 ③ 용서받은
④ 정당화된 ⑤ 벗겨진

3 가장 큰 <u>도시</u> 지역
① 즐거운 ② 매끄러운 ③ 시의, 시민의
④ 다른 ⑤ 적극적인, 긍정적인

4 더 빨리 <u>증발하다</u>
① 광고하다 ② 깨닫다 ③ 증발하다
④ 얼다 ⑤ 녹다

5 동굴의 어둠을 <u>비추다</u>
① 개발하다 ② 공유하다 ③ 불을 밝히다
④ 불을 끄다 ⑤ 숨기다

Step 3 다음 빈칸에 들어갈 알맞은 단어를 고르시오.

1 High blood .... is a warning sign about your health.
① humidity   ② pressure   ③ dryness
④ oath   ⑤ casualty

2 The gas is .... in the bottle.
① compressed   ② inflated   ③ announced
④ implied   ⑤ urged

3 When you rub your hands together, the ....
produces heat.
① occupation   ② friction   ③ organization
④ relaxation   ⑤ invitation

4 A(n) .... erupted, killing more than 1,000 people.
① earthquake   ② flood   ③ drought
④ volcano   ⑤ tornado

5 The air is so .... in the rainy season.
① cloudy ② dry ③ moist ④ clear ⑤ transparent

1 고혈압은 건강의 경고신호이다.
① 습도 ② 압력 ③ 건조 ④ 맹세 ⑤ 사망률

2 가스가 병 안에 <u>압축되어</u> 있다.
① 압축된 ② 팽창된 ③ 발표된
④ 암시된 ⑤ 촉구된

3 양손을 비비면 <u>마찰</u>은 열을 만들어낸다.
① 직업 ② 마찰 ③ 조직, 기구
④ 이완, 긴장을 품 ⑤ 초대

4 화산 폭발로 천 명이 넘는 사람이 죽었다.
① 지진 ② 홍수 ③ 가뭄 ④ 화산 ⑤ 토네이도

5 장마철에는 공기가 매우 <u>습하다</u>.
① 구름 낀 ② 건조한 ③ 습한
④ 쾌청한 ⑤ 투명한

Hint 책갈피로 가리고 이해가 안가는 경우에만 보세요.

보기	molecule	geography	experiment
	arctic	reflection	

1 I purchased a new atlas* for my .... class.
* atlas 지도책

2 Both the .... and the Antarctic are too cold to live in.

3 The atoms bond together to form a(n) ....

4 The theory has been confirmed by a(n) ....

5 Rapunzel looked at the .... in the mirror.

1 나는 지리학 수업을 위해서 새 지도책을 샀다.

2 북극과 남극은 모두 살기에는 너무 춥다.

3 원자들이 서로 결합하여 분자를 형성한다.

4 그 이론은 실험으로 확증되었다.

5 라푼젤은 거울 속에 비친 모습을 보았다.

보기	circuit	antarctic	rural
	nuclear	continent	

6 Because of global warming, the .... glaciers are gradually melting.

7 It takes 27.32 days for the moon to make a(n) .... of the earth.

8 Asia is the largest .... in the world.

9 It is true that North Korea indeed has .... weapons.

10 The workforce is shrinking in .... areas.

6 지구 온난화로 남극의 빙하가 서서히 녹고 있다.

7 달이 지구의 둘레를 순환하는데 27.32일이 걸린다.

8 아시아는 세계에서 가장 큰 대륙이다.

9 북한이 핵무기를 실제로 보유하고 있는 것은 사실 이다.

10 농촌의 노동 인구가 감소하고 있다.

▶ 정답은 p.346~347에

A person who never made a mistake never tried anything new.

Albert Einstein

실수를 한 적이 없는 사람은 한 번도 새로운 시도를 해본 적이 없는 사람이다.

— 알베르트 아인슈타인, 물리학자

Ch.7

자연과 환경

Check-up 아는 단어에 ✔ 표시

☐ climate
☐ pastoral
☐ meadow
☐ forest
☐ summit
☐ strait
☐ gravity
☐ stream
☐ scenery
☐ soil
☐ atlantic
☐ municipal

☐ frontier
☐ wilderness
☐ horizon
☐ discover
☐ atmosphere
☐ universal
☐ astronomy
☐ astronaut
☐ existence
☐ innovate
☐ gene
☐ wireless

climate [kláimit]

n 기후

climate change 기후 변화
Wellbong prefers a warm climate to a cold one. 웰봉이는 추운 기후보다 따뜻한 기후를 더 좋아한다.
voca plus+ 기후
weather 날씨 meteorological 기상(학)의

pastoral [pǽstərəl]

a 목가적인
└ **pastorally** ad. 전원적으로, 목가적으로

pastoral life 전원생활
a peaceful and pastoral scene 평화로운 목가적 광경

Wellbong has a mind to lead a pastoral life after retirement. 웰봉이는 은퇴 후 전원생활을 할 마음을 먹고 있다.

meadow [médou]

n 목초지(pasture), 풀밭

the scent of the meadow 목초지의 향기
stroll around in the meadow 한가로이 풀밭을 거닐다

Sheep are grazing leisurely in the meadow.
양들이 초원에서 한가로이 풀을 뜯고 있다.

forest [fɔ́ːrist]

n 숲, 삼림
└ **forestation** **n.** 조림, 식림
└ **deforest** **v.** 삼림을 없애다
└ **deforestation** **n.** 삼림 벌채[파괴]

conserve forests 산림을 보존하다

Wellbong is taking a walk in the forest.
웰봉이는 숲 속에서 산책을 하고 있다.

summit [sʌ́mit]

n 정상, 산꼭대기(top)

summit talk 정상 회담
be on the mountain summit 산꼭대기에 있다

It is said that a terrible snow-woman lives on
the summit. 무시무시한 설인이 산꼭대기에 살고 있다고 전해진다.

voca plus+ 산의 지형
peak 봉우리 **valley** 계곡 **cliff** 절벽

strait [stréit]

n 해협(channel)

cross the strait 해협을 건너다

Wellbong is pointing at the Straits of Korea on
the map. 웰봉이는 지도상에 대한해협을 가리키고 있다.

voca plus+ 해양지형
peninsula 반도 **island** 섬 **shore** (바다, 호수 등의) 기슭, 해안
coast 해안 **beach** 해변 **bay** 만(바다가 육지 쪽으로 파고들어와 있는 지형)
gulf 만(bay보다 작음)

gravity [grǽvəti]

n 중력(gravitation); 심각성, 중대성(seriousness, significance)
↳ **gravitational** **a.** 중력의
↳ **grave** **a.** 중대한, 심각한(serious); 엄숙한(solemn)

the law of gravity 중력법칙

Gravity is the force which causes things to drop to the ground. 중력은 사물을 땅에 떨어지게 하는 힘이다.

stream [stríːm]

n 개울, 시내(brook)
↳ **streamside** **v.** 강기슭, 강가
↳ **streamline** **v.** 유선형으로 하다; 간소화[능률화]하다

wade across a stream 내를 걸어서 건너다

The water in the stream is flowing softly.
시냇물이 졸졸졸 흐르고 있다.

voca plus+ 강, 호수
canal 운하   river 강   bank 강둑, 제방   lake 호수   pond 연못
reservoir 저수지   swamp 늪   waterfall 폭포

scenery [síːnəri]

n 경치, 풍경(landscape)
↳ **scene** **n.** (행위, 사건의) 장소, 현장; (연극, 영화, 이야기의) 장면
↳ **scenic** **a.** 경치가 좋은

be famous for scenery 경치로 유명하다

Wellbong and Boonhong are enjoying the beautiful scenery.
웰봉이와 분홍이는 아름다운 경치를 보며 즐기고 있다.

soil [sɔ́il]

n 흙, 땅(earth)

fertile **soil** 비옥한 토양
prevent **soil** pollution 토양 오염을 예방하다

Soil is the source of life. 토양은 생명의 근원이다.

뉘앙스 구별 흙
mud 진흙 **clay** 점토, 찰흙 **land** (특정 유형, 용도의) 땅 **earth** (흔히 정원 가꾸기에 이용되는) 흙 **ground** 땅, 지면(푸슬거리는 흙에는 쓰지 않는다)

atlantic [ætlǽntik]

n 대서양(the Atlantic Ocean)
a 대서양의

Wellbong has sailed on the Pacific and
Atlantic Oceans. 웰봉이는 태평양과 대서양을 항해했다.

voca plus+ 대양
남극해 **the Arctic Ocean**   북극해 **the Antarctic Ocean**
인도양 **the Indian Ocean**   태평양 **the Pacific Ocean**

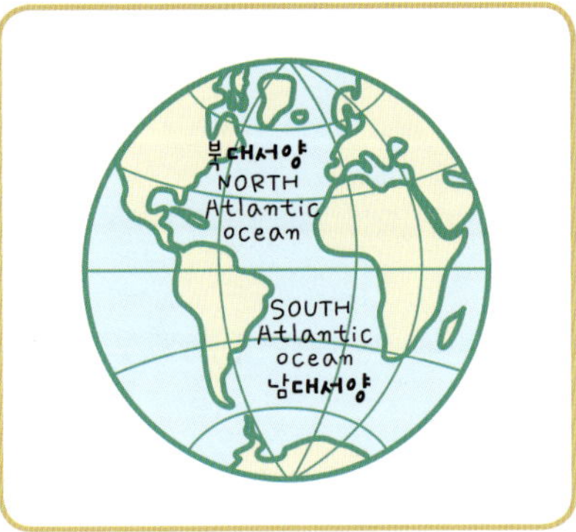

municipal [mjuní səpəl]

a 시립의, 지역정부의
└ **municipality** n. 시당국
└ **municipally** ad. 시에 의하여

the **municipal** hospital 시립병원

Our **municipal** sanitation workers are perfectly
responsible for the cleanliness of the streets.
우리 시소속 환경 미화원들은 완벽하게 거리의 청결을 책임지고 있다.

frontier [frʌntíər]

n 국경, 국경선(border); 경계선(boundary)
└ **front** **n.** 정면, 앞쪽

the frontier spirit 개척자 정신
pass over the frontier 국경을 넘다

The frontier between Korea and China is shown on the map. 한국과 중국의 국경선이 지도상에 보인다.

wilderness [wíldərnis]

n 황야, 황무지(wasteland)

the barren wilderness 메마른 황무지

The region has converted to a wilderness.
그 지역은 황무지로 바뀌었다.

voca plus+ 땅
grassland 초원, 목초지 prairie 대평원 savanna 나무가 적은 초원
jungle 정글 forest 숲, 삼림 wood 숲(grove보다 크고 forest보다 작음)
grove 작은 숲 wetland(s), swamp, marsh, bog 습지 desert
사막 oasis 오아시스

horizon [həráizn]

n 수평선, 지평선; 시야, 범위
└ **horizontal** **a.** 수평의 ↔ vertical(수직의)

open a new horizon 새 지평을 열다

A pirate ship appeared on the horizon at midday. 해적선이 한낮에 수평선 위로 나타났다.

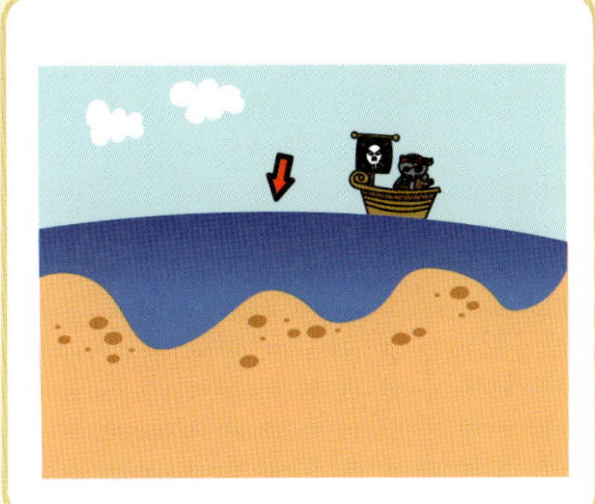

discover [diskˈʌvər]

v 발견하다, 찾다(find out)
┗ **discovery** **n.** 발견
┗ **discoverer** **n.** 발견자

Nyabong finally discovered the oasis in the middle of the desert.
냐봉이는 마침내 사막 한가운데서 오아시스를 발견했다.

뉘앙스 구별 찾다
find 찾아내다 **come across** 우연히 발견하다, 만나다 **locate** ~의 장소를 찾아내다 **uncover** 적발하다 **detect** 탐지하다

atmosphere [ǽtməsfìər]

n (지구의) 대기, 분위기
┗ **atmospheric** **a.** 대기의

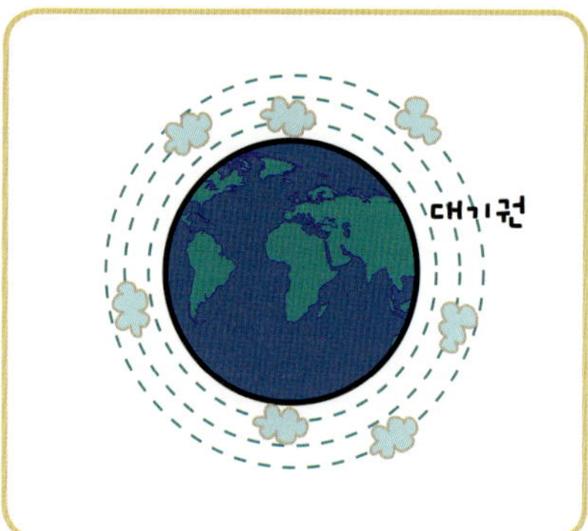

a friendly atmosphere 화기애애한 분위기

The earth's atmosphere is made up of several different layers. 지구는 몇 개의 다른 대기층으로 덮여있다.

voca plus+ '분위기'의 유의어
air mood climate ambience

universal [jùːnəvə́ːrsəl]

a 일반적인(general); 전 세계의(worldwide, global), 우주의(cosmic)
┗ **universe** **n.** 우주(cosmos)
┗ **universality** **n.** 일반성, 보편성(generality)

Coffee is a very popular, universal beverage.
커피는 매우 인기 있으며, 전 세계적인 음료이다.

voca plus+ 우주
cosmos (질서와 조화가 있는 체계로서의) 우주 **space** 우주(대기권 밖)
planet 행성 **comet** 혜성 **constellation** 별자리(성좌)

astronomy [əstrάnəmi]

n 천문학
- **astronomer** n. 천문학자
- **astronomical** a. 천문학의, 천문학적인

Wellbong has a great liking for astronomy.
웰봉이는 천문학을 아주 좋아한다.

voca plus+ 철자와 의미에 주의
astrologer n. 점성술사   astrologic a. 점성술의
astrology n. 점성술[학]

astronaut [ǽstrənɔ̀ːt]

n 우주 비행사
- **astronautical** a. 우주 비행의, 우주 비행사의

enter the astronaut program
우주 비행사 프로그램에 참여하다

Wellbong applied to NASA to enter the
astronaut program.
웰봉이는 우주 비행사 프로그램에 참여하기 위해 나사에 지원했다.

existence [igzístəns]

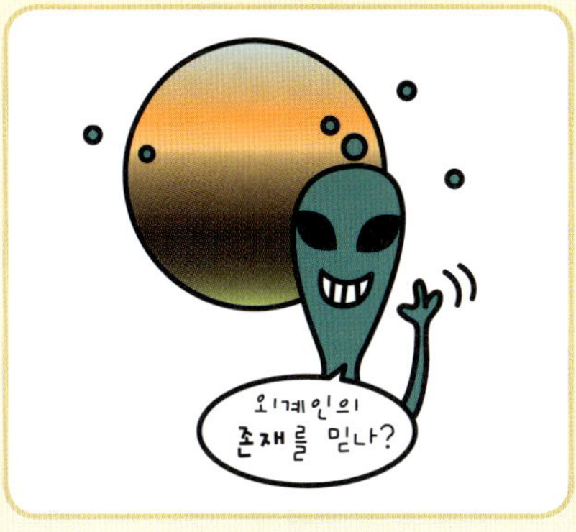

n 존재, 실재, 생존
- **exist** v. 존재하다, 생존하다(survive)
- **existent** a. 존재[실재]하는, 생존[현존]하는 ↔ extinct(멸종된)
- **co-existence** n. 공존

believe in the existence of God   하나님의 존재를 믿다
There is no way to tell the existence of aliens
on Mars.   화성에 외계인이 존재하는가는 아무도 알 수 없다.

innovate [ínəvèit]

v 혁신하다, 쇄신하다(renovate)
└ **innovation** n. 혁신, 쇄신(renovation)
└ **innovator** n. 혁신자
└ **innovative** a. 혁신적인

Finally, Wellbong succeeded in innovating a way to travel to another planet.
마침내 웰봉이는 다른 행성까지 여행하는 방법을 혁신시키는 데 성공했다.

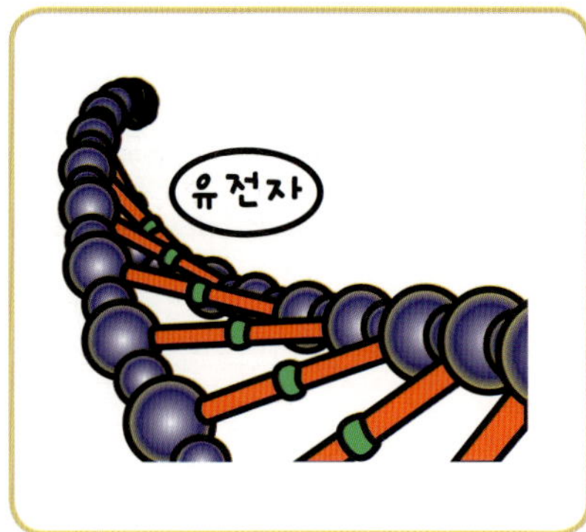

gene [dʒíːn]

n 유전자
└ **genetic** a. 유전의, 유전학의 *genetic* engineering 유전 공학
└ **genetically** ad. 유전적으로
└ **genetics** n. 유전학
└ **geneticist** n. 유전학자

gene variation 유전자 변형

Wellbong has a superior gene.
웰봉이는 우월 유전자를 가지고 있다.

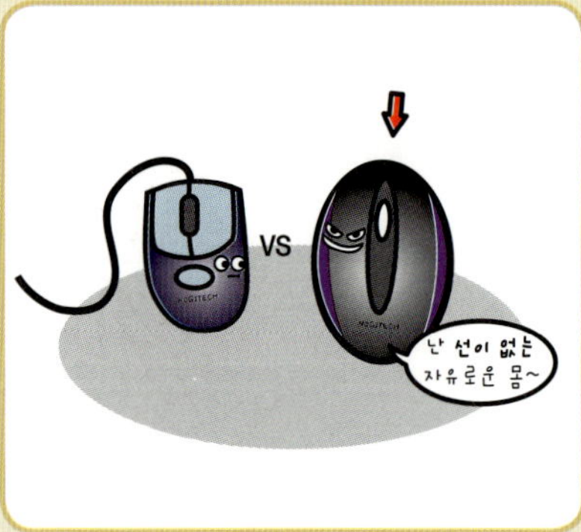

wireless [wáiərlis]

a 철사가 없는, 무선의
└ **wire** n. 철사, 전선 v. 송금하다

the next generation wireless communications
차세대 무선 통신

Generally, a wireless mouse is much preferred to a wired mouse.
일반적으로 유선 마우스보다 무선 마우스를 훨씬 선호한다.

Step 1 다음 영단어의 우리말 뜻을 쓰시오.

climate	frontier
pastoral	wilderness
meadow	horizon
forest	discover
summit	atmosphere
strait	universal
gravity	astronomy
stream	astronaut
scenery	existence
soil	innovate
atlantic	gene
municipal	wireless

Step 2 다음 밑줄 친 단어의 유의어를 고르시오.

1 grazing in the <u>meadow</u>
① orchard   ② pasture   ③ barn   ④ harvest   ⑤ cliff

2 the <u>summit</u> of Mt. Everest
① hill   ② slope   ③ top   ④ valley   ⑤ swamp

3 live in the moist <u>soil</u>
① continent   ② earthquake   ③ cave
④ pond   ⑤ earth

4 <u>discover</u> our true self
① escape   ② find   ③ flee   ④ emerge   ⑤ conceal

5 a <u>universal</u> phenomenon
① abstract   ② supreme   ③ thorough
④ general   ⑤ varied

1 초원에서 풀을 뜯고 있는
① 과수원 ② 목초지 ③ 헛간 ④ 추수 ⑤ 절벽

2 에베레스트 산 정상
① 언덕 ② 비탈길 ③ 정상 ④ 계곡 ⑤ 습지, 늪

3 축축한 흙 속에서 살다
① 대륙 ② 지진 ③ 동굴 ④ 연못 ⑤ 흙, 땅, 대지

4 우리의 진정한 자아를 발견하다
① 달아나다 ② 발견하다, 찾다 ③ 도망치다
④ 등장하다 ⑤ 숨기다

5 전 세계적인 현상
① 추상적인 ② 최고의 ③ 철저한
④ 일반적인 ⑤ 다양한

Step 3 다음 빈칸에 들어갈 알맞은 단어를 고르시오.

1 Children are encouraged to play, explore, and learn in a(n) .... or natural environment.
① desert   ② volcano   ③ forest   ④ danger   ⑤ clay

2 The sun rose above the ....
① ground   ② earth   ③ field   ④ horizon   ⑤ heat

3 The .... of Mt. Sorak in the fall is well-known throughout the nation.
① aspect   ② scenery   ③ scheme   ④ trail   ⑤ range

4 It is natural that .... are passed from parents to children.
① cells   ② particles   ③ genes   ④ germs   ⑤ plagues

5 The .... of the Sahara Desert is extremely hot and dry.
① forest   ② valley   ③ coast   ④ climate   ⑤ ripple

1 어린이들이 숲 속이나 자연 환경에서 놀고, 탐험하고, 배우도록 권장해야 한다.
① 사막 ② 화산 ③ 숲 ④ 위험 ⑤ 점토

2 태양이 수평선 위로 떠올랐다.
① 지면, 땅 ② 땅, 대지 ③ 들판
④ 수평선 ⑤ 열, 열기

3 설악산 가을 풍경은 전국적으로 유명하다.
① 면, 양상 ② 풍경 ③ 계획 ④ 오솔길 ⑤ 범위

4 유전자가 부모에서 아이로 전달되는 것은 자연스러운 일이다.
① 세포 ② 입자 ③ 유전자 ④ 세균 ⑤ 전염병

5 사하라 사막의 기후는 매우 덥고 건조하다.
① 숲 ② 계곡 ③ 해안 ④ 기후 ⑤ 물결

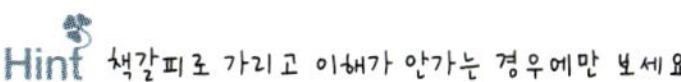

보기	gravity	pastoral	atmosphere
	frontier	innovate	

1 The village looked peaceful and ....

2 We can always stand on Earth's surface due to the force of ....

3 The Earth's .... plays an important role in the global warming process.

4 We must .... in every way we can think of.

5 The hungry North Koreans cross the .... at the risk of their lives.

1 그 마을은 평화롭고 <u>목가적</u>으로 보였다.

2 우리는 <u>중력</u> 때문에 지구 표면에 서 있을 수 있다.

3 지구의 <u>대기는</u> 지구 온난화 과정에서 아주 중요한 역할을 담당한다.

4 우리는 생각할 수 있는 모든 방면으로 <u>혁신해야</u> 한다.

5 굶주린 북한 주민들은 죽음을 무릅쓰고 <u>국경</u>을 넘는다.

보기	straits	astronaut	municipal
	existence	wilderness	

6 The first .... in space was Yuri Gagarin from Russia.

7 The .... of God is beyond human understanding.

8 A .... like a desert is a place that is not used any more by people.

9 O-ryeon Jo, a famous Korean swimmer crossed the .... of Korea by swimming.

10 Money for the research would come from both the central government and .... government.

6 첫 <u>우주 비행사</u>는 러시아의 유리 가가린이었다.

7 신의 <u>존재</u>는 인간의 이해를 넘어선다.

8 사막과 같은 <u>황무지</u>는 사람들에 의해 더 이상 사용되지 않는 곳이다.

9 유명한 한국 수영선수인 조오련은 수영으로 대한 <u>해협</u>을 건넜다.

10 연구비는 중앙정부와 <u>시당국</u>이 부담할 것이다.

▶ 정답은 p.347~348에

Check-up 아는 단어에 ✔ 표시

- [ ] ecology
- [ ] mutual
- [ ] plant
- [ ] germinate
- [ ] blossom
- [ ] bunch
- [ ] botanist
- [ ] weed
- [ ] trapped
- [ ] hatch
- [ ] beast
- [ ] habitat
- [ ] species
- [ ] mammal
- [ ] cling
- [ ] hide
- [ ] prey
- [ ] feed
- [ ] migrate
- [ ] extinction
- [ ] insect

- [ ] parasitic
- [ ] amaze
- [ ] lure
- [ ] environment
- [ ] tranquil
- [ ] phenomenon
- [ ] temperature
- [ ] flood
- [ ] freeze
- [ ] frost
- [ ] eliminate
- [ ] generate
- [ ] drought
- [ ] victim
- [ ] recycle
- [ ] resource
- [ ] contaminate
- [ ] natural
- [ ] timber
- [ ] disastrous
- [ ] spread

ecology [ikάlədʒi]

n 생태계, 생태학
└ **ecological** a. 생태계[학]의
└ **ecologist** n. 생태학자, 생태[환경] 운동가

the ecology of the wetlands 습지의 생태

Ecology is the study of the relationships between plants, animals, people, and their environment.
생태학은 식물, 동물, 사람들 그리고 환경 사이의 관계를 연구하는 학문이다.

mutual [mjúːtʃuəl]

a 상호간의, 공통의(common)
└ **mutuality** n. 상관관계(correlation, interrelation, mutual relation)
└ **mutually** ad. 상호간에, 공동으로

The crocodile and the crocodile bird give each other mutual aid. 악어와 악어새는 상호간의 도움을 주고받는다.

voca plus+ '상호간의'의 유의어
reciprocal bilateral interactive interdependent compatible

plant [plǽnt]

v (나무, 씨앗 등을) 심다
n 식물, 초목(vegetation); 공장(factory)
└ **plantation** n. 농원, 대농장
└ **planting** n. 나무 심기
└ **transplant** v. 이식하다 n. 장기 이식, 이식된 장기
└ **implant** v. (인공적으로 만든 것을) 몸 안에 심어 넣다

Wellbong is planting some trees on Arbor Day.* 웰봉이는 식목일에 나무를 심고 있다. * Arbor Day 식목일

germinate [dʒə́ːrmənèit]

v 싹이 나다, 발아하다(sprout)
↳ **germinal** a. 새싹의, 초기의, 미발달의
↳ **germinate** v. 싹트다, 시작되다
↳ **germination** n. 발아

germinate in one's mind 마음속에서 싹트다
Seeds scattered on the ground began to **germinate**. 땅 위에 흩뿌려진 씨앗들이 발아하기 시작했다.

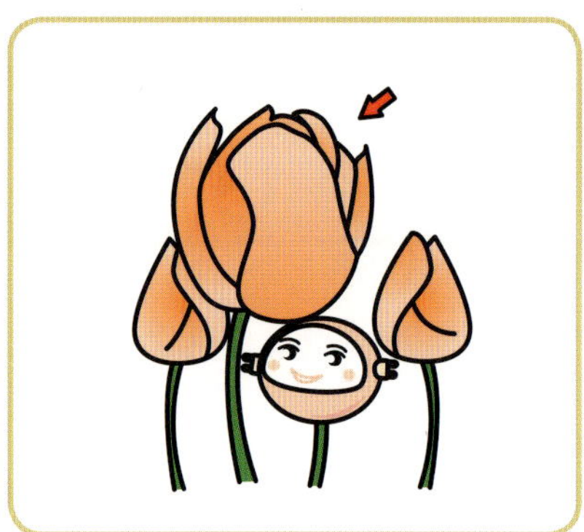

blossom [blɑ́səm]

n 꽃(bloom, flower)
v 꽃이 피다 ↔ wither(꽃이 시들다)

in full **blossom** 만개한

The flower came into **blossom** early this year.
금년에는 꽃이 일찍 피기 시작했다.

voca plus+ 꽃의 부분명칭

petal 꽃잎 **leaf** 잎, 잎사귀 **bud** 싹, 꽃봉오리 **stem** 줄기 **seed** 씨앗
pollen 꽃가루 **thorn** 가시 **root** 뿌리

bunch [bʌ́ntʃ]

n 다발(bundle), 송이(cluster), 묶음
↳ **bunched** a. 다발로 묶은

a **bunch** of grapes 포도 한 송이
Wellbong picked a **bunch** of flowers for Boonhong. 웰봉이는 분홍이를 위해 꽃 한 다발을 꺾었다.

botanist [bátənist]

n 식물학자
- **botany** n. 식물학
- **botanical** a. 식물(학)의

a famous botanist 유명한 식물학자

Wellbong is a botanist who studies plants.
웰봉이는 식물을 연구하는 식물학자이다.

weed [wíːd]

n 잡초
v 잡초를 뽑다
- **weedicide** n. 제초제(herbicide, weedkiller)
- **weedy** a. 잡초가 무성한

weed a field 밭의 김을 매다

There are some weeds around the sunflower.
해바라기 주변에 잡초들이 있다.

trapped [trǽpt]

a 함정에 갇힌
- **trap** n. 올가미(snare), 덫; 함정
  v. 함정에 빠뜨리다 lay[set] a trap 올가미를 놓다
- **entrap** v. 덫으로 잡다

save the trapped miners 갇힌 광부들을 구출하다

The small fly got trapped unfortunately in the
Venus's-fly-trap.* 작은 파리는 불행하게도 파리지옥에 갇혀 버렸다.

* Venus's-fly-trap 끈끈이주걱과에 속하는 파리지옥

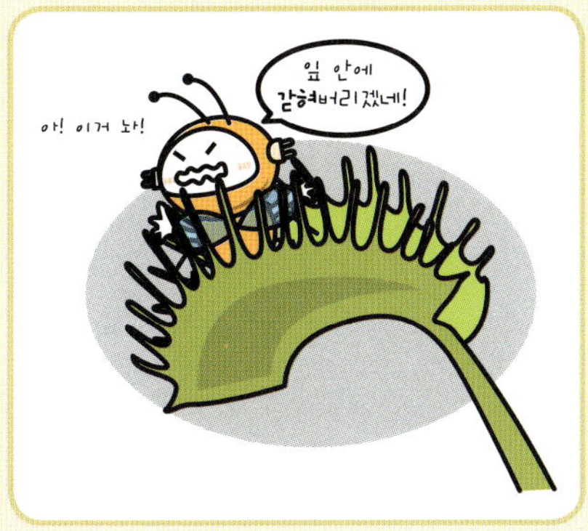

hatch [hǽtʃ]

v 부화하다, 부화시키다
n (배, 항공기의) 화물 출입구, 해치

a warm place to hatch 부화시킬 따뜻한 장소
The egg is about to hatch. 그 달걀은 막 부화하려 한다.

voca plus+
incubate 알을 품다 breed 새끼를 낳다

beast [bíːst]

n 짐승, 야수(brute)
└ **beastlike** **a.** 짐승 같은(beastly)

Bora suddenly became a wild beast in front of Wellbong. 보라가 갑자기 웰봉이 앞에서 야수로 돌변했다.

voca plus+ 부사처럼 -ly가 붙었지만 형용사인 단어들
friendly 친근한 lovely 사랑스러운 likely ～일 것 같은 deadly 치명적인 costly 값비싼 lonely 외로운 eldly 나이가 지긋한 lively 활기찬 earthly 지구의 motherly 어머니 같은

habitat [hǽbitæt]

n 서식지
└ **habitation** **n.** 거주, 주거
└ **habitational** **a.** 거주지의; 거주의

lose its natural habitat 천연 서식지를 잃다
The bamboo forest is the panda's natural habitat. 대나무 숲은 판다곰의 자연서식지이다.

species [spíːʃiːz]

n 종(種) (단수 복수의 형태가 같다)
└ **specific** **a.** 종의, 특유한, 구체적인, 명확한

a protected species 보호종

Wellbong is asking an employee in the pet shop about the species of the dog.
웰봉이는 펫샵 직원에게 개의 종이 무엇이냐고 묻고 있다.

voca plus+ 단수와 복수의 모양이 같은 단어들

series 연속 **means** 수단 **fish** 물고기 **trout** 송어 **sheep** 양
aircraft 항공기 **salmon** 연어 **carp** 잉어 **deer** 사슴

mammal [mǽməl]

n 포유동물
└ **mammalian** **a.** 포유류의

belong to the mammals 포유류에 속하다

Do you know whales are a kind of mammal?
고래가 포유류에 속한다는 걸 아세요?

voca plus+ 종(種)

reptile 파충류 **amphibian** 양서류 **crustacean** 갑각류

cling [klíŋ]

동사변화 cling–clung–clung

v 꼭 붙잡다, 달라붙다(to) (adhere to, stick)
└ **clingy** **a.** 들러붙어서 떨어지지 않는

cling to the body 몸에 달라붙다

The Koala clung to the trunk of the tree tightly.
코알라는 나무줄기에 착 달라붙었다.

hide [háid]

동사변화 hide–hid–hidden

ⓥ 감추다, 숨기다(conceal); 가리다(cover up); (감정 등을 드러내지 않다)

└ **hidden** **a.** 숨겨진, 비밀의 *hidden* camera 몰래 카메라

hide and seek 숨바꼭질

A chameleon is hidden on the leaf.
카멜레온이 잎사귀 안에 숨어 있다.

prey [préi]

ⓝ 먹이, 사냥감(game); 희생자, 피해자(victim)

└ **preyer** **n.** 포식자, 약탈자(predator)

look for prey 먹잇감을 찾다

Nyabong hid behind the rocks to attack the little mouse, his prey.
냐봉이는 바위 뒤에서 먹잇감인 작은 쥐를 공격하기 위해 숨었다.

feed [fíːd]

동사변화 feed–fed–fed

ⓥ (동물 등에) 먹이[모이]를 주다

feed on grass 풀을 뜯어먹다

Wellbong is feeding the birds generously.
웰봉이는 새들에게 후하게 모이를 주고 있다.

voca plus+ 파생원리

food **n.** 음식 → **feed** **v.** 먹이를 주다
blood **n.** 피 → **bleed** **v.** 피를 흘리다

migrate [máigreit]

v 이주하다, 이동하다
└ **migration** n. 이주, 이동
└ **migrant** n. 철새, 이주자
└ **migratory** n. 이주하는, 이동하는
  a *migratory* bird 철새 ↔ a resident bird(텃새)

Wild geese migrate south in winter in flocks.
야생 거위들은 떼를 지어 겨울에 남쪽으로 이주한다.

extinction [ikstíŋkʃən]

n 멸종, 소멸(annihilation, dying out)
└ **extinct** a. 멸종된
└ **extinctive** a. 소멸적인, 소멸성의

be in danger of extinction   멸종 위기에 처하다

There are many theories explaining the
extinction of the dinosaur.
공룡의 멸종을 설명하는 많은 이론들이 있다.

insect [ínsekt]

n 곤충, 벌레
└ **insecticide** n. 살충제
└ **insect-like** a. 곤충 같은, 벌레 같은

Nyabong is observing the insects in the
transparent case.
냐봉이는 투명한 케이스 안에 있는 곤충들을 관찰하고 있다.

voca plus+ 곤충, 벌레

wasp 말벌 **fly** 파리 **dragonfly** 잠자리 **mosquito** 모기 **moth** 나방
beetle 딱정벌레 **cockroach** 바퀴벌레 **caterpillar** 애벌레, 나비의 유충
pupa 번데기 **earthworm** 지렁이 **snail** 달팽이

parasitic [pæ̀rəsítik]

a 기생충의, 기생하는
└ **parasite** **n.** 기생 동물[식물]

be parasitic on the tree 나무에 기생하다

There is one parasitic mite* on the body of Nyabong. 냐봉이의 몸에 기생하는 진드기가 한 마리 있다.
* mite 진드기

amaze [əméiz]

v 놀라게 하다
└ **amazed** **a.** 놀란
└ **amazing** **a.** 놀라게 하는(awesome, terrific)
└ **amazement** **n.** 놀람

be amazed at the news 소식에 놀라다

It is amazing to find a real natural pearl in the seashell. 조개에서 진짜 천연진주를 발견하는 것은 놀라운 일이다.

lure [lúər]

v 꾀다, 유혹하다(into) (tempt)
n 미끼, 유인하는 것, 매력

lure tourists to Korea 한국에 관광객을 유치하다

The fish was lured into the fish bait.
물고기는 낚시 미끼에 유혹당했다.

뉘앙스 구별 유혹하다
attract 매혹하다(가장 일반적) **fascinate** 반하게 하다 **charm** 매료시키다 **enchant** 완전히 마음을 사로잡다 **tempt** 유혹하다 **entice** 유혹하다, 꾀다 **seduce** (이성을 특히 육체적 관계를 위해) 유혹하다

environment [inváiərənmənt]

n 환경
- **environmental** **a.** 환경의
- **environment-friendly** **a.** 환경 친화적인(eco-friendly)

a pleasant learning environment 쾌적한 학습 환경
Wellbong's mom decided to move to Gangnam for the better education environment.
웰봉이 엄마는 더 나은 교육 환경을 위해 강남으로 이사 가기로 결심했다.

tranquil [trǽŋkwil]

a 고요한, 평온한(peaceful), (사람이) 침착한(composed)
- **tranquillity** **n.** 평온, 고요함, 평정(composure)
- **tranquilize** **v.** 조용하게 하다, 진정시키다
- **tranquilizer** **n.** 진정제

The moonlight makes the lake more tranquil.
달빛은 그 호수를 더욱 평온하게 한다.

voca plus+ '고요한'의 유의어
calm serene placid

phenomenon [finámənàn]

n 현상, 아주 진기한 것 **pl.** phenomena
- **phenomenal** **a.** 아주 인상적인, 놀라운

a cultural phenomenon 문화적인 현상
a recent phenomenon 최근에 일어난 현상

It is a natural phenomenon that the glasses steam up when coming in from the cold.
추운 곳에서 안으로 들어올 때 안경에 김이 서리는 것은 일종의 자연현상이다.

temperature [témpərətʃər]

n 온도, 체온 *cf)* humidity 습도

room temperature　상온(평상시 실내온도)
regulate one's body temperature　체온을 조절하다

Wellbong shivered in the -15 cold temperature.
웰봉이는 영하 15도에 몸을 떨었다.

voca plus+　측정계
thermometer 온도계　hygrometer 습도계　barometer 기압계

flood [flʌd]

n 홍수 ↔ drought(가뭄)

suffer a flood damage　물난리를 겪다

The flood has caused his house to float on the water.　홍수로 인해 웰봉이의 집이 물 위에 떠다니게 되었다.

voca plus+　재난/재해
blizzard 눈보라　snowstorm 눈보라　downpour 집중호우, 폭우
earthquake 지진　hail 우박　hurricane 허리케인　landslide 산사태
rainstorm 폭풍우　tidal wave 해일　tornado 토네이도

freeze [fríːz]

동사변화 freeze–froze–frozen
v 얼다 ↔ thaw(녹다); 얼리다
└ **freezing** a. 너무나 추운; 영하의, 결빙의
└ **freezer** n. 냉동고

freeze-drying　냉동 건조

Wellbong pretended to freeze after shouting 'Ice' in the freeze & break game.
웰봉이는 얼음땡 게임에서 '얼음'이라고 외치고 얼어붙은 척 했다.

frost [frɔ́ːst]

n 서리, 성에   **v** 서리가 내리다, 성에가 끼다
└ **defrost** v. 성에를 제거하다
└ **frost-free** a. 성에가 안 끼는

Jack Frost 동장군 (冬將軍)

Why is the head of Wellbong covered with frost? 왜 웰봉이의 머리에 서리가 내렸을까요?

voca plus+ 눈, 얼음
sleet 진눈깨비   **slush** (녹아서) 진창이 된 눈   **glacier** 빙하   **iceberg** 빙산

eliminate [ilímənèit]

v 제거하다, 삭제하다(remove, get rid of)
└ **elimination** n. 제거, 삭제

eliminate racial prejudice 인종 편견을 없애다

They are eliminating gum stuck on the road.
그들은 길 위에 들러붙어 있는 껌을 제거하고 있다.

voca plus+ 제거하다
root out, eradicate 뿌리 뽑다
exterminate, annihilate 전멸시키다

generate [dʒénərèit]

v 발생시키다(bring about) ↔ degenerate(퇴보하다)
└ **generation** n. 발생 ↔ degeneration(퇴보, 세대)
　　　　　　　　　　 generation gap 세대 차이
└ **generator** n. 발전기
└ **genesis** n. 기원, 발생

generate a web page 웹페이지를 만들어내다

Electricity can be generated by the constant wind power. 전기는 지속적인 풍력에 의해 생산될 수 있다.

drought [dráut]

n 가뭄(dryness, water shortage) ↔ flood, deluge(홍수)

a region vulnerable to drought 가뭄에 취약한 지역

The ground was heavily cracked by the severe drought. 땅이 극심한 가뭄으로 심하게 갈라졌다.

victim [víktim]

n 피해자, 희생자(prey)
└ **victimize** v. 희생시키다

fall victim to A A의 희생자가 되다

This seagull was the innocent victim of an oil spill. 이 갈매기는 기름 유출의 무고한 희생자였다.

recycle [rìːsáikl]

v 재활용하다
└ **recycling** n. 재활용 ↔ disposableness(처분할 수 있음, 일회용)
└ **recyclable** a. 재활용할 수 있는 ↔ disposable(일회용의)

recycle bin 휴지통

be easy to recycle 재활용하기 쉽다

Empty bottles are a good item to recycle.
빈병은 재활용하기에 아주 좋은 물건이다.

resource [ríːsɔːrs]

ⓥ 자원, 부, 자산(~s); (학습, 연구의) 자료; (사물의) 원천, 근원 (source)
⎿ **resourceful** **a.** 자원이 풍부한

human resource management 인적 자원 관리

The sun is a natural resource for everything on earth. 태양은 지구상에 있는 모든 것을 위한 천연자원이다.

contaminate [kəntǽmənèit]

ⓥ 오염시키다(pollute, taint)
⎿ **contamination** **n.** 오염(pollution)
⎿ **contaminator** **n.** 오염시키는 것[사람]

a region contaminated by radioactivity
방사능에 오염된 지역

The river has become contaminated due to sewage from plants and houses.
강은 공장과 주택에서 나오는 하수 때문에 오염되었다.

natural [nǽtʃərəl]

ⓐ 자연의, 천연의 ↔ artificial(인공의); 자연스러운; 타고난
⎿ **nature** **n.** 자연(계); 성질, 특징
⎿ **naturally** **ad.** 자연스럽게, 당연히

The people in the picture look very natural with the background in the photo.
사진 속 배경과 인물들이 아주 자연스럽게 보인다.

voca plus+ '타고난, 태어날 때부터'의 유의어
native inborn innate congenital inherent indigenous

timber [tímbər]

n 재목, 목재

split timber 쪼갠 재목

Nyabong is going to build a new house with good quality **timber**. 냐봉이는 좋은 목재로 새 집을 지을 계획이다.

voca plus+ 목재
log 통나무 **wood** 목재 **firewood** 장작

disastrous [dizǽstrəs]

a 처참한, 비참한
└ **disastrously** ad. 비참하게
└ **disaster** n. 참사, 재난, 재해, 재앙(catastrophe, calamity, tragedy)

The love Bora hurricane is just like a **disastrous** event for Wellbong.
사랑의 보라 허리케인은 웰봉이에게 재앙이나 마찬가지다.

voca plus+ '처참한, 비참한'의 유의어
tragic catastrophic devastating

spread [spréd]

동사변화 spread–spread–spread
v 퍼지다, 퍼트리다, 확산시키다(diffuse)
└ **widespread** a. 널리 퍼진

spread jam on top of bread 빵 위에 잼을 바르다

Wellbong is **spreading** the spores of the dandelion* with his breath.
웰봉이는 입으로 민들레 홀씨를 퍼트리고 있다.

* spores of dandelion 민들레 홀씨

Step 1 다음 영단어의 우리말 뜻을 쓰시오.

ecology	parasitic
mutual	amaze
plant	lure
germinate	environment
blossom	tranquil
bunch	phenomenon
botanist	temperature
weed	flood
trapped	freeze
hatch	frost
beast	eliminate
habitat	generate
species	drought
mammal	victim
cling	recycle
hide	resource
prey	contaminate
feed	natural
migrate	timber
extinction	disastrous
insect	spread

Step 2 다음 밑줄 친 단어의 <u>유의어</u>를 고르시오.

1 <u>germinate</u> in the soil
① construct ② sprout ③ spread
④ illuminate ⑤ evaporate

2 pursue a <u>prey</u>
① predator ② soil ③ carnivore ④ volcano ⑤ game

3 the <u>tranquil</u> waters of the lake
① turbulent ② moist ③ loud ④ calm ⑤ vivid

4 <u>eliminate</u> unnecessary processes
① enhance ② degrade ③ remove ④ discover ⑤ exist

5 because of the <u>drought</u>
① pressure ② dryness ③ lengthiness
④ moisture ⑤ humidity

1 흙에서 발아하다
① 건설하다 ② 싹이 나다 ③ 퍼지다
④ 조명하다 ⑤ 증발하다

2 사냥감을 쫓다
① 포식자 ② 흙 ③ 육식동물
④ 화산 ⑤ 사냥감, 먹잇감

3 호수의 잔잔한 물
① 몹시 거친 ② 습한 ③ 소리가 큰
④ 고요한 ⑤ 생생한

4 불필요한 과정들을 <u>제거하다</u>
① 향상시키다 ② 강등시키다 ③ 제거하다
④ 발견하다 ⑤ 존재하다

5 가뭄 때문에
① 압력 ② 건조 ③ 장황 ④ 수분, 습기 ⑤ 습도

Step 3 다음 빈칸에 들어갈 알맞은 단어를 고르시오.

1 .... respect is necessary for our human relationship.
① momentary ② rural ③ pertinent ④ mutual ⑤ individual

2 A lot of wildlife is losing its natural ....
① haste ② habitat ③ semester ④ shelter ⑤ instinct

3 There are 18 different .... of penguins inhabiting the Antarctic.
① species ② molecule ③ reflection
④ obstacle ⑤ congestion

4 It is the sad reality that many animal species are in danger of ....
① expiration ② justice ③ extinction
④ prosperity ⑤ deficiency

5 The .... of the war were children and old people.
① refuge ② client ③ revenge ④ victim ⑤ guilt

1 우리의 인간관계에서는 <u>상호</u> 존중이 필요하다.
① 일시적인 ② 시골의 ③ 관련 있는
④ 상호의 ⑤ 개인의

2 많은 야생 동물들이 천연 <u>서식지</u>를 잃고 있다.
① 서두름 ② 서식지 ③ 학기 ④ 피난처 ⑤ 본능

3 남극에 서식하는 펭귄은 각각 다른 18종이 있다.
① 종 ② 분자 ③ 반사, 반영 ④ 장애물 ⑤ 정체

4 많은 동물들이 <u>멸종</u> 위기에 처해 있다는 것은 슬픈 현실이다.
① 만료 ② 정의 ③ 멸종 ④ 번영 ⑤ 결핍

5 그 전쟁의 <u>희생자</u>들은 어린이들과 노인들이었다.
① 피난(처) ② 의뢰인 ③ 보복, 복수
④ 희생자 ⑤ 유죄

> 보기 disastrous　　migrate　　contaminated
> phenomenon　　ecology

1 Swallows .... south in the winter.

2 The river was .... with sewage.

3 The oil spill caused terrible damage to the ....
of the coastline.

4 The tsunami in Japan was really ....

5 Farting* is a natural physiological ....　* farting 방귀

1 제비는 겨울에 남쪽으로 <u>이주한다</u>.

2 하수로 강이 <u>오염되었다</u>.

3 기름 유출은 해안선의 <u>생태계</u>에 끔찍한 손상을
초래했다.

4 일본에서 발생한 쓰나미는 정말로 <u>참담했다</u>.

5 방귀는 자연스러운 생리 <u>현상</u>이다.

> 보기 resources　　bunch　　timber
> environment　　botanist

6 Dennis gave her a .... of red roses.

7 A(n) .... is analyzing the structure of a leaf with
microscope.

8 We must preserve and protect our natural ....
for our descendants.

9 Alaska is abundant in natural ....

10 The workers were loading up a truck with .... in
the forest.

6 데니스는 그녀에게 붉은 장미 <u>다발</u>을 주었다.

7 <u>식물학자</u>가 현미경으로 나뭇잎의 구조를 분석하고
있다.

8 우리는 후손들을 위해 <u>자연환경</u>을 보존하고 보호해
야 한다.

9 알래스카는 천연<u>자원</u>이 풍부하다.

10 인부들이 숲에서 트럭에 <u>목재</u>를 가득 싣고 있었다.

▶ 정답은 p.348~349에

I always knew I was going to be rich.
I don't think I ever doubted it for a minute.

Warren Buffett

나는 항상 내가 부자가 되리라는 것을 알았다.
단 한 순간도 그것을 의심해 본 적이 없다.

_ 워런 버핏, 미국의 주식 투자가

Ch.8

사물의 형상과 속성

Check-up 아는 단어에 ✔ 표시

- ☐ superficial
- ☐ aspect
- ☐ parallel
- ☐ vertical
- ☐ straighten
- ☐ stiff
- ☐ elastic
- ☐ flexible
- ☐ fade
- ☐ qualify
- ☐ feature
- ☐ characteristic
- ☐ supreme
- ☐ optimal
- ☐ surpass
- ☐ superior
- ☐ superb
- ☐ spectacular

- ☐ defect
- ☐ potent
- ☐ strength
- ☐ intensity
- ☐ weaken
- ☐ vulnerable
- ☐ crude
- ☐ refine
- ☐ simplify
- ☐ complicated
- ☐ facilitate
- ☐ elaborate
- ☐ delicate
- ☐ pervasive
- ☐ plain
- ☐ useful
- ☐ disadvantage
- ☐ authentic

superficial [sùːpərfíʃəl]

a 피상적인, 표면적인(ostensible); 깊이 없는(shallow)
　↔ profound(심오한)
ᄂ **superficiality** **n.** 피상성, 천박
ᄂ **superficially** **ad.** 표면상으로, 피상적으로

be superficial 깊이가 없다

Wellbong studied in a superficial manner.
웰봉이는 수박 겉핥기식으로 공부했었다.

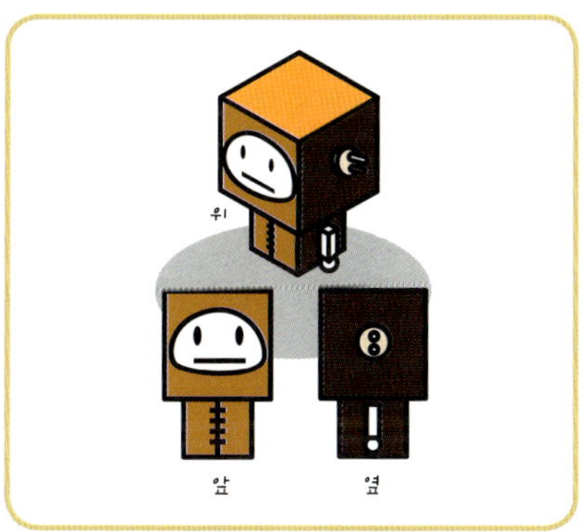

aspect [ǽspekt]

n 측면(side); 양상(facet); 국면(phase); 견해(opinion)

from every aspect 모든 면[각도]에서
in the financial aspect 재정 면에서

This picture shows the various aspects of the figure. 이 그림은 도형의 다양한 측면을 보여준다.

parallel [pǽrəlèl]

a 평행한, 나란한
n 유사한 것
ᄂ **parallelism** **n.** 평행상태; (방향, 성격의) 유사성(similarity)
ᄂ **unparalleled** **a.** 비할 데 없는(unequalled, unrivaled)

parallel lines 평행선

Wellbong gave an excellent performance on the parallel bars.* 웰봉이는 평행봉에서 멋진 연기를 보였다.
* parallel bars 평행봉

vertical [və́ːrtikəl]

a 수직의, 세로의(perpendicular) ↔ horizontal(수평의)
cf) diagonal 대각선의
↳ **vertically** **ad.** 수직으로 ↔ horizontally(수평으로)

draw a vertical line 세로로 줄을 긋다

Nyabong is making a vertical descent.
냐봉이는 수직하강을 하고 있다.

straighten [stréitn]

v 똑바르게 하다, 곧게 하다
↳ **straight** **a.** 똑바른, 곧은(unbent) ↔ curved(곡선의)
ad. 똑바로, 곧장

straighten one's back 허리를 곧게 펴다

Curly hair can be easily straightened at a beauty parlor. 곱슬머리는 미용실에서 쉽게 쫙 펼 수 있다.

stiff [stíf]

a 뻣뻣한, 뻐근한; 걸리는 ↔ flexible, pliable(유연한)
↳ **stiffen** **v.** 뻣뻣해지다
↳ **stiffness** **n.** 뻣뻣함

a stiff collar 뻣뻣한 깃

The body of Wellbong is too stiff to dance like a log. 웰봉이의 몸은 춤을 추기에는 통나무처럼 뻣뻣하다.

elastic [ilǽstik]

ⓐ 고무로 된, 탄력[신축성]이 있는 ↔ inelastic(탄력이 없는); 융통성 있는(flexible)

↳ **elasticity**　**n.** 탄력성; 융통성(flexibility)

elastic band　고무 밴드(rubber band)

The underwear Wellbong wears is so elastic.
웰봉이가 입고 있는 속옷은 탄력이 무지 좋다.

flexible [fléksəbl]

ⓐ 유연한(elastic) ↔ inflexible(신축성 없는); 융통성 있는

↳ **flexibility**　**n.** 유연함; 융통성

flexible movement　유연한 동작

The limbs of Nyabong became very flexible thanks to yoga.　냐봉이의 팔다리는 요가 덕택에 아주 유연해졌다.

fade [féid]

ⓥ 희미해지다(be faint), 색이 바래다(lose color); 서서히 사라지다(away) (disappear)

fade out the music　음악소리를 점점 작게 하다

Wellbong gradually faded away that way.
웰봉이는 그렇게 서서히 사라져갔다.

qualify [kwάləfài]

v 자격을 인정받다(for), 자격을 주다(entitle)
  ↔ disqualify(자격을 박탈하다)
  ∟ **qualification** n. 자격(증)
  ∟ **qualified** a. 자격이 있는(entitled, eligible)
      ↔ unqualified(자격이 없는)
  ∟ **quality** n. 자질, 특성

The driver's license qualifies Wellbong to even drive trucks. 그 운전면허증은 웰봉이가 트럭도 몰 수 있는 자격을 준다.

feature [fíːtʃər]

n 특색, 특징; 용모(~s); (신문의) 특집기사
v ~을 특색으로 하다
  ∟ **featured** a. 특색으로 한

The interesting feature of *Wordmate* are new, not boring, and funny.
《워드메이트》의 흥미로운 특징은 새롭고 지루하지 않으며, 재미가 있다.

voca plus+ '특징, 특성, 특질'의 유의어
trait nature character characteristic peculiarity
hallmark quality attribute property

characteristic
[kæ̀riktərístik]

n 특징, 특성(trait, feature)
a 특유의(of)

characteristic of the age 그 시대의 특징을 나타내는

All the characters appearing in this book show their own characteristics.
이 책에 나오는 캐릭터들은 모두 그들만의 고유한 특징이 있다.

supreme [səpríːm]

a (지위 등이) 최고의(paramount, sovereign)
└ **supremacy** n. 최고, 최상; 우월

Supreme Court 대법원
a supreme work of art 최고의 예술작품
Wellbong says that all of us are supreme.
웰봉이는 우리 모두가 최고라고 말한다.

optimal [áptəməl]

a 최상의, 최적의
└ **optimally** ad. 최적으로
└ **sub-optimal** a. 차선의

optimal temperalure 최적 온노
Boonhong has the optimal body and soul for my bride. 분홍이는 최적의 외모와 영혼을 가진 신붓감이다.

surpass [sərpǽs]

v 능가하다, 초과하다
└ **surpassable** a. 능가할 수 있는
└ **surpassing** a. 빼어난, 뛰어난
└ **unsurpassable** a. 능가할 수 없는, 뛰어난(paramount)

The disciple's ability has surpassed that of the master. 제자의 능력이 스승의 능력을 능가했다.

voca plus+ '능가하다'의 유의어
excel outdo outweigh outperform be superior
go beyond

superior [səpíəriər]

ⓐ 우세한(to) ↔ inferior(열등한); 상관의

↳ **superiority** n. 우월성 ↔ inferiority (열등감);
윗사람, 선배, 상급자, 상관

Korean beef is superior in quality to any other beef in the world.
한우는 세계의 다른 어떤 고기보다 품질면에서 우수하다.

voca plus+ 라틴계 형용사들
비교대상 앞에 than이 아니라 to를 써야 한다.
superior inferior senior(연상의) **junior**(연하의) **prior**(~에 앞선)

superb [suːpə́ːrb]

ⓐ 최고의, 최상의(supreme)

superb natural landscape 빼어난 자연경관

All of your performances are absolutely superb.
여러분 모두의 성과는 그야말로 최고입니다.

voca plus+ '일류, 최고'의 유의어
first-rate first-class matchless peerless terrific
excellent splendid magnificent

spectacular [spektǽkjulər]

ⓐ 장관을 이루는

↳ **spectacle** n. 광경(sight), 장관, 구경거리; 안경(~s)(eyeglasses)
↳ **spectator** n. 구경꾼, 관객

apartment with spectacular view 전망 좋은 아파트

The twinkling stars in the sky were spectacular.
하늘에 반짝이는 별들로 장관을 이루었다.

defect [díːfekt]

n 결함, 결점, 단점(shortcoming)
ㄴ **defective** **a.** 결함이 있는(faulty)

The dancer had a slight defect in the armpit.*
그 댄서는 겨드랑이에 약간의 결함을 가지고 있었다.
* armpit 겨드랑이

voca plus+ '결점, 결함'의 유의어
fault flaw failing drawback demerit deficiency

potent [póutnt]

a 강(력)한 strong ↔ impotent(무력한)
ㄴ **potency** **n.** 힘, 효능

a potent political system 강력한 정치제도

The smell of garlic out of Bora's mouth was very potent. 보라의 입에서 나오는 마늘 냄새가 아주 강력했다.

voca plus+ '강한, 힘이 센'의 유의어
hardy powerful forceful formidable

strength [stréŋkθ]

n 힘, 기운 ↔ weakness(약함, 허약)
ㄴ **strengthen** **v.** 강화되다, 강력해지다
ㄴ **strong** **a.** 튼튼한(robust), 힘센(powerful) ↔ weak(힘이 약한)

at full strength 온 힘을 다해

Butterman has become a byword for strength.
느끼남은 힘의 대명사가 되었다.

voca plus+ '힘, 기운'의 유의어
energy vitality vigor

intensity [inténsəti]

n 강렬함, 강함
- **intensify v.** 강도를 높이다(enhance)
- **intense a.** 강렬한(strong, fervent, vehement)
- **intensely ad.** 몹시, 강렬하게

the intensity of the light 빛의 강도

Butterman's intensity gives a strong impression. 느끼남의 강렬함은 강한 인상을 준다.

weaken [wíːkən]

v 약화시키다(attenuate)
- **weak a.** 약한(fragile) ↔ strong, mighty, powerful(강한)

weaken your immune system 면역체계를 약화시키다

Samson* would be weakened if he had his hair cut. 삼손은 머리카락이 잘리면 약해진다.
* Samson 구약성서에 나오는 장사(壯士)

vulnerable [vʌ́lnərəbl]

a 취약한(to) (susceptible, subject); 연약한(weak)
- **vulnerability n.** 취약함(vulnerableness)

help vulnerable people 약자를 돕다

A snowman is very vulnerable to fire.
눈사람은 불에 매우 취약하다.

crude [krúːd]

ⓐ 원래 그대로의, 미가공의(unrefined); 날 것의(raw); 조잡한; 상스러운(vulgar)

crude oil 원유
crude behavior 버릇없는 행동

Bora is applying a face pack with crude kelp.*
보라는 그냥 다시마로 얼굴 팩을 하고 있다.
* kelp 다시마

refine [riːfáin]

ⓥ 정제하다, 제련하다
└ refined a. 정제된(purified); 교양 있는(elegant); 세련된(sophisticated, cultivated)
└ refinement n. 정제, 제련; 세련(sophistication)
└ refinery n. 정제소

refined oil 정제유

Pure gold is refined in the furnace.*
순금은 용광로에서 정제되어진다. * furnace 용광로

simplify [símpləfài]

ⓥ 단순화하다
└ simplification n. 단순화
└ simplified a. 간소화한 ↔ complicated(복잡한)
└ simplicity n. 단순함 ↔ complexity(복잡성)

simplify procedures 절차를 간소화하다

Dinner has been simplified due to rising prices. 저녁 식사가 물가상승 때문에 간소화되었다.

complicated [kámpləkèitid]

ⓐ 복잡한 ↔ straightforward(간단한)
└ **complicate** v. 복잡하게 하다
└ **complication** n. 복잡한 상태; 합병증

Wellbong's thoughts have become very complicated owing to Boonhong.
웰봉이의 마음은 분홍이 때문에 매우 복잡해졌다.

voca plus+ '복잡한'의 유의어
complex intricate tangled sophisticated

facilitate [fəsílətèit]

ⓥ 용이하게 하다(ease, alleviate); 촉진하다(foster, promote)
└ **facilitation** n. 용이하게 함
└ **facility** n. 용이함(ease); 능숙함(skill); 편의시설(~ies)
└ **facile** a. 용이한(easy)

facilitate the understanding 이해하기 쉽게 하다

A bottle-opener can facilitate your opening a bottle. 병따개는 병을 쉽게 딸 수 있게 해준다.

elaborate [ilǽbərət]

ⓐ 정교한, 정성[공]을 들인(exquisite, laborious)
ⓥ 상세히 설명하다(on, upon)
└ **elaboratively** ad. 정교하게, 공을 들여

elaborate designs 정교한 디자인

Making a robot needs a very elaborate technique.
로봇을 만드는 작업은 매우 정교한 기술을 필요로 한다.

delicate [délikət]

ⓐ 정교한(exquisite); 허약한(weak, frail), 깨지기 쉬운(fragile); 미묘한(subtle); 우아한(elegant)
  ↳ **delicacy** n. 정교; 허약; 우아

a delicate child 허약한 아이

The thief was so surprised at the delicate mechanisms of the trap set by Mrs. Bong.
절도범은 봉여사의 섬세한 구조의 올가미에 아주 놀랐다.

pervasive [pərvéisiv]

ⓐ 스며[배어]드는, 만연하는
  ↳ **pervade** v. 만연하다, (구석구석) 스며[배어]들다
  ↳ **pervasion** n. 스며듦; 충만; 보급; 침투
  ↳ **pervasiveness** n. 만연함; 충만함; 침투성

pervasive in the work 작품에 널리 스며있는

The pervasive smell of Cheonggukjang could be sensed in the whole house.
구석구석 배어드는 청국장 냄새가 온 집안에서 느껴졌다.

plain [pléin]

ⓐ (의복이) 수수한, 꾸밈없는(simple); 명백한(obvious); 솔직한(frank); 알기 쉬운(easy)
ⓝ 평원, 평야

plain English 알기 쉬운[평이한] 영어
plain and simple 간단명료한

Bora's costume was very plain last Halloween.
지난 할로윈 때 보라의 의상은 밋밋했다.

useful [júːsfəl]

a 유용한, 쓸모 있는 ↔ useless(소용없는)
↳ **usefulness** n. 유용성(utility)

useful information 유익한 정보

The gloves are very useful for wiping the windows. 그 장갑은 창문을 닦는 데 매우 유용했다.

voca plus+ '유용한, 쓸모 있는'의 유의어
handy helpful of use utile

disadvantage [dìsədvǽntidʒ]

n 불리한 점, 약점 ↔ advantage(유리한 점)
↳ **disadvantaged** a. 사회적으로 혜택을 받지 못한; 빈곤한
↳ **disadvantageous** a. 불리한 ↔ advantageous(유리한)

a big disadvantage for promotion
승진에 있어 큰 불이익

The disadvantage is that Wellbong has no feet to wear the shoes.
불리한 점이라면 웰봉이는 신발을 신을 발이 없다는 것이다.

authentic [ɔːθéntik]

a 진정한, 진짜인(true, genuine) ↔ fake, false(가짜의, 정통의)
↳ **authenticity** n. 진정성
↳ **authentication** n. 입증, 증명, 인증

an authentic signature 본인의 서명

Mrs. Bong began to doubt if the necklace was authentic. 봉여사는 그 목걸이가 진짜인지 의심하기 시작했다.

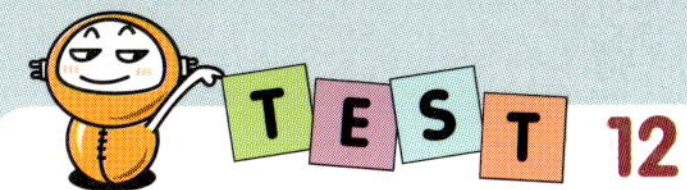

Step 1 다음 영단어의 우리말 뜻을 쓰시오.

superficial	defect
aspect	potent
parallel	strength
vertical	intensity
straighten	weaken
stiff	vulnerable
elastic	crude
flexible	refine
fade	simplify
qualify	complicated
feature	facilitate
characteristic	elaborate
supreme	delicate
optimal	pervasive
surpass	plain
superior	useful
superb	disadvantage
spectacular	authentic

Step 2 다음 밑줄 친 단어의 <u>유의어</u>를 고르시오.

1 the positive <u>aspect</u> of a situation
① top ② width ③ side ④ height ⑤ measure

2 <u>elastic</u> rubber gloves
① stubborn ② stiff ③ flexible ④ punctual ⑤ moderate

3 physical <u>characteristics</u>
① defects ② disasters ③ attempts
④ barriers ⑤ features

4 <u>surpass</u> the world record
① depreciate ② excel ③ categorize
④ transmit ⑤ conclude

5 a manufacturing <u>defect</u>
① advantage ② merit ③ survey ④ flaw ⑤ altitude

1 상황의 긍정적인 <u>면</u>
① 정상, 꼭대기 ② 넓이 ③ 측면 ④ 높이 ⑤ 수치

2 아주 <u>잘 늘어나는</u> 고무장갑
① 고집스러운 ② 뻣뻣한 ③ 융통성 있는
④ 정각의 ⑤ 절제하는, 적합한, 온화한

3 신체적 <u>특징</u>
① 결함 ② 재앙 ③ 시도 ④ 장벽 ⑤ 특징

4 세계 기록을 <u>능가하다</u>
① 평가절하하다 ② 능가하다 ③ 범주화하다
④ 전송하다 ⑤ 결론짓다

5 제조상의 <u>결함</u>
① 이점 ② 장점 ③ 조사 ④ 결함 ⑤ 고도

Step 3 다음 빈칸에 들어갈 알맞은 단어를 고르시오.

1 The cliff was almost ....
① horizontal ② diagonal ③ vertical
④ paralleled ⑤ average

2 Rubber is so .... that it can be lengthened easily.
① intimate ② tranquil ③ serene ④ flexible ⑤ audible

3 Nature is the most .... work of art.
① extreme ② supreme ③ radical
④ reckless ⑤ solitary

4 Japan is so .... to the earthquake.
① resistant ② imaginary ③ jealous
④ robust ⑤ vulnerable

5 They're making .... preparations for their 30th wedding anniversary.
① awkward ② elaborate ③ industrial
④ deliberate ⑤ entire

1 그 절벽은 거의 <u>수직</u>이었다.
① 수평선의 ② 대각선의 ③ 수직의
④ 평행의 ⑤ 평균의

2 고무는 아주 <u>탄력</u>이 있어서 쉽게 늘어난다.
① 친밀한 ② 평온한, 고요한 ③ 고요한
④ 신축성 있는 ⑤ 들리는

3 자연은 <u>최고의</u> 예술작품이다.
① 극도의 ② 최고의 ③ 급진적인, 과격한
④ 무모한 ⑤ 고독한

4 일본은 지진에 매우 <u>취약하다</u>.
① 저항하는 ② 가상의 ③ 질투하는
④ 튼튼한 ⑤ 취약한

5 그들은 30주년 결혼기념을 위해 <u>공들여서</u> 결혼식 준비를 하고 있다.
① 어색한 ② 공들인 ③ 산업의
④ 신중한, 고의의 ⑤ 전체의

보기 complicated   superficial   optimal
     feature   spectacular

1 One cannot become an expert with having only …………… knowledge.

2 The distinctive …………… of the male lion is that it has a mane.*   * mane 갈퀴

3 This region has …………… conditions for camping.

4 The display of fireworks in the sky was really …………… .

5 The organization of the human body is very …………… .

1 얄팍한 지식만 가지고는 전문가가 될 수 없다.

2 수컷 사자의 뚜렷한 특징은 갈퀴를 가지고 있다는 것이다.

3 이 지역은 캠핑하기에 최적의 조건을 갖추었다.

4 밤하늘의 불꽃놀이는 그야말로 장관이었다.

5 인체 구조는 매우 복잡하다.

보기 weaken   authentic   simplified
     qualified   superior

1 He appraised the painting to be …………… , not a fake one.

2 A traditional Han-bok is so …………… these days.

3 Excessive drinking can …………… your thoughts and judgment.

4 A racist believes that white people are …………… to black people.

5 George is well …………… as a teacher.

1 그는 그 그림이 가짜가 아니라 진품이라고 감정했다.

2 최근 전통 한복은 매우 간소화되었다.

3 지나친 음주는 사고와 판단력을 약화시킬 수 있다.

4 인종 차별주의자는 백인이 흑인보다 우월하다고 믿는다.

5 조지는 교사로서 충분한 자격을 갖추고 있다.

▶ 정답은 p.349~350에

Action is the foundation key to all success.

Pablo Picasso

행동은 모든 성공의 기본 열쇠다.

_ 파블로 피카소, 스페인의 입체파 화가

Ch.9

크기 · 범위 · 수량

Check-up 아는 단어에 ✔ 표시

☐ measure

☐ substantial

☐ magnificent

☐ enormous

☐ immense

☐ bulky

☐ expand

☐ tiny

☐ lengthen

☐ magnify

☐ enlarge

☐ heighten

☐ amplify

☐ exceed

☐ shrink

☐ diminish

☐ lessen

☐ dwindle

☐ suitable

☐ depth

☐ merely

☐ extreme

☐ range

☐ fragment

☐ whole

☐ overall

☐ thorough

☐ absolute

☐ portion

☐ segment

☐ phase

☐ element

☐ gather

☐ collect

☐ common

☐ accumulate

measure [méʒər]

v 수치를 재다, 측정하다
n 조치(~s)
└ **measurement** n. 측정, 측량

take **measures** 조치를 취하다

Nyabong **measured** the length of a fish with a ruler. 냐봉이는 자로 물고기의 길이를 쟀다.

substantial [səbstǽnʃəl]

a (양, 가치, 크기가) 상당한(sizable) ↔ tiny(작은);
실질적인, 본질적인(essential)
└ **substance** n. 물질; 실체, 본질
└ **substantially** ad. 상당히, 많이

substantial room for improvement
개선을 위한 상당한 여지

Bora eats a **substantial** bowl of rice at every meal. 보라는 매 끼니 상당한 양의 밥을 먹는다.

magnificent [mægnífəsnt]

a 거대한(enormous), 장대한(grand)
└ **magnificence** n. 웅대, 장대

Wellbong is in admiration of the **magnificent** tree. 웰봉이는 거대한 나무에 감탄하고 있다.

voca plus+ '거대한'의 유의어

vast huge gigantic enormous immense
mammoth massive colossal titanic stupendous

enormous [inɔ́ːrməs]

a 막대한(immense), 거대한(huge) ↔ tiny(아주 작은)
└ **enormously** ad. 엄청나게, 대단히

possess enormous wealth 막대한 재산을 소유하다

The dwarfs had trouble binding enormous Bora. 난장이들은 거대한 보라를 묶는 데 곤란을 겪었다.

immense [iméns]

a 엄청난, 어마어마한(vast, tremendous)
└ **immensely** ad. 엄청나게, 대단히
└ **immensity** n. 광대함

a woman of immense courage
어마어마한 용기를 가진 여자

Mrs. Bong has an immense amount of property. 봉여사는 어마어마한 양의 재산을 가지고 있다.

bulky [bʌ́lki]

a 부피가 큰, 덩치가 큰(ponderous)
└ **bulk** n. 규모; 육중한 것(mass, volume)

very tall and bulky 아주 키가 크고 덩치가 큰

Bora is too bulky to drive in the small car.
보라는 소형차를 몰기에는 덩치가 너무 크다.

expand [ikspǽnd]

ⓥ 확장하다, 팽창하다(inflate) ↔ contract(수축하다)
↳ **expansion** n. 확장, 팽창
↳ **expanse** n. 넓게 퍼진 공간, 광활

Wellbong is expanding his business gradually.
웰봉이는 사업을 점차 확장시키고 있다.

voca plus+ '확장하다'의 유의어
enlarge   extend   broaden   widen

tiny [táini]

ⓐ 아주 작은(minute, diminutive) ↔ huge(거대한)

a tiny kitten 작은 새끼고양이
tiny particles known as molecules
분자로 알려진 작은 알갱이

The ant is extremely tiny compared to the elephant. 개미는 코끼리에 비하면 너무나 작다.

lengthen [léŋkθən]

ⓥ 길게 하다, 길어지다(prolong) ↔ shorten(짧게 하다)
↳ **length** n. 길이
↳ **lengthy** a. 장황한
↳ **lengthiness** n. 장황함
↳ **long** a. 긴, 오랜 ad. 길게. 오래

Wellbong's shadow lengthened as he stood in front of the gate.
웰봉이가 문 앞에 섰을 때 웰봉이의 그림자가 길어졌다.

magnify [mǽgnəfài]

Ⓥ 확대하다(enlarge); 과장하다(exaggerate)
└ **magnification** n. 확대
└ **magnifier** n. 확대경, 돋보기(magnifying glass)

magnify bacteria 100 times
박테리아를 100배까지 확대시키다

Wellbong tries magnifying the sentences.
웰봉이는 문장들을 확대해 보았다.

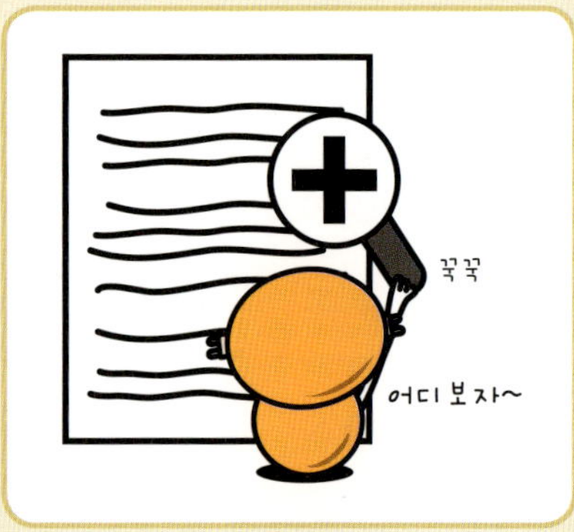

enlarge [inlá:rdʒ]

Ⓥ 확대하다(magnify), 확장하다(expand) ↔ contract(축소하다)
└ **enlargement** n. 확대, 확장(expansion)

enlarge a photo 사진을 확대하다

The freckles on Bora's face were enlarged by a magnifier. 보라 얼굴의 주근깨가 돋보기로 확대되었다.

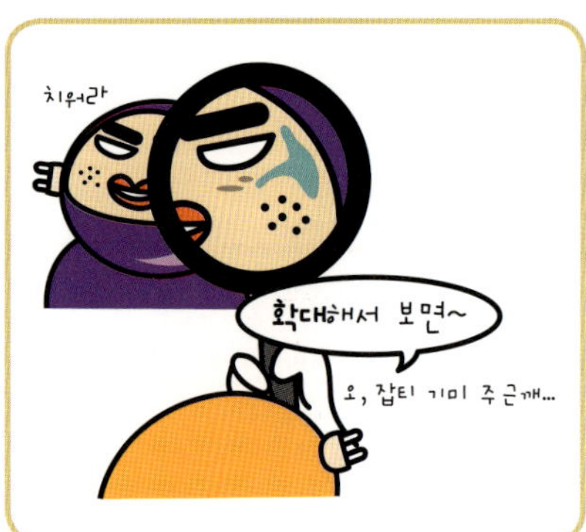

heighten [háitn]

Ⓥ ~을 높게 하다(exalt); (감정, 효과가) 고조되다
└ **height** n. 높이
└ **high** a. 높은 ad. 높게
└ **highly** ad. 매우(very)

Cleopatra wanted to heighten her nose a little bit. 클레오파트라는 그녀의 코를 좀 더 높이기를 원했다.

voca plus+ en-(~하게 하다)을 붙여 품사 파생시키기

long a. 긴, 길게	length n. 길이	lengthen v. 길게 하다
wide a. 넓은	width n. 너비	widen v. 넓게 하다

amplify [ǽmpləfài]

Ⓥ 증폭시키다, 확대시키다(magnify)
- ↳ **amplifiable** **a.** 확대할 수 있는
- ↳ **amplification** **n.** 증폭, 확대
- ↳ **ample** **a.** 충분한(adequate, sufficient)

amplify a guitar 기타를 증폭시키다

A speaker was used to **amplify** Wellbong's voice. 웰봉이의 목소리를 확대하기 위해 스피커가 사용되었다.

exceed [iksíːd]

Ⓥ 초과하다, 능가하다(surpass)
- ↳ **excess** **n.** 초과, 과도
- ↳ **excessive** **a.** 과도한, 지나친(undue)

exceed the recommended dose
(약물의) 1회 권장량을 초과하다

The weight limit of the elevator was **exceeded** by Bora entering.
엘리베이터의 무게 제한이 보라의 탑승으로 초과되었다.

shrink [ʃríŋk]

동사변화 shrink–shrank(shrunk)–shrunk(shrunken)
Ⓥ 줄어들다, 오그라지다(dwindle)
- ↳ **shrinkage** **n.** 줄어듦, 수축

shrink in the wash 세탁하면 오그라들다

Bora's sweater **shrank** in the wrong wash.
세탁을 잘못해서 보라의 스웨터가 줄어들었다.
cf) 근육 등이 수축하면 contract, cramp를 사용한다.

diminish [dimíniʃ]

V 줄이다(reduce); 약화시키다(lessen)
- **diminution** **n.** 감소(reduction); 축소(diminishment)
- **diminished** **a.** 감소된
- **diminutive** **a.** 소형의(tiny)

diminish in quantity   양이 줄다

Advances in technology have **diminished** the use of letters.   기술의 발전으로 편지의 사용이 줄었다.

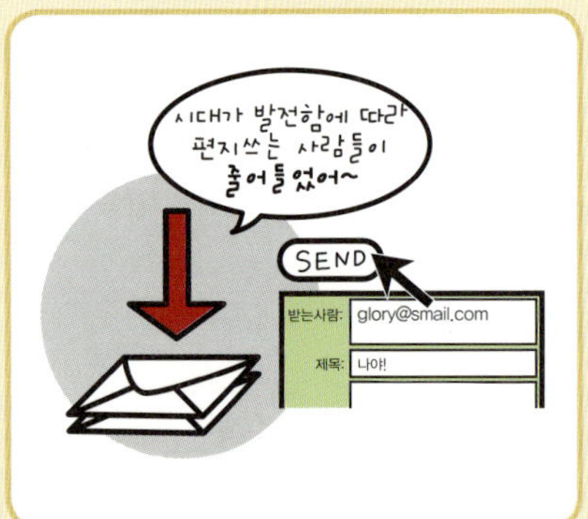

lessen [lésn]

V 줄(이)다(diminish)
- **less** **a.** 더 작은(little의 비교급)
- **lesser** **a.** little의 비교급(중요성이 덜한)

lessen the pain   고통을 완화하다

Wellbong's size began to **lessen** shortly after taking the strange pill.
웰봉이는 이상한 알약을 먹은 직후 줄어들기 시작했다.

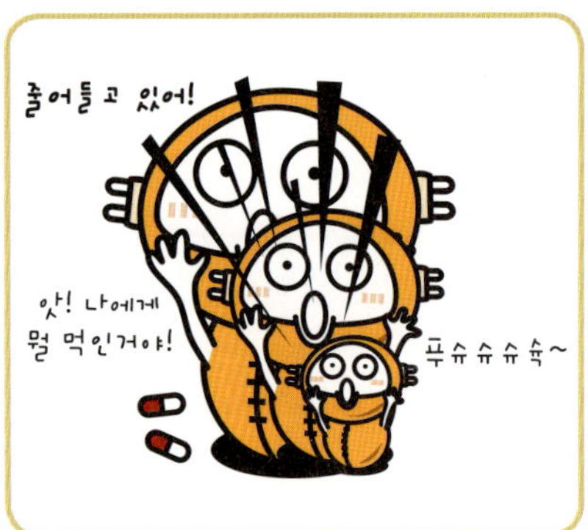

dwindle [dwíndl]

V 줄어들다(decrease)

The juice in the glass **dwindled** down to the bottom in an instant.
컵 안의 주스가 순식간에 바닥까지 줄어들었다.

voca plus+ '(수, 양이) 감소하다, 줄어들다'의 유의어
reduce decrease diminish lessen shrink
wane decline compress concentrate
condense constrict shorten

suitable [súːtəbl]

a 적합한(for), 적절한(adequate); 알맞은(proper)
↳ unsuitable(어울리지 않는)
↳ **suit** **v.** ~에 어울리다; ~에게 편리하다
　　n. 정장 한 벌; 소송 *cf)* suite 수행원

shoes suitable for hiking　하이킹에 적당한 신발
Wellbong finally found feet suitable for the glass shoes.　웰봉이는 마침내 유리구두에 딱 맞는 발을 찾았다.

depth [dépθ]

n 깊이
↳ **deep** **a.** 깊은 **ad.** 깊게 ↔ shallow(얕은)
↳ **deepen** **v.** 깊게 하다
↳ **deeply** **ad.** 매우(very)

measure the depth of the sea　수심을 재다
Wellbong was amazed by the depth of the lake.　웰봉이는 호수의 깊이에 놀랐다.

merely [míərli]

ad 한낱, 그저(so-so), 단지(just, only)
↳ **mere** **a.** 겨우 ~의, (한낱) ~에 불과한

say merely as a joke　그냥 농담으로 말하다
Chorok said, "The movie I saw yesterday was merely so-so."　초록이가 말하길 "내가 어제 본 영화는 그저 그랬어."

extreme [ikstríːm]

a 극단적인, 극도의(excessive); 과격한(radical)
n 극단, 극도(extremity)
└ **extremely** **ad.** 극도로
└ **extremist** **n.** 극단주의자
└ **extremism** **n.** 극단주의

extreme climatic change 기후 변화가 심한

The extreme cold is too harsh for Wellbong to endure. 극도의 추위는 웰봉이가 견디기에 너무 가혹했다.

range [réindʒ]

n 범위(scope); 다양성(variety); 줄, 열(row); 산맥(mountain range)
└ **long-range** **a.** 장래의 일을 생각하는, 장거리를 가는

offer a wide range of facilities 다양한 시설들을 제공하다

The bird is now within range of gunshot.
새는 이제 사정거리 내에 있다.

수능 빈출표현
S range from A to B S의 범위는 A에서 B까지이다

fragment [frǽgmənt]

n 조각, 파편(debris)
v 산산이 부수다[부서지다](shatter)
└ **fragmental** **a.** 부스러기의, 쇄설질의
└ **fragmentary** **a.** 단편적인, 부분적인
└ **fragmentation** **n.** 분열, 파쇄

Does Wellbong have to clean up the glass fragments alone?
과연 웰봉이는 유리 파편만 치우면 될까?

whole [hóul]

ⓐ 전체의, 전부의(total); 온전한(entire, overall)
↳ **wholly** ad. 완전히, 전적으로

spend the whole day reading
독서하면서 온전히 하루를 보내다

Please do not cut the bread. Just give me the whole loaf. 빵 자르지 마시고 그냥 통으로 주세요.

overall [óuvərɔ̀ːl]

ⓐ 전체적인(total, whole), 종합적인, 전반적인, 전체의
ⓐⓓ 종합적으로, 전반적으로

the overall circumstances 전반적인 상황

Overall this movie is good for almost everybody to see.
전반적으로 이 영화는 거의 모든 사람들이 보기에 좋다.

thorough [θə́ːrou]

ⓐ 빈틈없는, 철두철미한 cf) through ~을 통하여
↳ **thoroughly** ad. 철저히, 철두철미하게

conduct a thorough investigation 철저한 조사를 하다

Bora is going on a diet with a thorough knowledge of food.
보라는 식단에 대한 철두철미한 지식으로 다이어트를 하고 있다.

absolute [金bsəlùːt]

a 절대적인(unconditional) ↔ relative(상대적인)
↳ **absolutely** **ad.** 전적으로, 틀림없이(completely, totally);
(회화에서) 물론 그렇지

an **absolute** majority of the people
국민의 절대적 다수

Wellbong is showing **absolute** obedience.
웰봉이는 절대복종을 보여주고 있다.

portion [pɔ́ːrʃən]

n 부분(part); 몫, 배당(share)
v 분배하다(distribute)

a significant **portion** of the land   땅의 상당부분

Bora cut the cake into two **portions** unfairly.
보라는 불공평하게 케이크를 두 조각으로 잘랐다.

뉘앙스 구별 **부분**

part 부분, 일부(가장 일반적)   **section** 구획, 부분   **segment** 구획, 조각
sector 분야, 부문   **department** 부서, 한 부문   **fragment** 부서진 조각, 파편

segment [ségmənt]

n 부분, 한 쪽[조각]
↳ **segmental** **a.** 분절의
↳ **segmentation** **n.** 분할

a **segment** of a tangerine   귤 한 조각

This picture shows a **segment** of an apple.
이 그림은 사과의 한 조각을 보여준다.

phase [féiz]

n 단계(step, stage); 국면

in one's earliest phase 가장 초기의 단계에서
enter a new phase 새로운 국면에 들어가다

Jumping off of the cliff is an important phase for a baby eagle.
벼랑에서 뛰는 것은 아기 독수리에게 있어 중요한 삶의 단계이다.

element [éləmənt]

n 요소(requisite), 성분
↳ **elementary** **a.** 초급의; 기본적인 *elementary* school 초등학교

a key element in one's decision
결정에 있어시 핵심 요소

Fresh ingredients are the most significant element when cooking.
신선한 재료는 요리할 때 가장 중요한 요소이다.

gather [gǽðər]

v ~을 모으다(collect); 수확하다(harvest)
↳ **gathering** **n.** 모임(congregation)

gather the necessary information
필요한 정보를 모으다

The boss gathered his men to attack their enemy. 두목은 적을 공격하기 위해 부하들을 모았다.

collect [kəlékt]

v 수집하다, 모으다(gather, assemble)
a 수신인 요금 지불의
　└ **collection** n. 수집(품), 소장(품)　└ **collector** n. 수집가
　└ **collectible** a. 모을 수 있는
　└ **collective** a. 집단의, 단체의

collect antiques　골동품을 수집하다

Wellbong has been collecting toys zealously.
웰봉이는 열심히 인형들을 수집하고 있다.

common [kámən]

a 공통의(shared); 공동의(communal); 흔한, 보통의
　(ordinary) ↔ uncommon, extraordinary(흔치 않은)
　└ **commonly** ad. 흔히, 보통(usually, normally)
　└ **commonplace** a. 아주 흔한, 진부한

Bora and Nyabong share a common part in their characters.　보라와 냐봉이는 성격상 공통부분이 있다.

수능 빈출표현
have A in common with　~와 A를 공통점으로 가지다

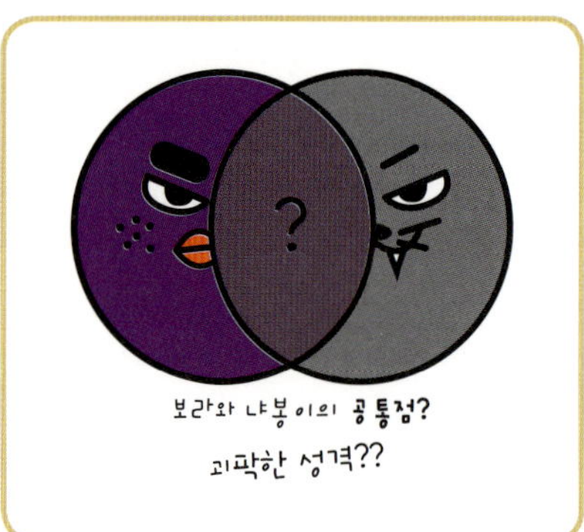

accumulate [əkjúːmjulèit]

v 축적하다(amass, accrue)
　└ **accumulation** n. 축적(amassment)

accumulate a fortune　부를 축적하다

Clothes are heavily accumulated on the chair.
의자 위에 옷이 잔뜩 쌓여 있다.

 **13**

Step 1 다음 영단어의 우리말 뜻을 쓰시오.

measure	suitable
substantial	depth
magnificent	merely
enormous	extreme
immense	range
bulky	fragment
expand	whole
tiny	overall
lengthen	thorough
magnify	absolute
enlarge	portion
heighten	segment
amplify	phase
exceed	element
shrink	gather
diminish	collect
lessen	common
dwindle	accumulate

Step 2 다음 밑줄 친 단어의 유의어를 고르시오.

1 a <u>magnificent</u> spectacle
① abnormal ② primary ③ grand ④ futile ⑤ worthwhile

2 price <u>range</u> that I can pay for
① trait ② feat ③ height ④ scope ⑤ depth

3 <u>shrink</u> in the wash
① remind ② alter ③ present ④ compete ⑤ dwindle

4 <u>suitable</u> for children
① exotic ② absent ③ envious ④ proper ⑤ accurate

5 The first <u>phase</u> of the project
① success ② recess ③ stage
④ steadiness ⑤ witness

Step 3 다음 빈칸에 들어갈 알맞은 단어를 고르시오.

1 Elvis earned .... amounts of money from his patents.* * patent 특허
① intelligent ② ingenious ③ immense
④ industrial ⑤ imaginable

2 In spring, the days have begun to ....
① lengthen ② involve ③ innovate ④ regret ⑤ receive

3 Thankfully, the pain .... after I took a painkiller.
① established ② preserved ③ lessened
④ neglected ⑤ collapsed

4 The cold in the Antarctic was ....
① mild ② political ③ successive
④ sensible ⑤ extreme

5 My parents had a(n) .... physical examination at the hospital.
① superficial ② thorough ③ conscious
④ dependent ⑤ gradual

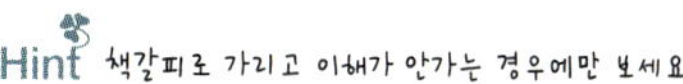

보기	exceed	substantial	expand
	overall	merely	

1 One billion is a(n) .... amount of money.

2 Fred came up with a great idea to .... his business.

3 You will be given a ticket if you .... the speed limit.

4 I said so to her .... as a joke.

5 The .... atmosphere of the meeting was pretty good.

1 10억은 꽤 <u>상당한</u> 양의 돈이다.

2 프레드는 사업을 <u>확장</u>하기 위한 묘안을 생각해냈다.

3 만일 제한속도를 <u>넘게</u> 되면 딱지를 떼게 될 것이다.

4 나는 그녀에게 <u>그저</u> 농담으로 그렇게 말했을 뿐이다.

5 그 회의의 <u>전반적인</u> 분위기는 꽤 괜찮았다.

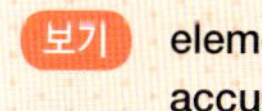

보기	element	enlarged	absolute
	accumulate	whole	

6 You can .... wealth by working hard like an ant.

7 A vitamin is a nutrient .... for good health.

8 The dictator has .... power over the country.

9 I'd like to have my photos ....

10 When you laugh, your .... body becomes stronger.

6 개미처럼 열심히 일하면 재산을 <u>모을</u> 수 있다.

7 비타민은 건강에 좋은 영양소이다.

8 독재자는 그가 통치하는 국가에 대해 <u>절대적인</u> 권력을 지닌다.

9 사진을 <u>확대</u>하고 싶습니다.

10 웃으면 온 몸이 더 <u>튼튼</u>해진다.

▶ 정답은 p.350~351에

Check-up 아는 단어에 ✔ 표시

- ☐ circulation
- ☐ combine
- ☐ include
- ☐ consist
- ☐ constitute
- ☐ except
- ☐ contain
- ☐ capacity
- ☐ arithmetic
- ☐ ratio
- ☐ proportion
- ☐ moderate
- ☐ intermediate
- ☐ numerous
- ☐ innumerable

- ☐ maximum
- ☐ minimum
- ☐ deficient
- ☐ spare
- ☐ decrease
- ☐ infinite
- ☐ abundant
- ☐ heap
- ☐ multiple
- ☐ multiply
- ☐ reinforce
- ☐ extra
- ☐ height
- ☐ attenuate
- ☐ dense

circulation [sə̀ːrkjuléiʃən]

n 순환; 유통, 보급
- **circulate** v. 순환시키다; 유통시키다
- **circular** a. 순환적인, 원의, 원형의

Regular exercise can improve blood **circulation**. 규칙적인 운동은 혈액순환을 향상시킬 수 있다.

voca plus+ 원
radius 반지름 **diameter** 지름 **circumference** 원주

combine [kəmbáin]

v 결합하다, 결합시키다(link)
- **combined** a. 결합된; 연합의(united)
- **combination** n. 결합

Communication fees can be reduced if you **combine** internet, cellular phone and IP TV services. 인터넷, 휴대폰, IP TV를 결합하면 통신요금은 줄어들 수 있다.

수능 빈출표현
combine A with B A와 B를 결합시키다

include [inklúːd]

v 포함하다(contain) ↔ exclude(제외하다)
- **inclusion** n. 포함 ↔ exclusion(제외)
- **including** prep. ~을 포함하여
- **inclusive** a. 모든 것을 포함한 ↔ exclusive(배타적인, 독점적인)

Including Bora, Wellbong had to order four portions of tteokbokki.
웰봉이는 보라를 포함해서 떡볶이 4인분을 주문해야 했다.

consist [kənsíst]

v 구성되다(of); 존재하다(in); 일치하다(with)

consist of five members 5명의 회원으로 구성되다

The aquarobics course **consists of** 10 sessions.
아쿠아로빅 수업은 총 10개 수업으로 구성되어 있다.

constitute [kánstətjúːt]

v ~을 구성하다, ~의 일부를 이루다(form); (법률, 기관 등을) 제정하다, 설립하다
  └ **constitution** n. 구성; 헌법
  └ **constitutional** a. 구성상의; 헌법의
  └ **constituent** a. 구성하는 n. 구성요소

constitute an important grouping 중요한 축에 속한다

5 songs in total **constitute** this 4th album of Shiny Bong. 가수 샤이니 봉의 4집 앨범은 총 5곡으로 이뤄져 있다.

except [iksépt]

prep ~을 제외하고는(for), ~라는 점만 제외하면
v 제외하다 *cf)* omit (의도적 혹은 부주의로) 생략하다(leave out)
  └ **exception** n. 예외, 이례
  └ **exceptional** a. 예외적인

All showed rock in the rock-paper-scissors game **except** Nyabong.
냐봉이를 제외하고 가위바위보 게임에서 모두 바위를 냈다.

수능 빈출표현
except (that S V) ~라는 점만 제외하면

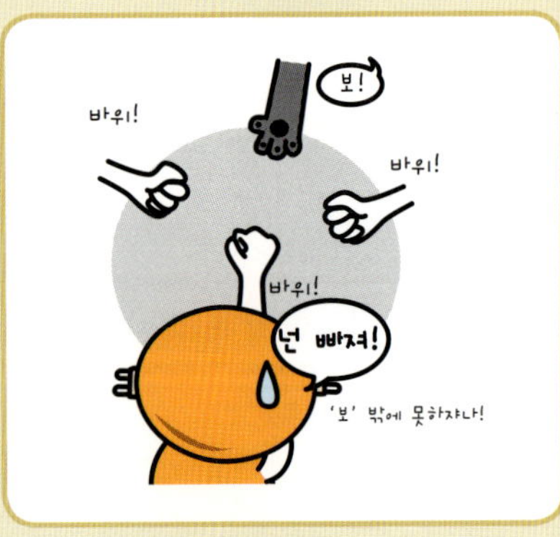

contain [kəntéin]

v 포함하다, 함유하다; 억제하다
↳ **container** n. 그릇, 용기, 컨테이너
↳ **contents** n. [kántents] 내용(물), 목차

contain a lot of sugar 많은 설탕을 함유하다

Pork contains ten times as much vitamin B1 as beef. 돼지고기는 소고기보다 비타민B1이 10배나 더 많다.

capacity [kəpǽsəti]

n 용량, 수용력, 능력(capability)
↳ **capable** a. ~을 할 수 있는(of) (able)

have a seating capacity of 3000 3천 명을 수용할 수 있다

Her stomach has an enormous food capacity.
보라의 위는 엄청난 수용 능력을 가지고 있다.

뉘앙스 구별

ability (행위의) 능력   capacity (받아들이는) 능력   skill 기술
expertise 전문지식   proficiency 능숙

arithmetic [əríθmətik]

n 산수, 연산   **a** 산수의, 연산의
↳ **arithmetical** a. 산수의, 산술의

mental arithmetic 암산

Wellbong is very good at arithmetic.
웰봉이는 산수를 매우 잘한다.

voca plus+ 수학 관련어

mathematics 수학(줄여서 math)
algebra 대수학(숫자, 기호 등을 사용하여 수리적 관계를 나타내는 수학의 분야)
geometry 기하학(도형의 수리적 관계를 연구하는 수학의 분야)

ratio [réiʃou]

n 비율(to)(rate), 비(比) (proportion)

debt ratio 부채비율
at a one to one ratio 1대 1의 비율로

Our HDTV is in the ratio of 16 to 9.
우리 집 HDTV의 비율은 16:9이다.

proportion [prəpɔ́ːrʃən]

n 비율(rate, ratio)
↳ **proportional**   **a.** 비례하는(to)
↳ **proportionate**   **a.** 비례하는(to) ↔ disproportionate(불균형의)

in proportion to one's height   높이에 비하여

The part of his hair is truly in the proportion 2:8.   웰봉이 가르마가 진정한 2:8의 비율이다.

moderate [mádərət]

a 적당한 ↔ excessive(과다한); 온건한 ↔ extreme(극단의)
↳ **moderation**   **n.** 중용; 온건; 절제

moderate exercise   적당한 운동

It is important to maintain a moderate room temperature of 18℃ in winter.
겨울철 적정 실내온도를 18도로 유지하는 것은 중요하다.

voca plus+ '적당한, 알맞은'의 유의어
fit   right   proper   suitable   appropriate   adequate

intermediate [ìntərmíːdiət]

a 중급의, 중간의(medium) **n** 중급자

take an intermediate-level English class
중급 영어수업을 듣다

Wellbong's linguistic ability is still intermediate. 웰봉이의 언어능력은 여전히 중급 수준이다.

voca plus+
advanced 상급자 **beginner** 초급자

numerous [njúːmərəs]

a 수가 대단히 많은
└ **numerously** ad. 다수로, 수없이 많이

in numerous cases 많은 경우에

The stars in the sky are too numerous to count. 하늘에 별들이 많아서 세기가 어려울 정도이다.

voca plus+ '수가 많은'의 유의어
many a lot of lots of a large number of
a good many a host of

innumerable [injùːmərəbl]

a 헤아릴 수 없을 정도로 많은(countless, myriad)
↔ numerable(셀 수 있는)
└ **numerate** v. 세다, 계산하다
└ **innumerably** ad. 수없이 많이

innumerable casualties 무수한 사상자

Innumerable locusts* are covering the whole sky. 수많은 메뚜기가 온통 하늘을 덮고 있다. * locust 메뚜기

maximum [mǽksəməm]

a 최대의(utmost) ↔ minimum(최소의)　**n** 최대
↳ **maximize** v. 최대화하다 ↔ minimize(최소화하다)
↳ **maximization** n. 최대화 ↔ minimization(최소화)

maximum speed of 150 miles　최대 150마일까지의 속력

Wellbong is wearing headphones turned up to maximum volume.
헤드폰을 쓰고 있는 웰봉이는 볼륨을 최대로 높였다.

minimum [mínəməm]

a 최소의(minimum) ↔ maximum(최대의)
n 최소
↳ **minimize** v. 최소화하다 ↔ maximize(최대화하다)
↳ **minimization** n. 최소화 ↔ maximization(최대화)

minimum wage　최저 임금

Wellbong turned it down to minimum volume.
웰봉이는 볼륨을 최소로 낮췄다.

deficient [difíʃənt]

a 결함 있는(defective); 부족한, 불충분한(insufficient)
　↔ sufficient, enough, ample(충분한)
↳ **deficit** n. 적자, 부족액
↳ **deficiency** n. 결핍, 부족(shortage) ↔ sufficiency(충분);
　결점(defect)

Bora feels a little deficient right after a meal.
보라는 밥 먹은 후에도 뭔가 부족함을 느낀다.

spare [spέər]

a 여분의(extra)
v 아끼다; (수고 등을) 덜어 주다, 할애하다

Can you spare some time for me?
시간 좀 내어 주실 수 있으세요?

Wellbong has got a flat tire, and needs a spare tire. 웰봉이는 차가 펑크 나서 여분의 타이어가 필요하다.

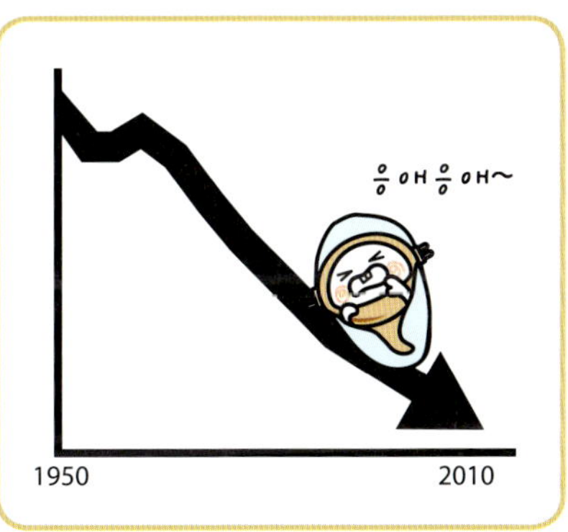

decrease [dikríːs]

v 감소하다, 줄이다(reduce, diminish) ↔ increase(증가하다)
n [díːkriːs] 감소(reduction)
└ **decreased** a. 줄어든

auto accidents on the decrease 감소하는 자동차 사고
The birth rate of Korea has decreased steadily.
한국의 출산율은 꾸준하게 감소하고 있다.

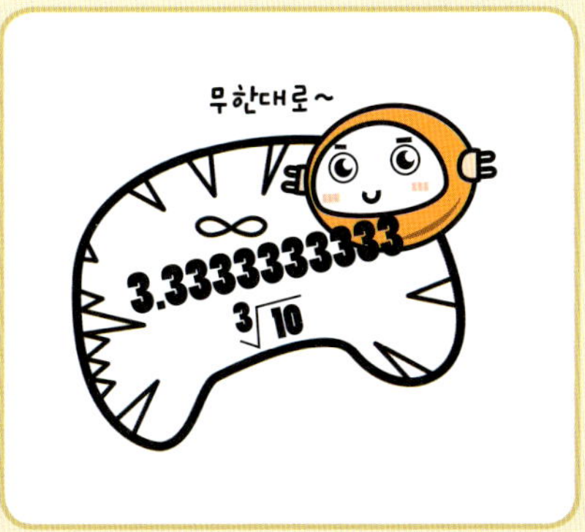

infinite [ínfənət]

a 무한한 ↔ limited, finite(유한한)
└ **infinitely** ad. 무한히
└ **infinity** n. 무한

The answer to this mathematical problem is infinite. 이 수학문제의 답은 무한대이다.

voca plus+ '무한한'의 유의어
endless infinite unlimited limitless unbounded boundless

abundant [əbʌ́ndənt]

ⓐ 풍부한, 가득한(in) (plentiful, rich) ↔ scarce, lack(부족한)
└ **abound** v. 풍부하다, 많이 있다(in)
└ **abundance** n. 풍부, 다량 ↔ scarcity, deficiency(결핍, 부족)

be abundant in natural resources 천연자원이 풍부하다
The tomato crop was abundant this year.
올해 토마토는 풍년이었다.

heap [híːp]

ⓝ 더미, 무더기(pile, stack)
└ **heapy** a. 산더미 같은, 수북한

heap up stones 돌을 쌓아 올리다
Many bricks lie in a heap on the carrier.
많은 벽돌이 운반대 위에 한 무더기로 놓여 있다.

multiple [mʌ́ltəpl]

ⓐ 다수의(numerous); 복합의(compound); 다양한(various)
└ **multiplicity** n. 다수; 다양성

a multiple-choice test 객관식 시험
Wellbong can do multiple tasks on the
computer. 웰봉이는 컴퓨터를 하면서 여러 가지 일을 할 수 있다.

multiply [mʌ́ltəplài]

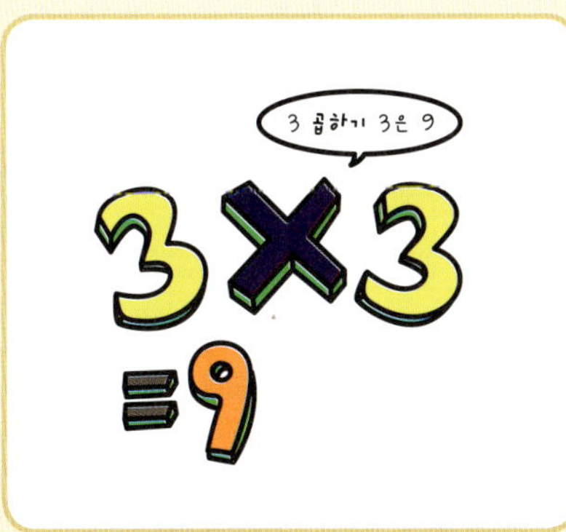

v 곱하다, 증식하다(proliferate)
↳ **multiplication** n. 증가; 곱셈, 증식
↳ **multiple** a. 다수의; 복합의

multiply by cell division 세포분열을 통해 증식하다

3 multiplied by 3 equals 9. 3 곱하기 3은 9이다.

voca plus+ 사칙연산
add 더하기 **subtract** 빼기 **divide** 나누기

reinforce [rìːinfɔ́ːrs]

v 강화하다, 보강하다(strengthen, consolidate, fortify)
↳ **reinforcement** n. 강화, 증강, 보강

reinforce foreign language education
외국어 교육을 강화하다

Another fighter was reinforced to attack Bora's troops.
또 다른 전투기가 보라의 군대를 공격하기 위해 보강되었다.

extra [ékstrə]

a 여분의(spare); 추가의(additional)
n (영화의) 보조 출연자

extra fee 추가 요금

Butterman asked a woman to give him her extra umbrella.
느끼남은 한 여성에게 여분의 우산을 하나 달라고 부탁했다.

height [háit]

n 높이, 고도(altitude); 키, 신장(stature)
↳ **high** a. 높은 ad. 높게
↳ **highly** ad. 매우(very)
↳ **heighten** v. 높게 하다

be the same in height 신장이 같다
The 63 building is very famous for its tremendous height. 63빌딩은 엄청난 높이로 아주 유명하다.

attenuate [əténjuèit]

v 약화시키다(weaken)
↳ **attenuation** n. 약화
↳ **attenuated** a. 약화된 *attenuated* rain 약화된 빗줄기

Danmuji(Pickled radish) attenuates **the greasiness of Jajangmyeon(black-bean-sauce noodles).** 단무지는 자장면의 느끼함을 덜어준다.

voca plus+ '약화시키다'의 유의어
diminish   enfeeble   sap   soften up   undermine
abate

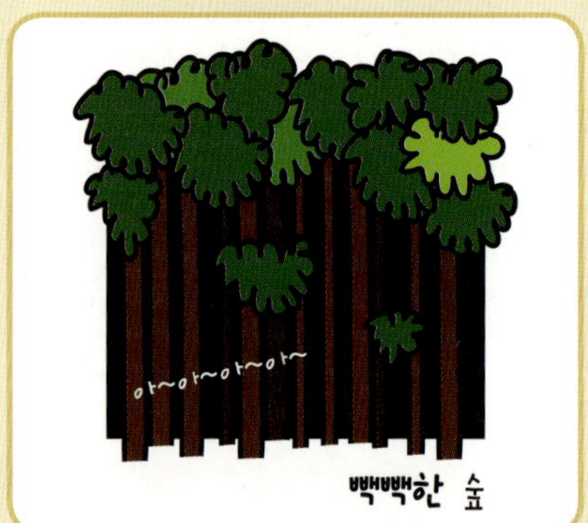

dense [déns]

a 빽빽한(compact, crammed), 밀집한(thick)
↔ sparse, sporadical(드문드문한)
↳ **density** n. 밀도, 농도   the *density* of population 인구밀도

It is said that Tarzan lives in this dense **forest.**
타잔이 이 밀림에서 산다고 전해진다.

Step 1 다음 영단어의 우리말 뜻을 쓰시오.

circulation	maximum
combine	minimum
include	deficient
consist	spare
constitute	decrease
except	infinite
contain	abundant
capacity	heap
arithmetic	multiple
ratio	multiply
proportion	reinforce
moderate	extra
intermediate	height
numerous	attenuate
innumerable	dense

Step 2 다음 밑줄 친 단어의 <u>유의어</u>를 고르시오.

Hint 책갈피로 가리고 이해가 안가는 경우에만 보세요.

1 <u>combine</u> the two companies
① compare ② link ③ commemorate
④ isolate ⑤ recall

2 the <u>ratio</u> of boys to girls
① number ② quantity ③ quality ④ proportion ⑤ sum

3 <u>deficient</u> in essential nutrients
① abundant ② rich ③ insufficient
④ adequate ⑤ plenty

4 <u>abundant</u> resources
① lack ② scanty ③ devoid ④ plentiful ⑤ medium

5 <u>reinforce</u> the troops
① derive ② reconfirm ③ recover
④ enrich ⑤ consolidate

1 두 회사를 <u>결합하다</u>
① 비교하다 ② 연결시키다 ③ 기념하다
④ 고립시키다 ⑤ 회상하다

2 남녀 <u>비율</u>
① 수 ② 량 ③ 질 ④ 비율 ⑤ 합계

3 필수 영양소가 <u>부족한</u>
① 풍부한 ② 부유한 ③ 부족한
④ 적합한 ⑤ 많은

4 <u>풍부한</u> 자원
① 결핍의 ② 부족한 ③ 결여된
④ 풍부한 ⑤ 중간의, 보통의

5 그 부대를 <u>보강하다</u>
① 유래하다, 획득하다 ② 재확인하다 ③ 회복하다
④ 부유하게 하다 ⑤ 강화하다

Step 3 다음 빈칸에 들어갈 알맞은 단어를 고르시오.

1 Hot water .... through these pipes to heat the rooms.
① convinces ② narrates ③ circulates
④ governs ⑤ compresses

2 Water .... of hydrogen and oxygen.
① collides ② insists ③ consists
④ resists ⑤ conforms

3 It is hard to believe that I studied all day long .... for sleeping.
① judging ② considering ③ concerning
④ regarding ⑤ except

4 My son, aged 5 can add up, subtract, ..., and divide.
① maintain ② multiply ③ decide ④ detach ⑤ equate

5 The secret of longevity* is to be .... in everything. * longevity 장수
① extreme ② partial ③ whole ④ portable ⑤ moderate

1 방을 따뜻하게 하기 위해 뜨거운 물이 이 파이프들을 통해 <u>순환한다</u>.
① 확신시키다 ② 이야기하다, 서술하다 ③ 순환하다
④ 지배하다 ⑤ 압축시키다

2 물은 수소와 산소로 <u>이루어져</u> 있다.
① 충돌하다 ② 주장하다 ③ 구성하다
④ 저항하다 ⑤ 순응하다

3 믿기 어렵겠지만 나는 잠자는 시간을 <u>빼고</u> 하루 종일 공부만 했다.
① 판단하는 ② 고려하는 ③ 걱정을 끼치는
④ ~에 관하여는 ⑤ 제외한

4 5살인 내 아들은 더하고 빼고 <u>곱하고</u> 나눌 수 있다.
① 유지하다, 주장하다 ② 곱하다 ③ 결심하다
④ 떼어내다 ⑤ 같게 하다

5 장수의 비결은 모든 것에서의 절제이다.
① 극도의 ② 부분적인 ③ 전체의
④ 이동할 수 있는 ⑤ 절제하는, 적합한

Step 4 빈칸에 알맞은 단어를 보기에서 골라 쓰시오.

> **보기** constitute included numerous
> capacity maximum

1 We .... him as a member for the group blind date.

2 This task is beyond my ....

3 Asteroids* are .... small planetary bodies that revolve around the sun.   * Asteroid 소행성

4 Women .... more than seventy percent of the company's workforce.

5 What's the .... load for this truck?

1 우리는 그를 소개팅 멤버로 <u>포함시켰다</u>.

2 이 일은 내 <u>능력</u> 밖이다.

3 소행성들은 태양 주위를 돌고 있는 <u>수많은</u> 소행성들이다.

4 그 회사는 여성이 노동력의 70% 이상을 <u>차지하고 있다</u>.

5 이 트럭의 <u>최대</u> 적재량이 얼마죠?

> **보기** height decrease dense
> spare heap

6 The population is expected to ....

7 This airliner is flying at a(n) .... of 20,000 feet.

8 Steven wrote fiction in his .... time.

9 The new tires are .... in a pile.

10 The Amazon rainforest is still covered with .... forests.

6 인구가 <u>감소할</u> 것으로 예상된다.

7 이 여객기는 2만 피트의 <u>고도</u>로 비행하고 있다.

8 스티븐은 그의 <u>여가</u> 시간에 소설을 썼다.

9 새로운 타이어들이 한 <u>무더기로 쌓여</u> 있다.

10 아마존 열대우림은 여전히 <u>울창한</u> 숲으로 덮여 있다.

▶ 정답은 p.351~352에

As a well-spent day brings happy sleep,
so a life well spent brings happy death.

Leonardo Da Vinci

충실하게 하루를 보낸 후 행복하게 잠잘 수 있듯,
충실하게 인생을 살고 난 후 행복한 죽음을 맞이할 수 있다.

— 레오나르도 다빈치, 이탈리아의 미술가 · 과학자 · 기술자 · 사상가

Ch.10

사물의 상태와 변화

Check-up 아는 단어에 ✔ 표시

- ☐ shift
- ☐ alter
- ☐ modify
- ☐ adjust
- ☐ adapt
- ☐ revise
- ☐ transform
- ☐ convert
- ☐ distort
- ☐ version
- ☐ exchange
- ☐ interchange
- ☐ replace
- ☐ substitute
- ☐ advance
- ☐ evolve
- ☐ breakthrough
- ☐ consistent

- ☐ locked
- ☐ creak
- ☐ emerge
- ☐ appear
- ☐ disappear
- ☐ vanish
- ☐ conceal
- ☐ reaction
- ☐ distinguish
- ☐ differentiate
- ☐ compare
- ☐ equal
- ☐ similar
- ☐ familiar
- ☐ equilibrate
- ☐ distinct
- ☐ reverse
- ☐ paradox

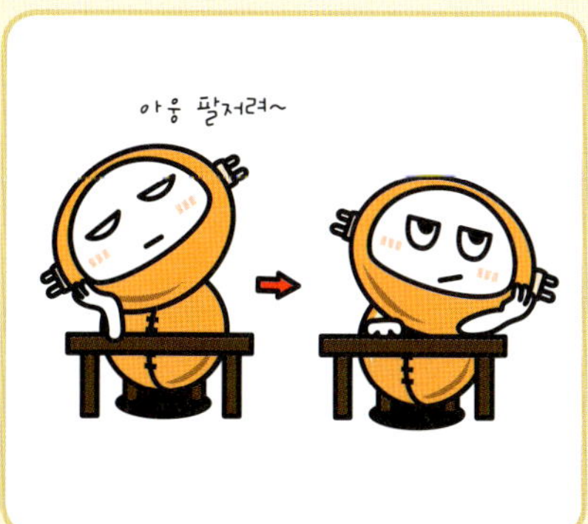

shift [ʃíft]

v (위치, 방향 등을) 바꾸다(change), 자세를 바꾸다
n 이동, 변경; 교대
↳ **shifting** a. 이동하는, 바뀌는

shift work 교대 근무

Wellbong **shifted** his arm position to feel a little more comfortable.
웰봉이는 좀 더 편안해지려고 팔 자세를 바꾸었다.

alter [ɔ́ːltər]

v 바꾸다, 변경하다(to)(change, modify)
cf) altar 제단 (철자와 의미 혼동에 유의)
↳ **alteration** n. 변화, 개조, 변경

alter one's life completely ~의 삶을 완전히 바꾸다

The color of Wellbong's favorite clothes has **altered to** pink. 웰봉이가 가장 좋아했던 옷이 핑크색으로 변했다.

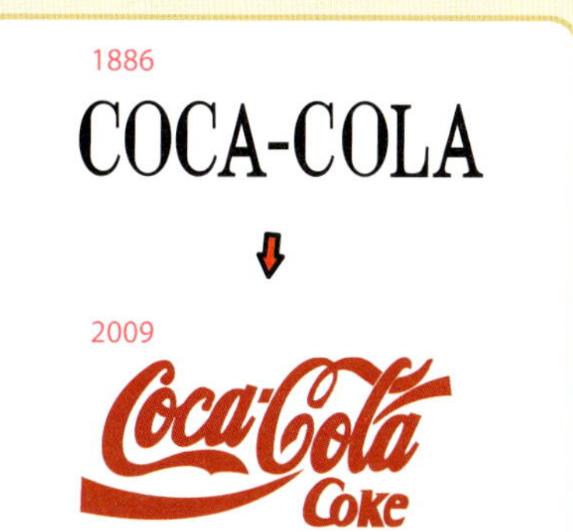

modify [mάdəfài]

v 수정하다, 변경하다(revise, amend); 바꾸다(change, alter)
↳ **modification** n. 수정, 변경

modify a contract 계약을 일부 변경하다

The logo of Coca-Cola was **modified** considerably in 2009.
2009년에 코카콜라의 로고가 상당히 변경되었다.

adjust [ədʒʌ́st]

v 조절하다(regulate); 적응하다(to) (adapt)
↳ **adjustment** n. 조절; 적응(adaptation)
↳ **adjustable** a. 변화가 가능한, 조절할 수 있는

adjust the speed accordingly 그에 따라 속도를 조절하다

Wellbong adjusts the blind to let in the appropriate amount of light.
웰봉이는 알맞은 조명을 위해 블라인드를 조절한다.

adapt [ədǽpt]

v ~에 적응하다(to); 조절하다(adjust)
↳ **adaptation** n. 적응; 조절(adjustment)
↳ **adaptable** a. 적응할 수 있는(to)

be quick to adapt 적응이 빠르다

The golf club has been specially adapted for punishment. 골프채가 특별 체벌용으로 맞춰졌다.

revise [riváiz]

v (의견, 계획을) 수정하다, 변경하다(modify)
↳ **revision** n. 수정, 변경(modification)

revise a design 디자인을 수정하다

The Bong City Plan has been appropriately revised. 봉도시 계획은 적절하게 변경되었다.

transform [trænsfɔ́ːrm]

Ⓥ 변형시키다(to, into) *cf)* transitional 과도기의
└ **transformation** n. 변형, 변신

transform a prince into a toad 왕자를 두꺼비로 변신시키다
Wellbong transformed the hanger in order to roast meat. 웰봉이는 고기를 구워먹기 위해 옷걸이를 변형시켰다.

수능 빈출표현
transform[turn, change, convert] A into B A를 B로 변형시키다

convert [kənvə́ːrt]

Ⓥ 개조하다(into), 개종하다(to)
└ **conversion** n. 개조, 개종
└ **converted** a. 개조된, 개종한
└ **converter** n. 전환시키는 사람[것], 변환기
└ **convertible** a. 전환 가능한 n. 컨버터블 카

A recyclable box was converted into a new house for Nyabong.
재활용 상자가 냐봉이를 위한 새 집으로 개조되었다.

distort [distɔ́ːrt]

Ⓥ 사실을 왜곡하다(deform, falsify, twist)
└ **distortion** n. 왜곡, 일그러짐
└ **distorted** a. 왜곡된, 일그러진

The shape of Wellbong in the magic mirror is distorted heavily.
요술거울에 있는 웰봉이의 모습은 심하게 일그러져 있다.

voca plus+ '왜곡하다'의 유의어
deform falsify twist

version [vɔ́ːrʒən]

ⓝ 변형, ~판(版); 번역(translation)

latest version   최신판
an updated version   업데이트된 버전

There are two versions of tteokbokki.
두 가지 버전의 떡볶이가 있다.

exchange [ikstʃéindʒ]

ⓥ 교환하다(for) (swap)
ⓝ 교환(물건), 맞바꿈   *cf)* barter 물물교환
└ **exchangeable**   a. 교환 가능한
└ **exchangeability**   n. 교환할 수 있음

The ant wants to exchange his food for* the candy bar Bora is holding.
개미는 보라가 들고 있는 캔디 바와 그의 음식을 교환하고 싶어 한다.
* exchange A for B   A를 B와 교환하다

interchange [íntərtʃéindʒ]

ⓥ 교환하다, 공유하다(with)
└ **interchangeability**   n. 교환[교대]할 수 있음
└ **interchangeable**   a. 교환할 수 있는

continuous cultural interchange   지속적인 문화교류

They interchanged their sports uniform with* each other.   그들은 서로의 유니폼을 교환했다.
* interchange A with B   A를 B와 교환하다

replace [ripléis]

ⓥ 대신하다, 대체하다(with) (take the place of)
⌐ **replaceable** a. 대신할 수 있는, 교체 가능한
⌐ **replacement** n. 교체, 대체

replace memory card 메모리카드를 교체하다

It is time to replace the old battery with* a new one. 헌 배터리를 새것으로 교체할 때가 되었다.

* replace A with B A를 B로 대신하다

substitute [sʌ́bstətjùːt]

ⓥ 대체하다, 대신하다(for)
ⓝ 대리자, 대체물, 교체 선수
⌐ **substitution** n. 대리(인), 대용(품)

Bread substituted rice for^ breakfast.
아침은 밥 대신 빵이다

* substitute A for B B를 A로 대체하다(substitute B with A)

advance [ædvǽns]

ⓝ 전진, 발전
ⓥ 전진하다(progress), 진보하다(develop); 승진하다(promote)
⌐ **advanced** a. 발전된, 진보된; 고급의, 상급의
⌐ **advancement** n. 발전, 진보; 승진

Let me know a week in advance.
일주일 전에 미리 알려 주세요.

The circumstance of the fish has advanced considerably. 물고기의 환경이 꽤 좋아졌다.

evolve [iválv]

v 발달하다(develop), 진화하다(into, from)
↳ **evolution** n. 발달, 진화

evolve over the decades 수십 년에 걸쳐 발전하다

The candle evolved into the fluorescent light.
양초는 형광등으로 발전했다.

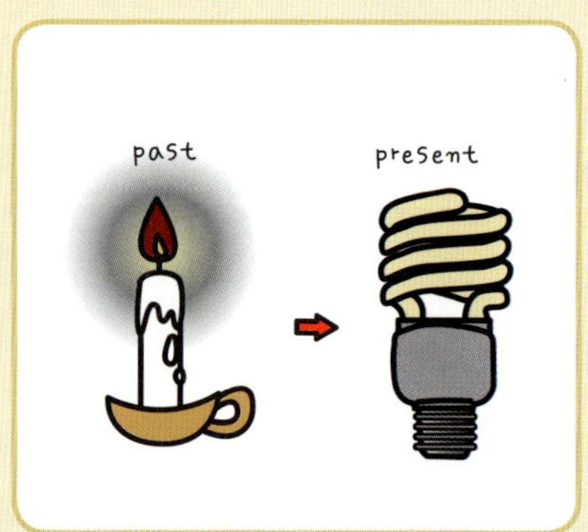

breakthrough [bréikθrù:]

n 돌파구

make a significant breakthrough
획기적인 돌파구를 마련하다

Finally the little mouse found a breakthrough
for his new life. 마침내 작은 쥐는 새로운 삶을 위한 돌파구를 찾았다.

consistent [kənsístənt]

a 변함없는, 한결같은(constant) ↔ inconsistent(일관성이
없는); 모순되지 않는(with)
↳ **consistently** ad. 일관성 있게, 지속적으로
↳ **consistency** n. 한결같음, 일관성 ↔ inconsistency

Wellbong showed consistent love for
Boonhong. 웰봉이는 분홍이에 대한 한결같은 사랑을 보여주었다.

locked [lákt]

a 잠긴, 잠겨진
└ **lock**   **n.** 자물쇠   **v.** 자물쇠로 잠그다 ↔ unlock(자물쇠를 열다)

be locked in a prison   감옥에 갇히다

The food in the dish is locked.
접시의 음식이 자물쇠로 잠겨 있다.

creak [kríːk]

v 삐걱거리다(squeak)

creaking chairs 삐걱거리는 의자

Wellbong plans to oil the door to stop it from
creaking.   웰봉이는 문이 안 삐걱거리게 하기 위해 문에 기름칠할 생각이다.

emerge [imə́ːrdʒ]

v (모습을) 드러내다(appear) ↔ vanish(사라지다)
└ **emergence**   **n.** 출현, 발생
└ **emergency**   **n.** 비상   *emergency* room 응급실

The butterfly finally emerged from its shell.
나비는 마침내 껍질로부터 모습을 드러내었다.

voca plus+   '나타나다'의 유의어
appear   turn up   show up   loom(무섭게)

appear [əpíər]

v 나타나다, 출현하다(show up) ↔ disappear(사라지다)
; ~처럼 보이다, ~인 것 같다(seem, look)
└ **appearance** **n.** 외모, 외관; 출현, 등장
└ **apparent** **a.** 분명한

When Wellbong rubbed the lamp, Nyabong
appeared out of it instead of a genie.*
웰봉이가 램프를 문지르니 요정 지니 대신에 냐봉이가 나왔다.
* genie (아랍 신화에서 특히 병이나 램프 속에 사는) 요정

disappear [dìsəpíər]

v 사라지다(vanish) ↔ appear(나타나다)
└ **disappearance** **n.** 사라짐, 실종 ↔ appearance(등장)

Wellbong wondered where the fish had
disappeared to. 웰봉이는 생선이 어디로 사라졌는지 궁금해했다.

voca plus+ '사라지다'의 유의어
disappear vanish(갑자기) fade away(서서히)

vanish [vǽniʃ]

v 사라지다(disappear) ↔ emerge(나타나다)
└ **vanishment** **n.** 소멸(extinction)

vanish away like smoke 연기처럼 사라지다
Magician Wellbong made his bound beautiful
assistant vanish from sight.
마술사 웰봉이는 묶여 있던 미녀 조수를 시야에서 사라지게 했다.

conceal [kənsíːl]

ⓥ 감추다, 숨기다(hide) ↔ reveal, disclose(드러내다)
↳ **concealment n.** 숨김, 은폐

conceal one's intentions 의도를 숨기다

The eyes of a crab became concealed at the touch of a finger. 게 눈을 손가락으로 건들자 숨어버렸다.

reaction [riǽkʃən]

ⓝ 반응(response), 반작용(to)
↳ **react v.** 반응하다(to)
↳ **reactional a.** 반응의

action and reaction 작용과 반작용

As soon as Wellbong stepped on the worm, it showed a reaction to the stimulus.
웰봉이가 지렁이를 밟자마자, 지렁이가 반응을 보였다.

distinguish [distíŋgwiʃ]

ⓥ 구별하다(from), 식별하다(discern, identify)
↳ **distinction n.** 구별; 특징; 탁월
↳ **distinguished a.** 유명한(famous), 두드러지는(remarkable)
　　　　　　　　cf) infamous, notorious 악명 높은
↳ **distinctive a.** 특이한, 특별한

You can distinguish real Wellbong from the other with the mole. 점으로 진짜 웰봉이를 나머지와 구별할 수 있다.

differentiate [dífərénʃièit]

v 구별하다(from), 구분 짓다(distinguish)
↳ **differentiation** n. 구별, 구분
↳ **difference** n. 차이(disparity)
↳ **different** a. 다른　↳ **differ** v. 다르다(from)
↳ **differential** a. 차별적인

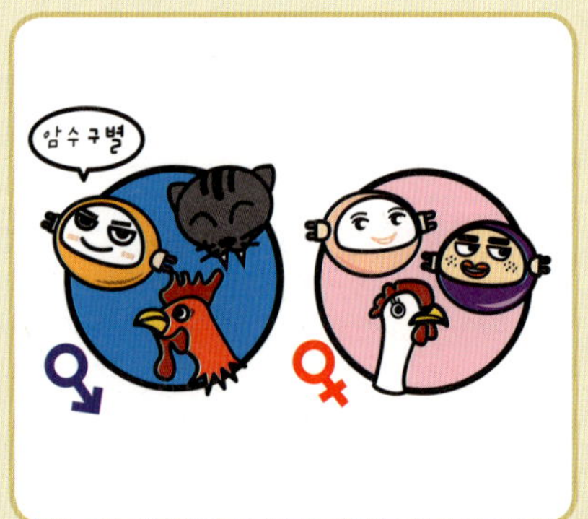

It's really easy to differentiate between the two genders.　두 성별을 구별하기가 정말 쉽다.

compare [kəmpɛ́ər]

v 비교하다(with, to); 비유하다(to)　*cf)* contrast 대조하다
↳ **comparable** a. 비교할 만한, 필적하는(to)
↳ **comparative** a. 비교적
↳ **comparison** n. 비교

Don't compare me with* Chorok living next door.　옆집에 사는 초록이와 저를 비교하지 마세요.
* compare A with[to] B A를 B와 비교하다

equal [í:kwəl]

a 동등한, 평등한(equivalent) ↔ unequal(불평등한); 동일한(identical)
v ~에 필적하다
↳ **equate** v. 동일시하다　↳ **equalize** v. 동등하게 하다
↳ **equality** n. 평등, 균등
↳ **equation** n. 동일시, 방정식, 등식
↳ **equator** n. 적도

Bora is insisting the genders are equal.
보라는 남녀평등을 주장하고 있다.

similar [símələr]

ⓐ 유사한(to) (analogous) ↔ different, disparate(상이한)
└ **similarity**　n. 유사(성) ↔ difference, disparity(차이)
└ **similarly**　ad. 유사하게 ↔ differently(다르게)
└ **assimilate**　v. 동화시키다; 소화하다, 흡수하다(digest)

similar in size and shape　크기와 모양이 비슷한
Ginseng looks very similar to a human being.
인삼이 사람과 매우 닮았다.

familiar [fəmíljər]

ⓐ 익숙한(with sth); 친숙한(to sb) ↔ unfamiliar(낯설은)
└ **familiarity**　n. 익숙함, 친숙함(intimacy)

be familiar with Paris　파리에 익숙하다
Bora felt familiar to the piggy for some
reason.　보라는 돼지에게 왠지 모를 친숙함을 느꼈다.

equilibrate [ikwíləbrèit]

ⓥ 균형을 유지하다(balance)
└ **equilibration**　n. 평형, 균형; 평균
└ **equilibrium**　n. 평형상태; 마음의 평정(composure)

equilibrate home life and career
가정생활과 일 사이에서 균형을 유지하다
Wellbong and Nyabong try to equilibrate
themselves on a curved wall.
웰봉이와 냐봉이는 굽은 벽 위에서 균형을 유지하려고 애쓴다.

distinct [distíŋkt]

a 뚜렷한(evident, clear);, 별개의(separate);,
우수한(outstanding, excellent)
└ **distinction** n. 구별, 차이, 탁월, 우수
└ **distinguish** v. 구별하다(from)
└ **distinctive** a. 특이한(unique)

There was distinct powdered red pepper*
between his teeth. 빨간 고춧가루가 선명하게 이빨사이에 끼어 있었다.
* powdered red pepper 고춧가루

reverse [rivə́:rs]

v 뒤바꾸다, 뒤집다(invert) **n** 정반대 **a** 정반대의, 뒷면의
└ **reversed** a. 거꾸로 된, 뒤집은, 반대의(opposite, contrary)
└ **reversible** a. 뒤집을 수 있는

reverse to what he intended 그가 생각한 것과는 정반대인

Bora yells at Wellbong to reverse the pork
belly. 보라는 웰봉이에게 삼겹살을 뒤집으라고 소리쳤다.

paradox [pǽrədàks]

n 역설, 역설적인 사람[것, 상황] ↔ orthodoxy(정설)
└ **paradoxical** a. 역설의, 자기모순의
└ **paradoxically** av. 역설적으로

full of mystery and paradox 불가사의와 역설로 가득 차 있는

Mrs. Bong is a kind of paradox.
봉여사, 그녀는 역설적인 사람이다.

 **15**

Step 1 다음 영단어의 우리말 뜻을 쓰시오.

shift	locked
alter	creak
modify	emerge
adjust	appear
adapt	disappear
revise	vanish
transform	conceal
convert	reaction
distort	distinguish
version	differentiate
exchange	compare
interchange	equal
replace	similar
substitute	familiar
advance	equilibrate
evolve	distinct
breakthrough	reverse
consistent	paradox

Step 2   다음 밑줄 친 단어의 유의어를 고르시오.

1 shift gears
① quit ② change ③ eliminate ④ stabilize ⑤ suspect

2 distort the history
① devise ② appraise ③ disdain ④ deform ⑤ compare

3 advance considerably
① regress ② affect ③ progress ④ deviate ⑤ prevail

4 emerge from behind the clouds
① banish ② generate ③ commend
④ vanish ⑤ appear

5 similar in size and shape
① diverse ② tiresome ③ analogous
④ interesting ⑤ concise

Step 3   다음 빈칸에 들어갈 알맞은 단어를 고르시오.

1 Taekwondo was .... as a competitive sport in the Olympic Games.
① adapted ② observed ③ referred
④ adopted ⑤ composed

2 We .... our business cards with each other.
① acquired ② exchanged ③ assented
④ contained ⑤ contaminated

3 It is so ridiculous that Man has .... from the ape.
① obtained ② abounded ③ approached
④ evolved ⑤ survived

4 Cultural .... has been rapidly increasing over the past years.
① affection ② interchange ③ compassion
④ interpretation ⑤ ornament

5 The architect decided to .... the design of the building.
① evaporate ② abandon ③ achieve
④ modify ⑤ publish

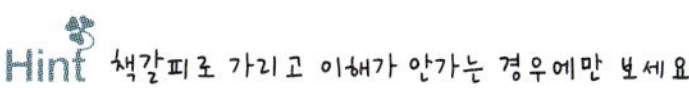

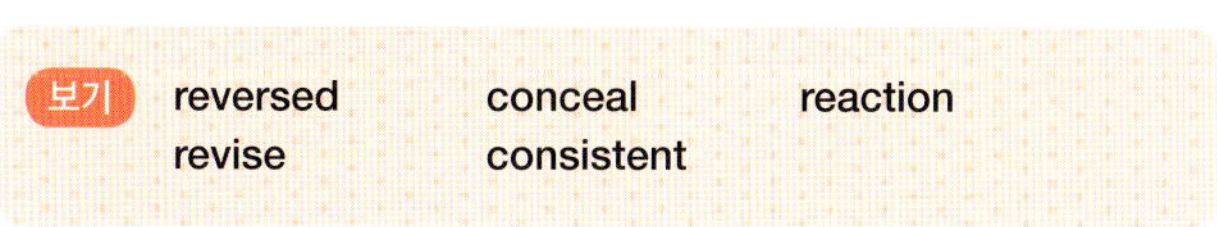

1 Muslim women .... their face with a chador outside.

2 What was the woman's .... to your proposal?

3 Letters* are .... in a mirror.   * letter 글자

4 What you do is not .... with what you say.

5 Alice wants to .... the conditions of the contract.

1 이슬람 여성들은 밖에서는 차도르로 얼굴을 가린다.

2 너의 청혼에 대한 그녀의 반응은 무엇이었니?

3 거울에 비춰보면 글자가 뒤집혀 있다.

4 당신의 말과 행동은 전혀 일치하지 않는다.

5 앨리스는 계약 조건을 변경하고 싶어 한다.

보기   distinct   familiar   vanished
       differentiate   substitute

6 How can you .... this new product from the competition's?

7 Korea is characterized by four .... seasons.

8 The criminal .... into the darkness instantly.

9 Can I .... milk for yogurt in the recipe?

10 Robin was humming a .... tune.

6 이 신제품을 경쟁사의 제품들과 어떻게 차별화할 것입니까?

7 한국은 사계절이 뚜렷한 것이 특징이다.

8 범인은 순식간에 어둠 속으로 사라졌다.

9 요리법에서 요구르트 대신 우유를 사용해도 되나요?

10 로빈은 귀에 익은 곡조를 흥얼거리고 있었다.

▶ 정답은 p.352~353에

Check-up 아는 단어에 ✔ 표시

☐ various	☐ synthetic
☐ vary	☐ embed mingle
☐ imitate	☐ fasten
☐ attribute	☐ division
☐ ordinary	☐ split
☐ peculiar	☐ separated
☐ rare	☐ isolated
☐ abnormal	☐ apart
☐ connect	☐ detach
☐ adjoin	☐ remove
☐ associate	☐ slam
☐ irrelevant	☐ decline
☐ integrate	☐ inflate
☐ united	☐ revoke
☐ cohesion	

various [vέəriəs]

ⓐ 다양한 *cf)* miscellaneous 잡다한, 갖가지의
↳ **variation** **n.** 변화
↳ **variety** **n.** 다양성

Ice creams have recently started to come in various shapes and sizes.
최근 아이스크림은 모양과 크기가 다양하다.

voca plus+ '다양한'의 유의어
varied diverse multiple a wide variety of
a wide range of

vary [vέəri]

ⓥ 변화를 주다(change), 다양하게 하다(diversify)
↳ **variable** **a.** 변하기 쉬운
↳ **variant** **a.** 다른(different)

vary from person to* person   사람에 따라 다르다
* vary from A to B A에서 B까지 다양하다

Beautiful gemstones vary in size and shape.
아름다운 보석들은 사이즈와 모양이 다양하다.

imitate [ímətèit]

ⓥ 모방하다, 흉내 내다
↳ **imitated** **a.** 모방한, 흉내 낸; 가짜의(fake, false)
↳ **imitation** **n.** 모방, 흉내 내기

This Pama T-shirt imitated the brand of Puma.
이 파마 T셔츠는 퓨마 상표를 본떴다.

voca plus+ '모방하다, 흉내 내다'의 유의어
mimic copy copycat model simulate emulate

attribute [ətríbjuːt]

v ~을 …의 덕분으로 보다, ~을 …의 탓으로 돌리다(to)
n 속성, 특질
  └ **attributable** a. ~가 원인인, ~에 기인하는(to)
  └ **attribution** n. 속성, 특질(feature, characteristic)

physical **attribute** 신체적 특징

Napolebong **attributes** saving his life **to*** a four-leaf clover. 나폴레봉은 네잎클로버 덕에 살았다.
* attribute[ascribe, owe] A to B A를 B의 덕분으로 보다

ordinary [ɔ́ːrdənèri]

a 보통의, 일상적인; 평범한 ↔ extraordinary(비범한)
  └ **ordinarily** ad. 평범하게

in an **ordinary** way 평범하게

Now Shiny Bong wants to live an **ordinary** life.
이제 샤이니 봉은 평범한 삶을 살고 싶어 한다.

(voca plus+) '평범한, 일상적인'의 유의어
common normal average plain mediocre daily everyday usual routine

peculiar [pikjúːljər]

a 이상한, 별난(eccentric); 고유한, 독특한(unique, unusual)
  └ **peculiarity** n. 기이한 특징, 특이함

wear very **peculiar** trousers 매우 특이한 바지를 입다

It is really **peculiar** for Boonhong to have a beard. 분홍이가 수염이 나는 것은 정말이지 이상한 일이다.

rare [rέər]

ⓐ 드문(unusual) ↔ ordinary(보통의); 진기한, 희한한;
설익은, 덜 구워진 ↔ well-done(잘 구워진)
└ **rarely** ad. 드물게, 좀처럼 ~않게
└ **rarity** n. 희귀

see many rare animals 많은 희귀 동물을 보다

It's extremely rare for there to be two yolks* in
an egg. 계란 안에 두 개의 노른자가 있는 것은 극히 드문 일이다.
* yolk 노른자

abnormal [æbnɔ́ːrməl]

ⓐ 비정상적인 ↔ normal(정상적인)
└ **abnormality** n. 기형, 이상 ↔ normality(정상)
└ **abnormally** ad. 비정상적으로 ↔ normally(정상적으로)

They were astonished at his abnormal
behavior. 그들은 그의 비정상적인 행동에 매우 놀랐다.

voca plus+ '이상한'의 유의어
odd strange peculiar uncanny unnatural weird
bizarre eccentric eerie

connect [kənèkt]

ⓥ 연결하다(with), 접속하다 ↔ disconnect(접속을 끊다)
└ **connection** n. 연결, 접속 ↔ disconnection(단절)
└ **connected** a. 연결된, 접속된
└ **connectedness** n. 결합 관계, 유대감
└ **connective** a. 연결하는, 결합하는
└ **connectivity** n. 연결성

You can light the lamp by connecting the
plug. 플러그를 연결하면 램프를 밝힐 수 있다.

adjoin [ədʒɔ́in]

v 인접하다, 붙어 있다(be adjacent)
↳ **adjoining**　**a.** 서로 접한, 옆의, 부근의

A wen* adjoins the face of the wenny old man.　혹이 혹부리 영감 얼굴에 붙어있다.　* wen 혹

voca plus+　'가까이 있는 것'의 유의어
bordering　close　contiguous　near　vicinal
neighboring　next door

associate [əsóuʃièit]

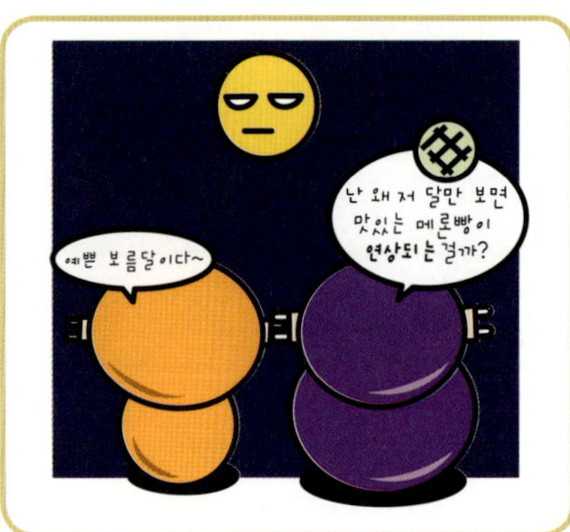

v 연상하다(with), 연관시키다; 교제하다
n 동료(colleague), 친구
↳ **association**　**n.** 관련, 관계; 협회, 단체
　　　　　　　　in *association* with ～와 공동으로

Bora associates the full moon with* bread.
보라는 보름달을 보며 빵을 연상했다.
* associate A with B A를 B와 연관 짓다

irrelevant [iréləvənt]

a 무관한(to), 상관없는(unrelated)
　↔ relevant, pertinent(관련 있는)
↳ **irrelevance**　**n.** 무관함 ↔ relevance(관련)
↳ **irrelevantly**　**ad.** 엉뚱하게, 무관하게

irrelevant to the case　그 사건과는 무관한

Nyabong's answer was totally irrelevant to Wellbong's questions.
냐봉이의 대답은 웰봉이의 질문과는 완전히 무관한 것이었다.

integrate [íntəgrèit]

ⓥ 통합시키다(with) (consolidate, incorporate)
  └ **integration** **n.** 통합; 인종 차별 폐지
  └ **integrity** **n.** 성실(sincerity); 정직(honesty), 고결(uprightness);
        완전(completeness)
  └ **integral** **a.** 필수적인(essential), 없어서는 안 될(indispensable)

integrate the data 자료를 통합하다

The kingdom is going to be integrated with another. 그 왕국은 다른 왕국과 통합될 것이다.

united [juːnáitid]

ⓐ 연합한(unified) ↔ divided, separate(나누어진)
  └ **unite** **v.** 연합시키다, 통합시키다
  └ **unity** **n.** 단속, 결속(connection)

U.S.A means the United States of America.
U.S.A는 아메리카의 주(州)들이 연합되었다는 것을 의미한다.

voca plus+ '연결하다, 결합하다'의 유의어
link join connect integrate merge consolidate
unify bind

cohesion [kouhíːʒən]

ⓝ 응집(력), 결합(unity)
  └ **cohere** **v.** 결합하다, 한데 모이다, 논리 정연하다, [물리] 응집하다
  └ **coherent** **a.** 서로 밀착된, 논리적인 ↔ incoherent
  └ **cohesive** **a.** 결합하는, 서로 밀착하는

international cohesion 국제적 화합

The World Cup plays a vital role in community cohesion. 월드컵은 공동체를 응집시키는 데 중요한 역할을 한다.

synthetic [sinθétik]

ⓐ 합성한, 인조의; 종합적인
↳ **synthesis** **n.** 합성, 인조; 종합
↳ **synthesize** **v.** 합성하다; 종합하다
↳ **synthesizer** **n.** 소리 합성기; 신디사이저

In fact, the photo turned out to be synthetic.
사실, 그 사진은 합성으로 판명이 났다.

voca plus+ 합성물질

plastic 플라스틱 nylon 나일론 vinyl 비닐 rubber 고무
silicon 실리콘

embed [imbèd]

동사변화 embed–embedded–embedded
ⓥ 끼워 넣다
↳ **embedment** **n.** 끼워 넣기

embed the video in blogs 비디오를 블로그에 저장하다
A USIM card is embedded in* each smart
phone. 유심 카드가 스마트폰마다 내장되어 있다.
* be embedded in ~에 박혀 있다, 내장되어 있다

mingle [míŋgl]

ⓥ 섞(이)다, 혼합하다(with) (mix, blend)

mingle with the other guests 다른 손님들과 어울리다
The bibimbap mingled with various
ingredients looks so delicious.
각종 재료가 섞인 비빔밥이 참 맛있어 보인다.

fasten [fǽsnːsən]

ⓥ 매다(bind, tie), 고정시키다(fix, tighten)

fasten the papers with a clip 클립으로 서류를 고정시키다

Wellbong is **fastening** his seatbelt on the plane.
웰봉이는 비행기 안에서 안전벨트를 매고 있다.

division [divíʒən]

ⓝ 분할, 나누기; 부(部)서
└ **divide** v. 나누다(separate) ↔ unite(통합시키다)
└ **dividend** n. 배당금

division of labor 분업

Heungbu made a **division** in the gourd* with a saw. 흥부는 톱으로 박을 갈랐다. *gourd 박

split [splít]

동사변화 split–split–split
ⓥ (세로로) 쪼개다, 자르다(cleave); 나누다(divide)

split up with a girl friend 여자 친구와 헤어지다

Wellbong is **splitting** open some logs.
웰봉이는 장작을 패고 있다.

separated [sépərèitid]

a 분리된, 갈라진(divided, segregated)
  cf) 분리를 나타내는 접두어는 se, de, dis, apart 등이 있다
  └ **separation** **n.** 분리, 분할; 이별, 별거
  └ **separate** **v.** [sépərèit] 분리시키다(from)
            a. [sépərət] 분리된, 별개의, 따로따로의

be separated from other wastes 다른 쓰레기와 분리되다

The desk was separated into two parts.
책상은 두 부분으로 분리되었다.

isolated [áisəlèitid]

a 고립된
└ **isolate** **v.** 고립시키다, 격리시키다
└ **isolation** **n.** 고립, 격리(from)

be isolated to prevent infection
전염 예방을 위해서 격리되다

Wellbong is completely isolated from* the
land. 웰봉이는 육지로부터 완전히 고립되었다.
* be isolated from ～로부터 고립되다

apart [əpáːrt]

a ～와 떨어진, 따로따로인
ad 떨어져(aloof), 따로; 헤어져

tear something apart ～을 갈기갈기 찢어 버리다

Gyun-woo and Jing-nyuh never wanted to
keep themselves apart.
견우와 직녀는 결코 헤어지고 싶지 않았다.

(수능 빈출표현)
apart from ～외에는, ～을 제외하고(except for)

detach [ditǽtʃ]

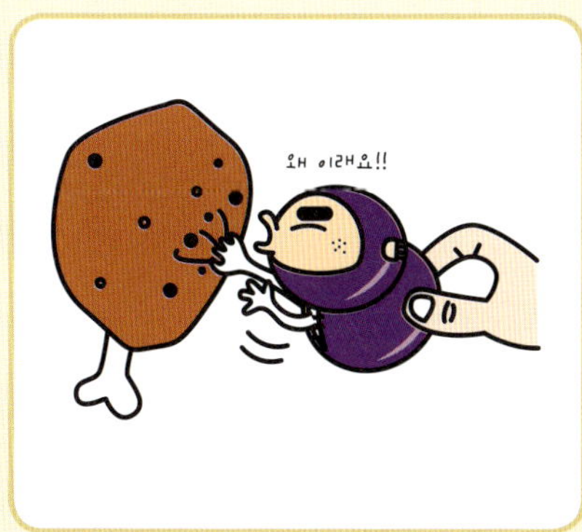

ⓥ 떼어내다(from); 분리하다(separate)
┗ **detached** **a.** 분리된
┗ **detachable** **a.** 떼어낼[분리할] 수 있는
┗ **detachment** **n.** 분리; 초연함, 냉담, 무관심

detach a coupon 쿠폰 하나를 떼어내다

Bora was trying desperately hard not to be **detached from** the chicken leg.
보라는 닭다리에서 떼어지지 않으려고 안간힘을 썼다.

remove [rimúːv]

ⓥ 제거하다(get rid of, eliminate); (옷 등을) 벗다(take off); 치우다(take away); 해고하다(dismiss)
┗ **removal** **n.** 제거; 해고
┗ **remover** **n.** 제거제

remove the stain on this shirt 셔츠의 얼룩을 제거하다

Wellbong is **removing** something stuck between his teeth. 웰봉이는 이빨 사이에 낀 것을 제거하고 있다.

slam [slǽm]

ⓥ (문 등을) 쾅 닫다; (물건 등을) 쿵 놓다

slam the door shut 문을 쾅 닫다

Shouting, Wellbong gave the door a good hard **slam**. 소리치면서 웰봉이는 문을 세게 쾅하고 닫았다.

뉘앙스 구별 닫다
close 부드럽게 닫다
shut 좀 빠르게 꽉 닫다

decline [dikláin]

v 감소하다(decrease), 쇠퇴하다; (정중히) 거절하다(refuse)
↔ accept(승낙하다)

n 감소, 쇠퇴
└ **declination** n. 기움, 경사; 거절
└ **declining** a. 기우는, 쇠퇴하는

a sharp decline 폭락, 대폭 하락

The freckles on mom's face have been declining recently. 엄마 얼굴의 기미가 최근에 감소하고 있다.

inflate [infléit]

v 부풀다, 부풀리다(swell)
└ **inflation** n. 팽창, 인플레이션(통화 팽창)

inflate gradually 서서히 팽창하다
inflate a toy balloon 풍선을 부풀리다

A swellfish can become like a ball when it inflates. 복어가 부풀면 공처럼 된다.

provoke [prəvóuk]

v 유발하다(incite); (자극하여) 화나게 하다(irritate)
└ **provoked** a. 화난, 약 오른
└ **provocation** n. 도발, 자극, 분개

Wellbong provoked Nyabong's indignation* by pulling his whiskers. * indignation 분노
웰봉이는 냐봉이의 수염을 잡아당겨서 냐봉이의 분노를 유발시켰다.

voca plus+ 야기하다
cause 일으키다(가장 일반적) **pose** 문제를 제기하다 **trigger** 유발하다
prompt 자극하다, 부추기다 **bring about** 야기시키다

TEST 16

Step 1 다음 영단어의 우리말 뜻을 쓰시오.

various	synthetic
vary	embed
imitate	mingle
attribute	fasten
ordinary	division
peculiar	split
rare	separated
abnormal	isolated
connect	apart
adjoin	detach
associate	remove
irrelevant	slam
integrate	decline
united	inflate
cohesion	provoke

Step 2 다음 밑줄 친 단어의 <u>유의어</u>를 고르시오.

1 <u>various</u> styles of shirts
① diverse ② common ③ ambitious ④ strict ⑤ visible

2 <u>imitate</u> human speech
① immerse ② absorb ③ expect ④ mimic ⑤ shrink

3 <u>split</u> a piece of wood
① confuse ② ascend ③ divide ④ combine ⑤ digest

4 the <u>rare</u> pictures
① popular ② straightforward ③ unusual
④ firm ⑤ prevalent

5 live an <u>ordinary</u> life
① strange ② emotional ③ rigorous
④ normal ⑤ clumsy

1 다양한 스타일의 셔츠들
① 다양한 ② 흔한, 공통의 ③ 야망의
④ 엄격한 ⑤ 보이는

2 인간의 말을 흉내 내다
① 잠그다, 빠지게 하다 ② 흡수시키다 ③ 기대하다
④ 모방하다 ⑤ 줄다

3 나무 조각을 쪼개다
① 혼동시키다 ② 상승하다 ③ 나누다
④ 결합하다 ⑤ 소화하다

4 희귀한 그림들
① 인기 있는 ② 솔직한, 정직한, 단순한
③ 흔하지 않은 ④ 확고한 ⑤ 보급된, 유행하고 있는

5 평범한 삶을 살다
① 이상한 ② 감정의 ③ 엄격한
④ 정상적인 ⑤ 서투른

Step 3 다음 빈칸에 들어갈 알맞은 단어를 고르시오.

1 A lizard's tail, when ...., can regenerate.
① linked ② detached ③ embarrassed
④ encouraged ⑤ extended

2 As we applied heat, the hot-air balloon slowly ....
① proposed ② consisted ③ inclined
④ inflated ⑤ imported

3 These two regions will be .... by a bridge.
① separated ② connected ③ appreciated
④ advised ⑤ deducted

4 Patients with this influenza should be ....
① gathered ② innovated ③ isolated
④ recognized ⑤ replied

5 If you .... the dog too much, it'll bite you.
① complicate ② ignore ③ esteem
④ provoke ⑤ protect

1 도마뱀의 꼬리는 끊어지면, 재생이 된다.
① 연결된 ② 끊어진 ③ 당황한
④ 고무된, 격려된 ⑤ 연장된

2 열을 가하자, 열기구가 서서히 팽창했다.
① 제안했다 ② 구성했다 ③ 기울었다
④ 팽창했다 ⑤ 수입했다

3 이 두 지역들은 다리로 연결될 것이다.
① 분리된 ② 연결된 ③ 감상된
④ 권고된 ⑤ 공제된

4 이 독감에 걸린 환자들은 격리시켜야 한다.
① 모여진 ② 혁신된 ③ 고립된, 격리된
④ 인식된 ⑤ 응답된

5 그 개를 너무 자극하면 그 녀석이 당신을 물 것이다.
① 복잡하게 하다 ② 무시하다 ③ 존경하다
④ 자극하다 ⑤ 보호하다

보기 decline remove division embedded separated

1 If the computer doesn't work properly, ... unnecessary files and retry.

2 Some bacteria multiply by cell ....

3 India's wild tiger population continues to .... due to illegal hunting.

4 North and South Korea agreed to the reunion of the .... family members.

5 The bullet was still .... in his back.

1 컴퓨터가 잘 작동하지 않으면, 필요하지 않은 파일을 <u>제거하고</u> 다시 해보십시오.

2 일부 박테리아는 세포<u>분열</u>을 통해 증식한다.

3 인도 야생호랑이 개체수가 불법사냥으로 인해 계속 <u>감소하고</u> 있다.

4 남북은 <u>이산</u>가족 상봉에 합의했다.

5 총알이 아직도 그의 등에 <u>박혀</u> 있었다.

보기 synthetic mingle cohesion associate integrate

6 Various trees .... in the forest.

7 It is wrong to .... giving the presents with Christmas.

8 Nylon is a(n) .... material made from coal, water and air.

9 We need social and economic .... in times of difficulty.

10 The city authority tried to .... blacks and whites.

6 그 숲은 다양한 나무로 <u>혼합되어</u> 있다.

7 크리스마스를 선물 주는 것과 <u>연상시키는</u> 것은 잘못된 것이다.

8 나일론은 석탄, 물, 공기로 만든 <u>인공</u> 섬유이다.

9 우리는 어려울 때 사회적, 경제적 <u>화합</u>이 필요하다.

10 시 당국은 흑인과 백인을 <u>융합시키려고</u> 노력했다.

▶ 정답은 p.353~354에

The human race has one really effective weapon, and that is laughter.

Mark Twain

인류에게 진정 효과적인 무기가 하나 있다. 바로 웃음이다.

– 마크 트웨인, 미국의 작가

Ch.11

공간과 이동

Check-up 아는 단어에 ✔ 표시

☐ region	☐ haste
☐ district	☐ rush
☐ situate	☐ gradual
☐ misplace	☐ expel
☐ shade	☐ precede
☐ inner	☐ wander
☐ internal	☐ approach
☐ outer	☐ access
☐ soar	☐ accompany
☐ descend	☐ pursue
☐ scatter	☐ trail
☐ revolve	☐ chase
☐ surround	☐ portable
☐ enclose	☐ stable
☐ margin	☐ stuck
☐ spacious	☐ tumble
☐ remote	☐ vibrate
☐ direction	☐ extend
☐ swift	☐ transfer
☐ abrupt	☐ repeat
☐ simultaneous	☐ surface

region [ríːdʒən]

n 지역(area)
└ **regional** **a.** 지역의
└ **regionally** **ad.** 지역적으로

a tropical region 열대 지방

It keeps raining only in this region seen in the map. 지도상에 보이는 이 지역에만 계속해서 비가 내리고 있다.

district [dístrikt]

n (행정상의) 지구, 지역, 구역(area, zone)

business district 상업지구
a school district 학군
an electoral district 선거구

They belong to different electoral districts.*
그들은 다른 선거구에 속해 있다.

* electoral district 선거구

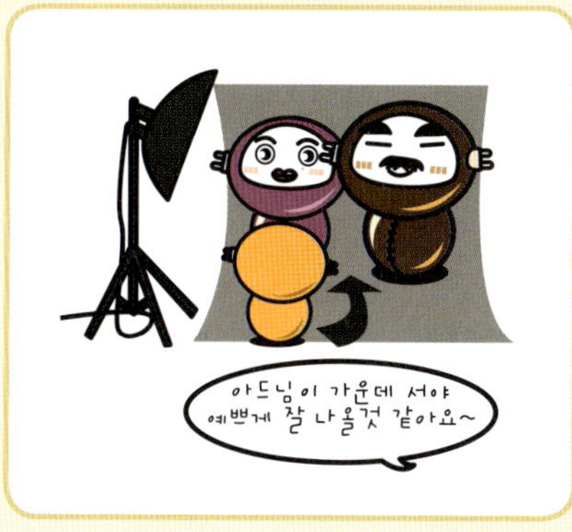

situate [sítʃuèit]

v 위치시키다(locate)
└ **situated** **a.** 위치해 있는   └ **situation** **n.** 위치; 상황, 처지
└ **situational** **a.** 상황[장면]에 따른

Wellbong was situated in the middle of his parents to get a picture.
웰봉이는 사진을 찍기 위해 부모님 가운데 자리 잡았다.

뉘앙스 구별 위치

place 장소(가장 일반적)   **position** 소재, 특정장소   **point** 지점, 특정 위치
spot 위치가 정확한 장소   **site** 특정 용도의 장소   **whereabouts** 행방

misplace [míspléis]

v 제자리에 두지 않다, 잘못 놓다
  ↳ **misplaced** **a.** 위치가 잘못된
  ↳ **misplacement** **a.** 잘못 두기

Wellbong's mom happened to find the misplaced cell phone in the fridge.
웰봉이 엄마는 잘못 두었던 핸드폰을 냉장고에서 우연히 찾았다.

뉘앙스 구별 두다
put 놓다, 두다(가장 일반적)　**place** 의도한 위치에 놓다
displace (장소에서) ~로 옮기다, 교체하다

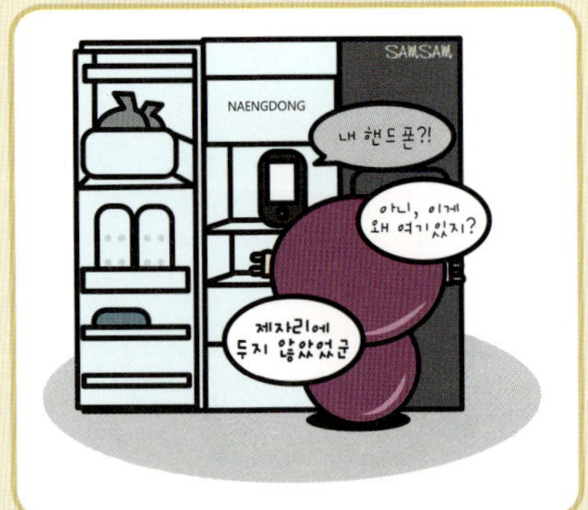

shade [ʃéid]

n (시원한) 그늘, 빛 가리개; (그림의) 음영
  ↳ **shady** **a.** 그늘이 드리워진
  ↳ **shadeless** **a.** 그늘이 없는

Wellbong is relaxing in the shade comfortably.
웰봉이는 그늘에서 편안하게 쉬고 있다.

뉘앙스 구별
shade [불가산] 태양의 열기가 미치지 않아서 어둑하고 시원한 부분
shadow [가산] 빛이 어떤 사람이나 사물에게로 비쳐질 때 생기는 어두운 형체
　　　　 [불가산] 그 속에서 사물이 쉽게 구별이 안 되는 어두운 부분

inner [ínər]

a 내면의, 내부의, 안쪽의 ↔ outer(외부의)
  ↳ **innermost** **a.** 가장 안쪽의

inner and outer beauty　내외적 아름다움

Wellbong brings inner happiness to Bora.
웰봉이는 보라에게 내면의 행복을 가져다준다.

internal [intə́ːrnl]

ⓐ 내부의(interior), 내적인 ↔ external, exterior(외부의, 외적인)
　↳ **internalize** n. 내면화하다 ↔ externalize(외부화하다)
　↳ **internalization** n. 내면화, 내재화 ↔ externalization(외부화)

the firm's internal environment　회사의 내부 환경

We learned the internal structure of the earth in class.　우리는 수업시간에 지구의 내부구조를 배웠다.

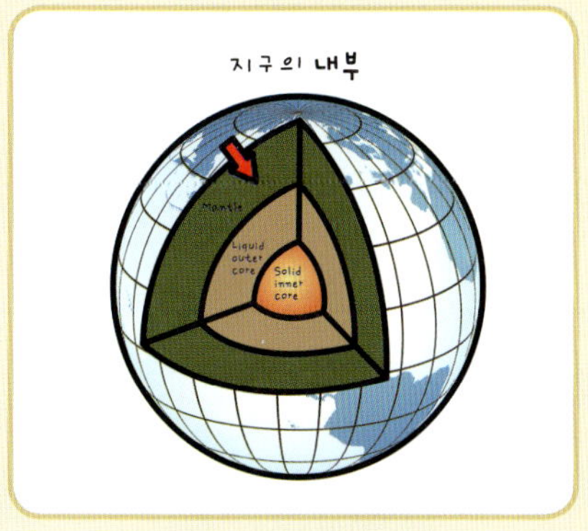

outer [áutər]

ⓐ 바깥쪽의, 외부의 ↔ inner(내부의)
　↳ **outermost** a. 가장 바깥쪽의

outer planet 외행성
outer space 우주 공간

Wellbong cannot help walking* along the outer edge of the road.
웰봉이는 그 길의 바깥쪽을 따라 걸을 수밖에 없었다.
* cannot help V-ing ～할 수밖에 없다

soar [sɔːr]

ⓥ 높이 솟구치다, 높이 날아오르다
　↳ **soaring** a. 날아오르는　soaring prices 치솟고 있는 물가

Wellbong soared up into the air suddenly.
웰봉이가 갑자기 하늘 높이 솟구쳐 올라갔다.

descend [disénd]

V 하강하다(from) ↔ ascend(상승하다) (to)
└ **descending** a. 하강하는
└ **descent** n. 하강
└ **descendant** n. 자손, 후손, 후예(posterity, offspring)

in descending order   내림순으로

Wellbong is ready to descend from the sky.
웰봉이는 하강할 준비가 되어 있다.

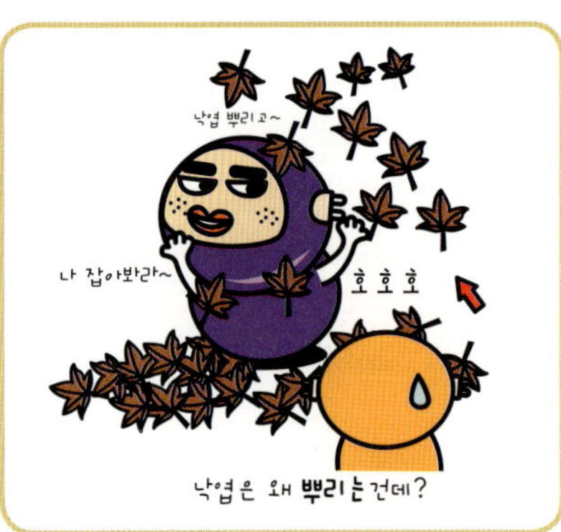

scatter [skǽtər]

V 흩뿌리다, 흩어지다
└ **scattered** a. 흩어져 있는

Bora tries to tempt Wellbong, scattering maple leaves.
보라는 단풍잎을 흩뿌리면서 웰봉이를 유혹하려고 애쓴다.

뉘앙스 구별 퍼뜨리다
disperse 흩어지게 하다   **spread** 퍼뜨리다
diffuse (정보, 문화 등을) 퍼뜨리다

revolve [riválv]

V 회전시키다(rotate)
└ **revolution** n. 회전, 공전; 혁명

the moon revolving around the earth   지구를 도는 달
Bora is revolving Wellbong with her fingertip.
보라는 손가락 끝으로 웰봉이를 회전시키고 있다.

surround [səráund]

v 둘러싸다, 에워싸다(enclose, encompass)
└ **surrounding** **a.** 인근의, 주위의(nearby)
　n. 주위환경(~s) (environment)

be **surrounded** by a crowd　군중으로 둘러싸이다

The bad men **surrounded** Mrs. Bong to steal her money.　악당들이 돈을 훔치기 위해 봉여사를 에워쌌다.

enclose [inklóuz]

v 에워싸다(surround); 동봉하다
└ **enclosed** **a.** 에워싸인; 동봉된
└ **enclosure** **n.** 포위, 울타리; 동봉

enclose a photo　사진을 동봉하다

Enclosed is a copy of the original receipt.
영수증 사본을 동봉합니다.

Bora has been **enclosed** by the fence.
보라는 담장으로 에워싸였다.

margin [máːrdʒin]

n 여백; 차이; 수익; 여유; 가장자리
└ **marginal** **a.** 주변부의

margin of profit　이윤
notes scribbled in the **margin**　여백에 휘갈겨 쓴 메모들
Oriental paintings have beauty of the **margin**.
동양화는 여백의 미가 있다.

spacious [spéiʃəs]

ⓐ 널찍한(roomy) ↔ narrow, cramped(좁은)
└ **space** **n.** 공간
└ **spaciously** **ad.** 넓게, 널찍하게

a more spacious office 좀 더 넓은 사무실
Mrs. Bong was so satisfied with the spacious room. 봉여사는 널찍한 방을 매우 만족스러워했다.

remote [rimóut]

ⓐ 원격의; 외진, 멀리 떨어진(far, distant)
   ↔ near, adjacent(가까운, 인접한)
└ **remoteness** **n.** 멀리 떨어져 있음

remote controller 원격 조종기
Wellbong was left alone in a remote region.
웰봉이는 외딴 지역에 홀로 남게 되었다.

direction [dirékʃən]

ⓝ 방향(to), (연극, 영화에서의) 연출, 감독; 사용법(~s)(instruction)
└ **direct** **a.** 직접의 ↔ indirect(간접의)
     v. 지도하다, 감독하다; 길을 가르쳐주다
└ **director** **n.** 감독   └ **directory** **a.** 지시하는 **n.** 인명부

The arrow head tells the direction to Glory High School. 화살표는 영광고등학교로 가는 방향을 알려준다.

voca plus+ 방향

east 동   eastern 동쪽의   west 서   western 서쪽의   south 남
southern 남쪽의   north 북   northern 북쪽의   right 오른쪽   left 왼쪽

swift [swíft]

a 신속한, 재빠른(fast, quick, prompt)
↳ **swiftly** ad. 신속히, 빨리, 즉시
↳ **swiftness** n. 신속, 빠름

Soldier Wellbong was swift to command.
군인 웰봉이는 명령에 신속히 움직였다.

voca plus+ 속도

speed, velocity 속도   **accelerate, speed up** 속도를 내다
decelerate, slow down 속도를 줄이다

abrupt [əbrʌ́pt]

a 갑작스런(sudden, unexpected); 퉁명스러운(blunt)
↳ **abruption** n. (갑작스런) 중단, 분리
↳ **abruptly** ad. 갑자기; 불쑥, 퉁명스럽게, 무뚝뚝하게

come to an abrupt end 갑자기 끝나다

Wellbong got wet in the abrupt rain shower.
웰봉이는 갑작스런 소나기에 옷이 젖었다.

simultaneous [sàiməltéiniəs]

a 동시의(at the same time)
cf) spontaneous 자발적인 (철자와 의미 혼동에 유의)
↳ **simultaneously** ad. 동시에 발생하는

simultaneous interpretation 동시통역

There was a simultaneous finish to the race.
달리기 경주에 모두 동시에 들어왔다.

haste [héist]

n 서두름, 성급함(hurry)
└ **hasteful** **a.** 급한, 서두르는
└ **hasten** **v.** 재촉하다, 서둘러 하다(accelerate, speed up)

Wellbong is traveling in haste not to arrive late for work. 웰봉이는 직장에 늦지 않기 위해 서두르고 있다.

수능 빈출표현 속담
Haste makes waste. 서두르면 일을 그르친다.

rush [rʌʃ]

v 돌진하다; 쇄도하다(hurry, hasten)
n 쇄도; 돌진

rush hour 혼잡 시간대
in one's rush 서둘러

The hungry eagle is rushing at the little mouse at a great rate of speed.
허기진 독수리가 엄청난 속도로 작은 쥐에게 돌진하고 있다.

gradual [grǽdʒuəl]

a 점진적인, 서서히 일어나는
└ **gradually** **ad.** 서서히
└ **gradualness** **n.** 점진적임, 점진성

a gradual change in the climate 점진적인 기후 변화

You need to go forward to your goal in a gradual process.
당신은 목표를 향해 점진적으로 나아갈 필요가 있다.

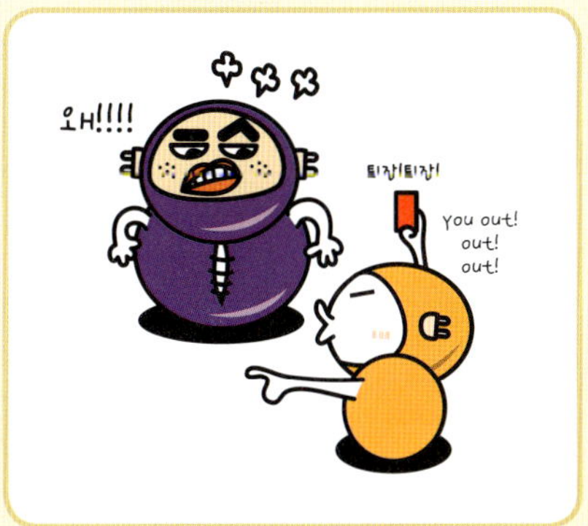

expel [ikspél]

ⓥ 퇴학시키다(from), 추방시키다(banish, exile)
└ **expulsion** n. 퇴학, 추방
└ **expellant** a. 내쫓는 힘이 있는 n. 구충제

be expelled from school 퇴학 당하다
Bora was expelled from the field by referee Wellbong.
보라는 심판 웰봉이에 의해 그라운드에서 퇴장 당했다.

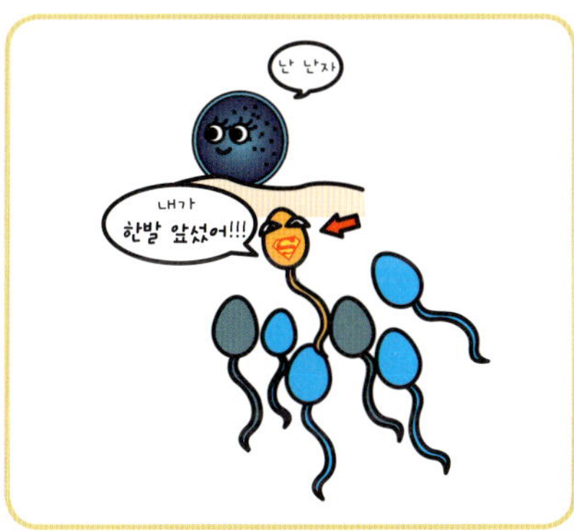

precede [prisíːd]

ⓥ ~에 앞서다[선행하다] ↔ succeed(뒤를 잇다)
└ **precedence** n. 선행(priority), 앞서 감
　　　　　　　　　precedence effect 선행 효과
└ **precedented** a. 전례가 있는 ↔ unprecedented(전례가 없는)
└ **predecessor** n. 전임자

The super sperm preceded all the others in the competition. 슈퍼 정자는 경쟁에 있는 다른 모든 정자들을 앞섰다.

wander [wɑ́ndər]

ⓥ 떠돌아다니다, 방랑하다(roam)
　cf) wonder 궁금하게 여기다 (철자와 의미 혼동에 유의)

Mr.Bong wandered aimlessly around the whole country. 봉삿갓은 전국을 정처 없이 떠돌아다녔다.

뉘앙스 구별 걷다
walk 걷다(가장 일반적)　**step** 걸음을 옮기다　**stride** 성큼성큼 걷다
tramp 터벅터벅 걷다　**shuffle** 발을 질질 끌며 걷다　**march** 행진하다
roam 떠돌아다니다　**stroll** 한가로이 거닐다　**hike** 도보 여행하다
wade (개울 등 깊지 않은 물을) 건너다　**creep** 살금살금 걷다[기다]

approach [əpróutʃ]

v 접근하다(come near to) **n.** 접근(to)
  cf) 전치사 없이 목적어를 바로 쓴다.
    approach Seoul (○) approach to Seoul (×)
└ **approachable** **a.** 접근 가능한

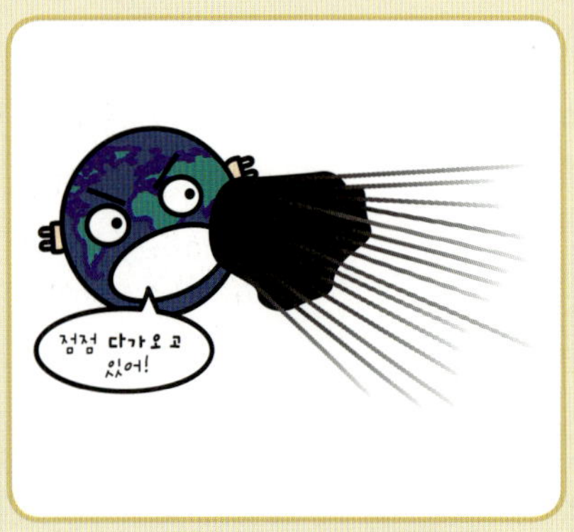

a scientific approach 과학적 접근

A meteorite is approaching the earth at a high speed. 운석이 빠른 속도로 지구에 다가오고 있다.

access [ǽkses]

n 접근, 입장(to)
v 접근하다(approach)
└ **accessible** **a.** 접근하기 쉬운(to) (approachable)
          ↔ inaccessible(접근할 수 없는)

free access is allowed 출입 허용

One man secretly got access to Wellbong.
한 남자가 웰봉이에게 슬쩍 접근했다.

accompany [əkʌ́mpəni]

v 동반하다, 동행하다(go with)

Thread always accompanies the needle.*
실은 항상 바늘을 따라간다.
* A accompany B A가 B를 따라가다(B가 핵심)

Heavy clouds are almost always accompanied by rain.* 먹구름은 거의 항상 비를 동반한다.
* B be accompanied by A B는 A를 등반하다

pursue [pərsúː]

V 뒤쫓다(chase); 추구하다(seek)
└ **pursuer**　n. 추격자
└ **pursuit**　n. 추구, 추격

pursue a career　경력을 쌓다

Shiny Bong left the concert hall, hotly pursued by his fans.
샤이니 봉은 콘서트장을 떠났고 그 뒤를 팬들이 열나게 뒤쫓았다.

trail [tréil]

N 자국, 흔적(trace); 오솔길
V 질질 끌다; 미행하다

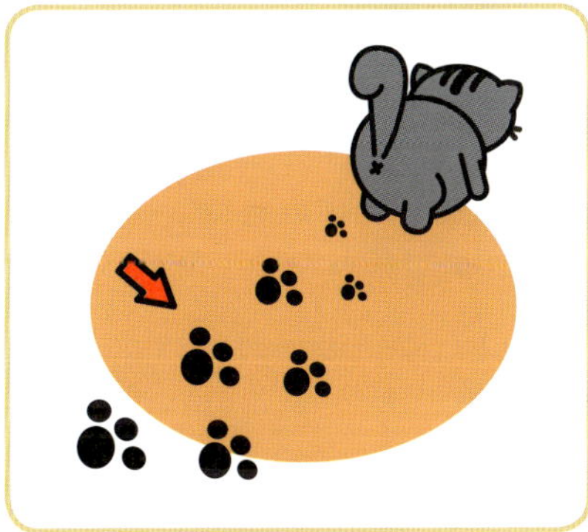

people hiking along a trail　오솔길을 따라 하이킹을 하는 사람들

Nyabong is leaving a trail along the road.
냐봉이는 길을 따라 흔적을 남기고 있다.

voca plus+　접두사 tra-로 시작하는 어휘들
tra-는 질질 바닥을 끄는 느낌을 준다.
tractor 트렉터　**train** 바닥에 끌리는 옷자락　**trace** 추적하다

chase [tʃéis]

V 뒤쫓다, 추격하다
N 추적, 추구(pursuit)

a police officer chasing the thief　도둑을 쫓는 경찰

My dog likes chasing the rooster* for fun.
개는 재미로 수탉 쫓기를 좋아한다.　* rooster 수탉

voca plus+　'추격하다, 뒤쫓다'의 유의어
follow   pursue   run after

portable [pɔ́ːrtəbl]

ⓐ 휴대가 쉬운, 휴대용의(mobile)
↳ **porter** **n.** 짐꾼, 하물 운반인

a light portable computer 가벼운 휴대용 컴퓨터

The Eunhasu tab is very portable.
은하수 탭은 휴대하기가 아주 쉽다.

stable [stéibl]

ⓐ 안정적인(well-balanced); (사람이) 차분한
ⓝ 마구간
↳ **stability** **n.** 안정(감) ↔ in[un]stability(불안정)

in a stable posture 안정된 자세로

A tricycle is stable to ride because it has three wheels. 세 발 자전거는 바퀴가 세 개 있어서 안정적이다.

stuck [stʌ́k]

동사변화 stick–stuck–stuck
ⓐ 갇힌(locked), 꼼짝 못하는

wheels stuck in the mud 진창에 빠져 꼼짝 안 하는 바퀴들

Bora got stuck between the gates.
보라는 개찰구에 끼었다.

tumble [tʌ́mbl]

ⓥ 굴러 떨어지다

↳ **tumbling** **n.** (체조) 텀블링(매트에서 하는 공중제비)

tumble out of the bus 버스로부터 허둥지둥 뛰어 내리다

Nyabong slipped and **tumbled** down the stairs. 냐봉이는 미끄러져서 계단 아래로 굴러 떨어졌다.

뉘앙스 구별

trip 발에 걸려 넘어지다　**stumble** 발부리가 걸려 넘어지다
stagger 휘청거리다

vibrate [váibreit]

ⓥ 진동하다, 떨리다

↳ **vibration** **n.** 진동, 떨림　↳ **vibrational** **a.** 진동하는

the leaves **vibrating** in the breeze
산들바람에 흔들리는 나뭇잎

The cell phone began to **vibrate** softly.
휴대폰이 부드럽게 진동하기 시작했다.

뉘앙스 구별 떨다
tremble 흥분 등으로 몸을 바르르 떨다
shiver 추위 등으로 몸을 몹시 떨다

extend [iksténd]

ⓥ 연장하다(lengthen, elongate), 확장하다(broaden, widen, expand)

↳ **extension** **n.** 연장, 확장
↳ **extended** **a.** 늘어난, 연장된 *extended* family 대가족
↳ **extensive** **a.** 광범위한, 광활한
↳ **extent** **n.** 정도(degree), 범위(scope)
　　　　　　 to some *extent* 어느 정도까지

Pinocchibong's nose is being **extended** by his lying. 피노키봉의 코가 거짓말로 쭉쭉 늘어나고 있다.

transfer [trǽnsfə́ːr]

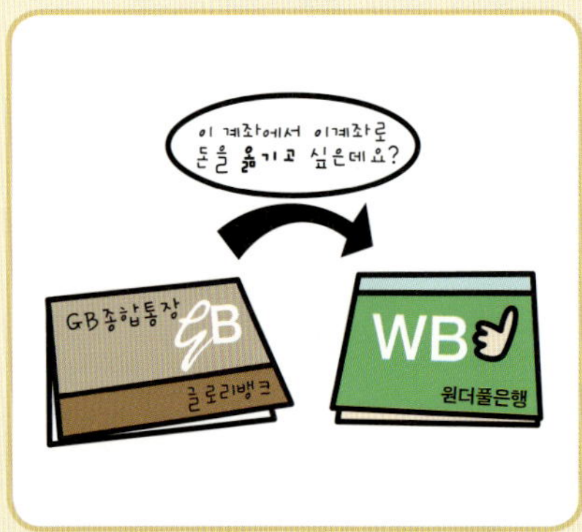

동사변화 transfer–transferred–transferred

Ⓥ (자료 등을) 전송하다(transmit), 이동시키다(carry, shift); 갈아타다; 전근하다, 전학하다　Ⓝ 이동; 전근, 전학
└ **transferable**　a. 이동 가능한

transfer from bus to subway　버스에서 지하철로 갈아타다

How can I transfer money from my bank account to Nyabong's?
내 계좌에서 냐봉이 계좌로 송금은 어떻게 하나요?

repeat [ripíːt]

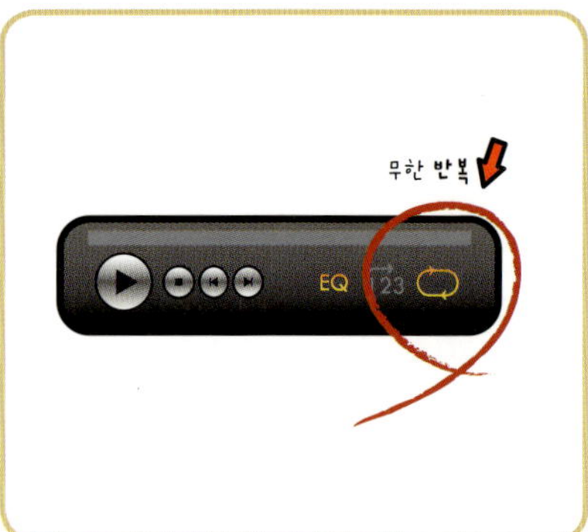

Ⓥ 반복하다, 되풀이하다
└ **repetition**　n. 반복
└ **repetitive**　a. 반복적인

repeat the same mistakes　똑같은 실수를 반복하다

You can repeat the music by pressing this button.　이 버튼을 눌러서 음악을 반복할 수 있다.

surface [sə́ːrfis]

Ⓝ 표면, 외관(face) ↔ back, reverse(이면)
Ⓥ 표면화되다(come to the surface)

on the surface　표면적으로는
a smooth surface　매끄러운 표면

A pond skater* can float on the surface of the water.　소금쟁이는 물 표면을 떠다닐 수 있다.
* pond skater 소금쟁이

Step 1 다음 단어의 뜻을 적으시오.

region	haste
district	rush
situate	gradual
misplace	expel
shade	precede
inner	wander
internal	approach
outer	access
soar	accompany
descend	pursue
scatter	trail
revolve	chase
surround	portable
enclose	stable
margin	stuck
spacious	tumble
remote	vibrate
direction	extend
swift	transfer
abrupt	repeat
simultaneous	surface

Step 2 다음 밑줄 친 단어의 유의어를 고르시오.

1 a desert region
   ① method ② summit ③ area ④ urban ⑤ timber

2 scatter the corn seed
   ① surpass ② spread ③ endure ④ depict ⑤ vanish

3 a more spacious house
   ① narrow ② worthy ③ responsible
   ④ roomy ⑤ innocent

4 wander aimlessly
   ① remove ② exclude ③ roam
   ④ recover ⑤ approach

5 easily portable
   ① static ② motivated ③ grateful ④ plain ⑤ mobile

1 사막 지역
   ① 방법 ② 정상 ③ 지역 ④ 도시 ⑤ 목재

2 옥수수 씨앗을 뿌리다
   ① 능가하다 ② 퍼트리다 ③ 견디다
   ④ 묘사하다 ⑤ 사라지다

3 좀 더 널찍한 집
   ① 좁은 ② 가치 있는 ③ 책임을 지는
   ④ 널찍한 ⑤ 순진한, 무죄의

4 목적 없이 돌아다니다
   ① 제거하다 ② 배제하다 ③ 배회하다
   ④ 회복하다 ⑤ 접근하다

5 쉽게 휴대할 수 있는
   ① 정적인 ② 동기부여를 받은 ③ 감사하는
   ④ 분명한, 솔직한, 보통의, 평범한 ⑤ 움직이기 쉬운

Step 3 다음 빈칸에 들어갈 알맞은 단어를 고르시오.

1 I .... my belongings frequently.
   ① consist ② misplace ③ supply ④ discuss ⑤ assent

2 Compact discs .... at high speed.
   ① evolve ② involve ③ activate ④ revolve ⑤ convert

3 My parents live in the .... country for from the city.
   ① prosperous ② affluent ③ remote
   ④ nearby ⑤ monotonous

4 You had better make .... , or you will be late for class.
   ① shade ② haste ③ snare ④ span ⑤ facility

5 The boy had the boldness to .... the attractive girl.
   ① alienate ② predict ③ demonstrate
   ④ explain ⑤ approach

1 나는 물건을 종종 제자리에 두지 않는 편이다.
   ① ~으로 이루어져 있다 ② 잘못 두다
   ③ 공급하다 ④ 토론하다 ⑤ 동의하다

2 콤팩트디스크가 빠른 속도로 회전한다.
   ① 진화하다 ② 포함시키다 ③ 활성화시키다
   ④ 회전하다 ⑤ 전환시키다

3 나의 부모님은 도시에서 멀리 떨어진 시골에 산다.
   ① 번영하는 ② 풍요로운 ③ 외진, 먼
   ④ 인접한 ⑤ 단조로운

4 서두르는 게 좋아, 그렇지 않으면 수업에 늦을 거야.
   ① 그늘 ② 서두름 ③ 덫, 올가미
   ④ 한 뼘, 짧은 길이 ⑤ 쉬움, 편의, 시설

5 그 소년은 대담하게도 매력적인 소녀에게 접근했다.
   ① 멀리하다 ② 예언하다 ③ 증명하다
   ④ 설명하다 ⑤ 접근하다

Step 4 빈칸에 알맞은 단어를 보기에서 골라 쓰시오.

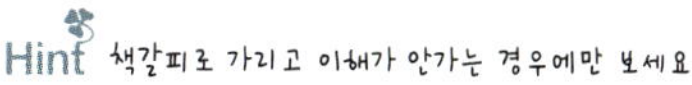

> **보기**　descend　　extend　　simultaneous
> 　　　　enclosed　accompanied

1 My school decided to .... recess from 10 to 20 minutes.

2 Children under six must be .... by an adult for the entrance.

3 There was a(n) .... broadcast of the match on the radio and the television.

4 The prison was .... by high walls.

5 The elevator began to ....

1 우리 학교는 쉬는 시간을 10분에서 20분으로 늘리기로 했다.

2 6세 미만 어린이들은 입장을 위해서 반드시 어른을 동반하여야 한다.

3 그 경기는 라디오와 텔레비전에서 동시 중계되었다.

4 높은 담이 교도소 건물을 에워싸고 있었다.

5 엘리베이터가 내려오기 시작했다.

> **보기**　transfers　swift　　surface
> 　　　　gradual　　internal

6 Apollo 11 is landing on the moon ....

7 Brian .... from bus to subway to get to work.

8 With a .... movement, one aunt took the last seat on the subway.

9 The economy of Korea is showing signs of .... recovery.

10 The political party* was divided by .... conflicts.
 * political party 정당

6 아폴로 11호는 달 표면에 착륙하고 있는 중이다.

7 브라이언은 버스에서 지하철로 환승하여 일하러 간다.

8 재빠른 행동으로 아줌마는 지하철에서 마지막 자리를 차지했다.

9 한국경제가 점진적인 회복 조짐을 보이고 있다.

10 그 정당은 내부 갈등으로 분열되었다.

▶ 정답은 p.354~355에

Time is the scarcest resource and
unless it is managed nothing else can be managed.

Peter Drucker

시간은 가장 희소한 자원이며, 시간을 관리하지 못하면 아무것도 관리할 수 없다.

– 피터 드러커, 미국의 경영학자

Ch.12

시간

Check-up 아는 단어에 ✔ 표시

☐ recent

☐ prompt

☐ immediate

☐ delay

☐ annual

☐ previous

☐ coincidence

☐ pause

☐ recur

☐ punctual

☐ originate

☐ eventually

☐ apt

☐ interval

☐ duration

☐ transient

☐ eternal

☐ constant

☐ permanent

☐ regular

☐ frequent

☐ seldom

☐ second-hand

☐ endurable

recent [ríːsnt]

ⓐ 최근의(latest, up to date)
└ **recently** ad. 최근에(lately)

recent study 최근 연구
in recent years 최근 몇 년 간

These shoes on the display stand came out
recently. 전시중인 이 신발은 최근에 선보였다.

prompt [prámpt]

ⓐ 즉각적인(immediate); 시간을 엄수하는(punctual)
ⓥ 자극하다(stimulate); 재촉하다(urge)
└ **promptly** ad. 지체 없이, 정확히, 제 시간에

prompt action 즉각적인 조처
prompt reply 신속한 답변

Delivery should always be prompt.
배달은 언제나 신속해야 한다.

immediate [imíːdiət]

ⓐ 즉각적인(instant, prompt); 직접적인(direct)
└ **immediately** ad. 즉시, 즉각(at once, without delay);
　　　　　　　　　　　　직접적으로(directly)

an immediate reaction 즉각적인 반응

An instant camera has the advantage of being
able to see an immediate photo on the spot.
즉석카메라는 그 자리에서 바로 사진을 볼 수 있는 이점이 있다.

delay [diléi]

v 미루다, 연기하다(hold up)
n 미룸, 연기, 지연

an unavoidable delay 불가피한 연기

The meal was delayed because the rice was not yet ready. 밥이 아직 덜 되어서 식사가 늦어졌다.

voca plus+ '미루다, 연기하다'의 유의어
postpone   put off   put back   defer   procrastinate   adjourn

annual [ǽnjuəl]

a 매년의, 연간의(yearly)
└ **annually** ad. 일 년에 한 번

annual fee 연회비
annual event 연례행사

It is an annual event for Nyabong to take a bath. 냐봉이가 목욕을 하는 것은 연중행사이다.

previous [príːviəs]

a 이전의, 앞선(prior, preceding, former)
   cf) the former 전자 the latter 후자
└ **previously** ad. 이전에, 앞서

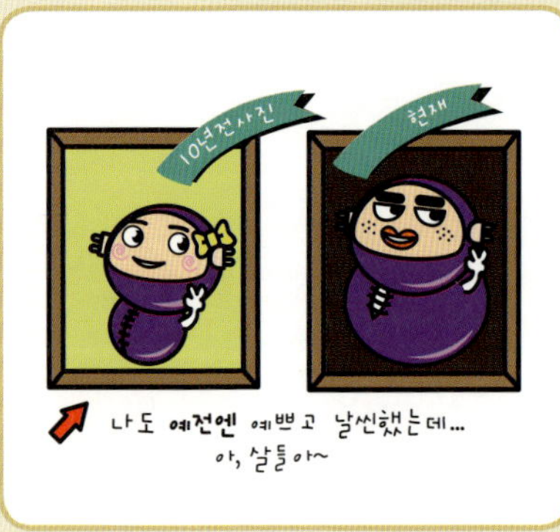

a previous notice 사전 통고
previous year 작년

Nobody will believe the previous picture of Bora. 아무도 보라의 이전 사진을 믿지 않을 것이다.

coincidence [kouínsidəns]

🔵 우연의 일치; 동시 발생(concurrence)
└ **coincide** v. 동시에 일어나다(concur, synchronize)
└ **coincident** a. 동시에 발생하는
└ **coincidental** a. 우연의 일치인

What a coincidence! 이게 무슨 우연이지!

It is a coincidence that Boonhong and Bora are dressed the same clothes.
분홍이와 보라가 같은 옷을 입은 것은 우연의 일치였다.

pause [pɔ́ːz]

🟡 잠시 멈추다, 정지시키다 🔵 (일시적) 멈춤, 중단

press pause button 일시 정지 버튼을 누르다

Nyabong paused for a moment while dancing merrily. 냐봉이는 즐겁게 춤을 추다가 잠시 멈추었다.

voca plus+ 멈추다
stop 정지하다(가장 일반적) **cease** 멈추다 **halt** 정지하다
pause 잠시 멈추다

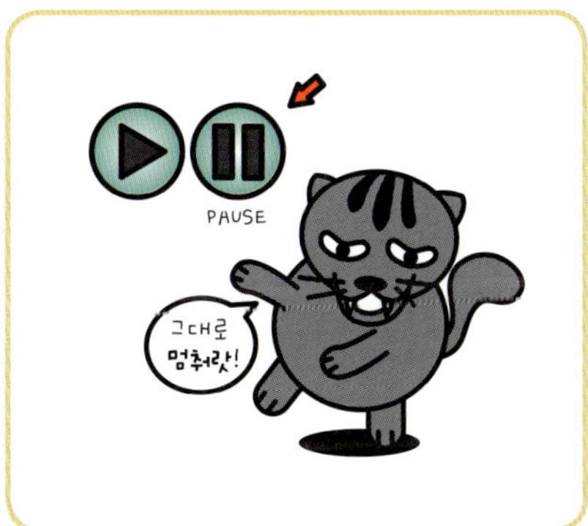

recur [rikə́ːr]

🟡 (사건, 문제 등이) 재발(再發)하다, 다시 일어나다(repeat)
└ **recurrence** n. 되풀이, 반복, 재발
└ **recurrent** a. 되풀이되는, 반복되는, 재발되는

The runaway of Nyabong recurred because Wellbong didn't feed him.
웰봉이가 먹이를 주지 않아서 냐봉이는 또다시 가출했다.

뉘앙스 구별 반복
repeat 반복하다 **alternate** 번갈아 일어나다 **again** 다시 **all over again** 다시 한 번 **once again/one more (time)** 다시 한 번 더

punctual [pʌ́ŋktʃuəl]

a 시간을 엄수하는(on time)

cf) in time 늦지 않고 그 시간 전에 timely 때맞춘(at the right time)

↳ **punctuality** **n.** 시간 엄수; 정확함

a reliable and punctual employee
믿을 수 있고 시간도 엄수하는 직원

Ddungderella tried to be as punctual as possible coming back home.
뚱데렐라는 집에 돌아가기 위해 가능한 시간을 지키려고 애썼다.

originate [ərídʒənèit]

v 유래하다(from, in) (derive from)

↳ **origin** **n.** 기원, 근원; 발단

↳ **original** **a.** 독창적인

↳ **originality** **n.** 독창성

originate in Europe 유럽에서 유래하다

The name 'Wellbong' originates from the concept of well-being.
'웰봉'이라는 이름은 웰빙 컨셉에서 비롯된다.

eventually [ivéntʃuəli]

ad 결국, 끝내, 마침내

↳ **eventual** **a.** 결국의, 궁극적인, 최종적인(ultimate)

↳ **eventful** **a.** 사건이 많은

↳ **event** **n.** 중요한 사건, 행사, 이벤트

Wellbong eventually had to clean the toilets.
웰봉이가 결국 화장실 청소를 해야 했다.

voca plus+ '결국, 궁극적인'의 유의어
finally   eventually   ultimately   after all   at last
in the end   in the long run

apt [ǽpt]

a 적절한(proper); ~하는 경향이 있는(inclined, prone, liable);
~할 것 같은(likely)

⌐ **aptitude** **n.** 소질, 적성

The snack arrived at an apt time.
새참이 적절한 타이밍에 도착했다.

be apt at ~에 재능이 있다 **be apt for** ~에 적합하다
be apt to V ~하기 쉽다

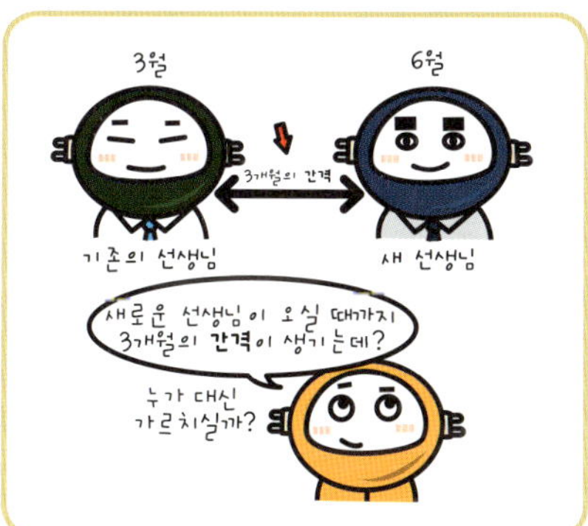

interval [íntərvəl]

n (두 사건 사이의) 간격

at an interval of three years   3년의 간격을 두고
run at an interval of three minutes   3분 간격으로 운행되다

The interval before a new teacher arrives
might be as much as three months.
새 선생님이 오시기 전까지의 간격이 3개월 정도 될 것 같다.

duration [djuréiʃən]

n 지속; 기간(period)

⌐ **durable** **a.** 오래 견디는(lasting, enduring)
⌐ **durability** **n.** 내구성
⌐ **during** **prep.** ~하는 동안
  cf) while 다음에는 절이 오며 during 다음에는 구가 온다

Nyabong is supposed to carry Wellbong's
schoolbag for three months duration.
냐봉이는 3개월 동안 웰봉이의 가방을 들어주어야 한다.

transient [trǽnʃənt]

ⓐ 일시적인(momentary), 순간적인(temporary, not long); 덧없는
└ **transience** n. 덧없음
└ **transiently** ad. 일시적으로

as transient as morning dew   이슬처럼 덧없는

The interruption of internet services nationwide was transient.
전국의 인터넷 서비스 중단은 일시적이었다.

eternal [itə́ːrnl]

ⓐ 영원한
└ **eternity** n. 영원(함)

eternal friendship   영원한 우정에 대해 결의했다.

The rings mean that their love would be eternal.   그 반지는 그들의 사랑이 영원할 것이라는 것을 의미한다.

voca plus+ '영원한'의 유의어
unending   undying   forever   permanent   everlasting
perennial   perpetual

constant [kɑ́nstənt]

ⓐ 끊임없는(continuous), 일정한(stable); 불변의(unchanging)
ⓝ 상수(常數) ↔ variable(변수)
└ **constantly** ad. 끊임없이, 항상
└ **constancy** n. 불변성, 지조 ↔ inconsistency(불일치, 모순)

make constant efforts   끊임없는 노력을 하다

The sunflower keeps a constant look at the sun.   해바라기는 끊임없이 해를 바라본다.

permanent [pə́ːrmənənt]

a 영구적인(eternal, forever)
n 파마(permanent wave)
⤷ **permanently** ad. 영구히, 불변으로
⤷ **permanenc(e)y** n. 영구성, 영원성

permanent tooth 영구치

Wellbong became a permanent member of
Neongddangworld. 웰봉이는 농땡월드의 평생회원이 되었다.

regular [régjulər]

a 정규의(formal), 규칙적인 ↔ irregular(불규칙적인)
⤷ **regularity** n. 규칙성
⤷ **regularly** ad. 정기적으로, 규칙적으로

regular customer 단골손님
on a regular basis 정기적으로

Wellbong subscribes to a magazine on a
regular basis. 그는 잡지를 정기구독한다.

frequent [frí:kwənt]

a 잦은, 빈번한
⤷ **frequently** ad. 자주, 흔히
  cf) often은 부정기적인 빈번함, frequently는 정기적인 반복을 강조함
⤷ **frequency** n. 빈도(incidence), 주파수

more frequent police patrols 더 잦은 경찰의 순찰
Wellbong is a frequent visitor to this
tteokbokki restaurant. 웰봉이는 이 떡볶이 가게의 단골손님이다.

seldom [séldəm]

ad 좀처럼[거의] ~않는

Bora seldom has meals because she is on a diet. 보라는 다이어트 중이기 때문에 좀처럼 먹지 않는다.

Barking dogs seldom bite. 짖는 개는 잘 물지 않는다.

voca plus+ 빈도부사

always 항상, 늘, 언제나 **usually** 대개, 보통 **frequently, often** 빈번하게, 종종 **occasionally** 첨가 **sometimes** 가끔씩, 간혹, 때때로 **never** 전혀 ~않는 **little, barely, scarcely, hardly** 거의 ~않는

second-hand [sékəndhǽnd]

a 간접의(indirect); 중고의

second-hand smoke 간접흡연

Wellbong recommended a second-hand bookstore to his friend.
웰봉이는 친구에게 좋은 중고책방을 추천해 주었다.

voca plus+ 오래된

old 오래된(가장 일반적) **used** 중고의, 사용한 적이 있는 **antique** (가치가 있는) 골동품의 **old-fashioned** 구식의 **outdated** 구식의 **out-of-date** 낡은, 오래된(다른 새로운 것이 나오거나 유효기간이 지나서) **obsolete** 못쓰게 된, 폐기된(새로운 것이 나와서)

endurable [indjúərəbl]

a 참을 수 있는, 견딜 수 있는(bearable)
↳ **endure** v. 견디다, 참다(put up with); 오래가다(last long)
↳ **endurance** n. 인내, 참을성
↳ **endurability** n. 견딜 수 있음, 내구력(durability)

hardly endurable 거의 견딜 수 없는

The battery is so endurable that you can use it for a long time. 이 건전지는 내구성이 강해서 오래 쓸 수 있다.

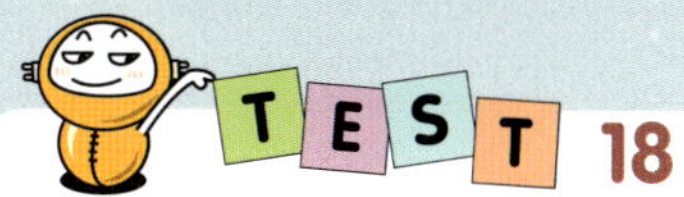

Step 1 다음 영단어의 우리말 뜻을 쓰시오.

recent	apt
prompt	interval
immediate	duration
delay	transient
annual	eternal
previous	constant
coincidence	permanent
pause	regular
recur	frequent
punctual	seldom
originate	second-hand
eventually	endurable

Step 2 다음 밑줄 친 단어의 유의어를 고르시오.

Hint 책갈피로 가리고 이해가 안가는 경우에만 보세요.

1 prompt action
① spacious ② rare ③ previous ④ immediate ⑤ various

2 be delayed due to rain
① decided ② postponed ③ discriminated
④ imitated ⑤ misplaced

3 the previous page
① ashamed ② absolute ③ prior ④ unique ⑤ conscious

4 as transient as the morning dew
① sensible ② impressive ③ contrary
④ similar ⑤ momentary

5 cause permanent damage
① partial ② eternal ③ temporary ④ neutral ⑤ nervous

1 즉각적인 조처
① 넓은 ② 드문, 진기한 ③ 이전의
④ 즉각의 ⑤ 다양한

2 비 때문에 연기되다
① 결정된 ② 연기된 ③ 차별된
④ 모방된 ⑤ 잘못 놓여진

3 이전 페이지
① 부끄러이 여기는 ② 절대적인 ③ 이전의
④ 독특한 ⑤ 의식하는

4 이슬처럼 덧없는
① 현명한, 분별하는 ② 인상적인 ③ 대조의
④ 유사한 ⑤ 순간의, 일시적인

5 영구적인 손상을 일으키다
① 부분적인 ② 영원한 ③ 일시적인
④ 중립적인 ⑤ 긴장한, 초조한

Step 3 다음 빈칸에 들어갈 알맞은 단어를 고르시오.

1 A birthday party is an .... event.
① continual ② daily ③ annual ④ weekly ⑤ frequent

2 If you want to succeed in your life, make the habit of being ....
① tardy ② swift ③ suitable ④ competent ⑤ punctual

3 The subway trains operate at a(n) .... of about three minutes.
① limit ② continuity ③ interval
④ intention ⑤ accessibility

4 The pain was nearly too severe to be ....
① notorious ② endurable ③ escapable
④ endangered ⑤ aware

5 *Wordmate* has gained popularity over .... years and always will.
① repetitive ② momentous ③ recent
④ sensitive ⑤ respective

1 생일파티는 해마다 하는 행사이다.
① 연속의 ② 매일의 ③ 매년의
④ 매주의 ⑤ 빈번한

2 성공하고 싶다면 시간을 지키는 습관을 가져야 한다.
① 느린 ② 신속한 ③ 적합한
④ 경쟁력 있는 ⑤ 시간을 지키는

3 지하철은 약 3분 간격으로 운행된다.
① 한계 ② 연속성 ③ 간격 ④ 의도 ⑤ 접근가능성

4 그 통증은 너무 심해서 거의 참을 수가 없을 정도였다.
① 악명 높은 ② 견딜 수 있는 ③ 달아날 수 있는
④ 위험에 처한 ⑤ 인식하는

5 《워드메이트》는 최근 몇 년간 인기를 얻고 있으며 항상 그럴 것이다.
① 반복적인 ② 중대한 ③ 최근의
④ 민감한 ⑤ 각각의

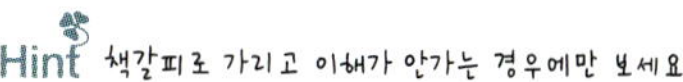

보기	duration	seldom	immediate
	recur	regular	

1 The government called for the .... release of the hostages.*   * hostage 인질

2 There is little chance that the disease may .... after the operation.

3 The building was used as a hospital for the .... of the war.

4 I .... have coffee at night in order to sleep deeply.

5 .... exercise is very important for our health.

1 정부는 인질들의 즉각적인 석방을 요구했다.

2 수술 후에 병이 재발할 가능성은 거의 없다.

3 전쟁 기간 중에 그 건물은 병원으로 쓰였다.

4 저는 숙면을 위해 밤에는 좀처럼 커피를 안 마셔요.

5 규칙적인 운동은 우리의 건강에 매우 중요하다.

보기	pause	coincidence	apt
	eventually	originated	

6 I have frequently run into* her by a curious .... for a month.   * run into 우연히 마주치다

7 If you want to stop the video, just press .... button.

8 Some animals are .... to pretend to be dead when in danger.

9 The practice .... with the Mongolian.

10 The fact that everyone will die .... is undeniable.

6 나는 그녀를 이상한 우연의 일치로 한 달 동안 자주 마주쳤다.

7 비디오를 멈추려 한다면 그냥 일시정지 버튼을 누르세요.

8 어떤 동물들은 위험에 처했을 때 죽은 척하는 경향이 있다.

9 그 풍습은 몽골인에게서 비롯되었다.

10 모든 사람은 결국 죽는다는 것은 부인할 수 없는 사실이다.

▶ 정답은 p.355~356에

Many of life's failures are people who did not realize how
close they were to success when they gave up.

Thomas Edison

인생의 실패 중 대부분은 사람들이 포기하는 시점에
그들이 얼마나 성공에 가까운지 깨닫지 못하기 때문에 생겨난다.

– 토마스 에디슨, 미국의 발명가

부록

어원으로 어휘감각 200% 올리기

단어 안에도 숨은 그림이 있다?

여기서 숨은 그림이란 '접두사, 어근, 접미사'를 의미한다. 어휘를 효과적으로 이해하고 암기하기 위한 또 다른 방법 중의 하나가 바로 이러한 어원을 활용하는 것이다.

예를 들어, '축복(의 기도), 은총'이라는 뜻의 benediction은 다음과 같이 암기하면 효과적이다.

[bene(good) + dic(say) + tion(명사형 접미사) 좋은 것을 말하다]
    접두사   어근   접미사

한자에 부수가 있듯이 영어에서는 접두사와 어근이 부수의 역할을 한다. '접두사·어근 + 접미사'로 구성된 단어의 원리를 이해하게 되면 모르는 단어를 만나게 되더라도 의미를 쉽게 파악할 수 있게 된다.

지금부터 여러분의 어휘 감각을 확실하게 올려줄 단어 속 '숨은 그림'들을 만나보자.

① 접두사

ab-

[away, from, off] 분리되어, 멀리, 떨어져

[ab(=away) + dic(=say) + ate(동사형 접미사) 말하고 떠나다] → **ab**dicate 퇴위하다, 물러나다

[ab(=away) + duct(=lead, draw) 멀리 이끌다] → **ab**duct 유괴하다, 납치하다

> **plus** [분리, 이탈]을 뜻하는 동의 접두어
>
> **1. apo-**
> [apo(=away from) + log(=speech)] → **apo**logy 사과, 사죄
>
> **2. de-**
> [de(=away from) + vi(=way, road) + ate(동사형 접미사) 길에서 벗어나 가다] → **de**viate 이탈하다
>
> **3. dis-**
> [dis(=apart) + sect(=cut) 따로 따로 자르다] → **dis**sect 해부하다, 분석하다
>
> **4. se-**
> [se(=apart) + lect(=choose)] → **se**lect 선택하다, 뽑다

ad-

[to, near] ~로, ~근처에

[ad(=to) + voc(=call) 사람들을 향해 외치다] → **ad**vocate 옹호하다, 지지하다

[ad(=to, near) + jac(=throw) + ent(형용사형 접미사) 가까이 던지다] → **ad**jacent 인접한, 이웃의

an-

[not, without] ~이 아닌, ~이 없이

[an(=not) + ec/ex(=out) + dot(=give) + e(삽입사) 밖으로 알려지지 않은 이야기] → **an**ecdote 일화

[an(=without) + arch(=govern) + y(명사형 접미사) 통치자가 없는 상태] → **an**archy 무정부 상태, 무질서

> **plus** [부정]을 나타내는 동의 접두어
>
> **1. dis-**
> [dis(=not) + sent(=feel) 생각이 따로따로 가다] → **dis**sent 의견의 불일치, 의견을 달리하다

2. in-/im-

[im/in(=not) + mob(=move) + ile(형용사형 접미사) 움직일 수 없는] → **im**mobile 움직이지 않는, 부동의

3. non-

[non(=not) + sens(=feel) ~을 느끼지 않다] → **non**sense 무의미한 말, 허튼 소리

4. un-

[un(=not) + ex(=out) + (s)pect(=look) + able(형용사형 접미사) 밖을 보지 않는] → **un**expectable 기대할 수 없는

circum-

[around, on all sides] ~의 주위에, 모든 면에

[circu(=around) + lat(=carry) + ate(동사형 접미사) ~의 주변으로 나르다] → **circu**late 유포하다, 유통시키다, 배포하다

[circum(=around) + spect(=look) ~의 주변을 찬찬히 보는] → **circum**spect 신중한, 충분히 고려하는

con-

[with, together] ~와 함께, ~을 가지고

[con(=with) + ven(=come) 함께 오다] → **con**vene 소집하다, 모이다

[con(=with) + sens(=feel) + us(삽입사) 마음이 일치하는] → **con**sensus 일치, 합의

> **plus** [합동]을 뜻하는 동의 접두어 syn-, sym-, syl-
>
> [sym(=with) + bio(=life) + sis(명사형 접미사) 함께 사는 것] → **sym**biosis 공생

de-

[down, from, away, off, intensive] 아래로, ~에서 벗어난

[de(=down) + spis/spec(=look) + e(삽입사) ~을 아래로 보다] → **de**spise 경멸하다

[de(=from) + ter/terr(=frighten) 깜짝 놀라게 하여 어떤 것에서 손을 떼게 하다] → **de**ter 제지하다, 저지하다

> **plus** [아래]를 뜻하는 동의 접두어 hypo-, sub-
>
> [hypo(=under, down) + thes(=put) + sis(명사형 접미사) ~아래에 두는 것] → **hypo**thesis 가설, 가정
>
> [sub(=under, down) + miss(=send) + ive(형용사형 접미사) 자신을 밑으로 보내다] → **sub**missive 복종하는, 순종하는

dis-

[apart, away, not] ~로부터 떨어져서, ~이 아닌

[dis(=apart) + patch/ped(=foot) 발을 떨어져서 가게 하다] → **dis**patch 급송하다, 급파하다

[dis(=not) + par(=equal) + ity (명사형 접미사) 동등하지 않다] → **dis**parity 차이, 차등

en-

[in, make, not] ～안에, ～하게 만들다, ～이 아닌

[em/en(=make) + pow/pot(=powerful) + er(삽입사) 두텁게 하다] → **em**power ～할 권한을 부여하다

[en(=not) + m/am(=love) 사랑하지 않는 마음] → **en**mity 적의, 불화, 증오

> **plus** 사역으로 쓰이는 동의 접두어 be-
>
> [be(=make) + witch(=magic)] → **be**witch 마법을 걸다, 매혹하다

ex-

[out] 밖에, 밖으로

[e/ex(=out) + radic(=root) + ate(동사형 접미사) 뿌리째 뽑아내게 하다] → **e**radicate 근절하다, 박멸하다, 일소하다

[ex(=out) + tinct/stinct(=prick) 바늘로 찔러 없어지도록 하다] → **ex**tinct 멸종한

> **plus** [바깥]을 뜻하는 동의 접두어 extra-, exter-, extro-
>
> [extra(=outside) + ordin(=order) + ary(형용사형 접미사)] → **extra**ordinary 이상한, 비범한
> [exter(=outside) + ior(형용사형 접미사)] → **exter**ior 바깥쪽의, 외부의
> [extro(=outward) + vert(=turn) 바깥쪽으로 향하는] → **extro**vert 외향적인 사람

in-

[in, into, on, not] 안에, 안으로, ～위에, ～이 아닌

[in(=in, into) + gred/grad(=go) + ent(명사형 접미사) 어떤 것 속에 들어간 것] → **in**gredient 재료, 성분, 요소

[in(=on, in) + scrib(=write) + e(삽입사) ～위에 쓰다] → **in**scribe 쓰다, 기입하다, 새기다

inter-

[between] ～의 사이에, ～의 중간에

[inter(=between) + ven(=come) ～사이에 가다] → **inter**vene 개입하다, 간섭하다, 중재하다

[inter(=between) + cept(=take) 사이에 잡다, 빼앗다] → **inter**cept 도중에서 빼앗다, 가로채다

mal-

[ill, bad] 나쁜

[mal(=bad) + treat(=draw) 나쁘게 끌어당기다] → **mal**treat 학대하다, 혹사시키다

[mal(=bad) + nutri(=nourishment) + tion(명사형 접미사) 나쁜 영양상태] → **mal**nutrition 영양실조, 영

> **plus** [나쁜]을 뜻하는 동의 접두어 mis-
>
> [mis(=bad) + chance 나쁜 기회] → **mis**chance 불운, 불행

plus mal-의 반의 접두어 bene-, eu-

[bene(=good) + vol(=will, wish) + ence(명사형 접미사) 좋게 바라다] → **bene**volence 자비심, 인정, 선행, 덕행

[eu(=good) + log(=speech) + y(명사형 접미사) 좋게 말하다] → **eu**logy 찬사, 찬양

ob-

[against, in the way] ~에 거슬러, ~에 적대하여, ~에 반항하여

[op/ob(=against) + press(=press) 어떤 것에 거슬려 누르다] → **op**press 압박하다, 억압하다

[ob(=in the way) + struct(=build) ~을 만드는 데 방해하는] → **ob**struct 방해(물), 장애(물)

plus [반대, 저항]을 뜻하는 동의 접두어

1. anti-

[anti(=against) + bio(=life) + tic(형용사형 접미사)] → **anti**biotic 항생물질의, 항생의

2. contra-/counter-

[contra(=against) + dict(=say)] → **contra**dict 반박하다, 모순되다, 상반하다

3. with-

[with(=against) + draw(=draw)] → **with**draw 철회하다, 회수하다

para-

[beside] ~의 곁에, ~이 옆에, ~와 나란히

[para(=beside) + dox(=opinion) 어떤 것을 벗어난 의견] → **para**dox 역설

[para(=beside) + phras(=say) + e(삽입사) 옆으로 말하다] → **para**phrase 바꿔 쓰기, 의역

per-

[through, throughout] ~을 통하여, 온통, 내내

[per(=through) + me/mea(=pass, flow) + ate(동사형 접미사) 여기저기 지나다] → **per**meate 스며들다, 골고루 퍼지다

[per(=throughout) + secut(=follow) 줄곧 따라오다] → **per**secute 박해하다, 성가시게 굴다

pre-

[before] 미리, 좀 더 일찍, 이전에, 앞에, 앞에 있는, 앞으로

[pre(=before) + view(=look) 미리 보다] → **pre**view (영화 등의) 시사, 시연 등을 보다

[pre(=before) + cau(=take care) + tion(명사형 접미사) 미리 주의하다] → **pre**caution 조심, 경계 예방

plus [앞]을 나타내는 pre-의 동의 접두어

1. ante-, ant-

[ante (=before) + ced(=go) + ent(명사형 접미사) 앞서 가다] → **ante**cedent 앞서는; 선례, 이전의 사건, 조상, 선행사

2. fore

[fore(=before) + sight(=see) 미리[앞서] 보다] → **fore**sight 선견지명, 미래에 대한 깊은 생각

plus [뒤, 후]를 나타내는 반의 접두어

1. post [after, behind] ∼의 후에

[post(=after) + pon(=put) + e(삽입사) 뒤에 두다] → **post**pone 연기하다

2. retro [back, backward] ∼의 뒤에, ∼뒤로

[retro(=backward) + gress(=go) + ion(명사형 접미사) 뒤로 가다] → **retro**gression 쇠퇴, 퇴보

3. re-, red-, ren-, r- [back] 뒤

[re(=back) + min/mne(=remind, remember) + sce(동사형 접미사) 거슬러 올라가 기억하다] → **re**minisce 추억에 잠기다, 추억을 이야기하다

pro-

[forward, forth, before] 앞으로, 앞에, 미리 앞서, 먼저

[pro(=forward) + pon(=put) + ent(명사형 접미사) 앞으로 놓다] → **pro**ponent 제안자

[pro(=forward) + fess(=say) 사람들 앞으로 말을 내뱉다] → **pro**fess 공언하다, 주장하다

re-

[back, again] 뒤로, 되돌려, 다시(再(덧말:재))

[re(=back) + com/con(=with) + pens(=pay) + e(삽입사) 어떤 것으로 갚다] → **re**compense 보답하다, 보상하다

[re(=again) + in(=in) + forc(=strong) + e(삽입사) 다시 안을 튼튼하게 하다] → **re**inforce 강화하다, 보강하다

sub-

[under, below] ∼의 밑에, ∼의 아래에, ∼의 하위

[sub(=under) + ordin(=order) + ate(형용사형 접미사) 밑에서 명령을 받다] → **sub**ordinate 하위의, 종속적인; 하위자, 부하

[sub(=under) + sequ(=follow) + ent(형용사형 접미사) 밑에 연결되어 잇달아 일어나다] → **sub**sequent 후속적인, 차후의

plus [아래]를 뜻하는 sub-의 동의 접두어 under-

[under + mine(갱도를 파다, 채굴을 하다)] → undermine ∼의 밑을 파다, 약화시키다

plus [위]를 뜻하는 sub-의 반의 접두어 up-

[up + grad(=go, degree)] → upgrade 제품의 질을 높이다, 진급시키다

super-

[over, above, beyond] ∼을 넘어서, ∼보다 많은, ∼의 위에, 위쪽에, 위에서 아래로, 초과하여

[super(=over) + sed(=sit) + e(삽입사) 위에서 아래로 앉다] → **super**cede 대신하다, 대체하다

[sur/super(=over) + mount(=hill, mountain) 언덕, 산을 넘어서 가다] → **sur**mount (어려움 등을) 극복하다, 올라가 넘다

1. hyper
[hyper(=over) + tens(=stretch)] → **hyper**tension 고혈압

2. over
[over + burden(짐)] → **over**burden 너무 무겁게 짐을 지우다

3. ultra
[ultra(=beyond) + sonic(=sound) 소리를 뛰어 넘은] → **ultra**sonic 초음파의

4. up
[up + root(뿌리)] → **up**root 뿌리를 위로 하다. 뿌리째 뽑다

5. out
[out + grow(자라다)] → **out**grow ~보다 더 커지다

trans-

[across, through, over, beyond] 가로질러, 이쪽에서 저쪽에까지, 건너서

[trans(=over, across) + gress(=go) 넘어서 가다] → **trans**gress (제한, 범위를) 넘어서다, 어기다

[trans(=over) + it(=go) + ion(명사형 접미사) 넘어서 가다] → **trans**ition 과도(기), 변화, 변천, 전이

수 접두사(Numerical Prefixes)

❖ 반(半) 1/2

hem(i)-	**hemi**sphere 반구半球 **hemi**cycle 반원 **hemi**parasite 반기생 생물
sem(i)-	**semi**final 준결승 **semi**colon 세미콜론(;) **semi**classic 준 고전음악
dem(i)-	**demi**-vegetarian 반채식주의자 **demi**god 반신반인(半神半人)
half-	**half**-time 중간휴식 **half**-hearted 성의가 없는 **half**-price 반값

❖ 하나(one)

un(i)-	**uni**que 유일무이한 **uni**form 제복 **uni**fy 하나로 만들다
mon(o)-	**mono**drama 1인극 **mono**logue 독백 **mono**rail 단궤철도
sol-	**sol**o 혼자서 하는, 단독의 **sol**oist 단독 공연자 **sol**itude 고독

❖ 둘(two)

bi-　　**bi**cycle 자전거　**bi**ped 두발동물　**bi**lateral 쌍방의　**bi**monthly 두 달 마다의

di-　　**di**vide 분할하다　**di**lemma 진퇴양난　**di**oxide 이산화물　**di**archy 양두정치

du(o)-　　**du**al 이중의　**duo**tone 2색 그림; 오색의　**duo** 이중창, 이중주

twi-　　**twi**n 쌍둥이　**twi**ce 두 배의　be**twe**en 둘 사이에

❖ 셋(three)

tr(i)-　　**tri**angle 삼각형　**tri**cycle 세발자전거　**tri**color 3색
　　　　trinity 삼위일체　**tri**o 삼중주　**tri**pod 삼각대

❖ 넷(four)

quardo-　　**quad**ruped 네발동물　**quad**ruple 네 배가 되다　**quar**antine 40일

tetra-　　**tetra**gon 사각형　**tetra**logy 4부작　**tetra**pod 사지동물

❖ 다섯(five)

penta-　　**penta**gon 오각형, 미 국방성　**penta**thlon 5종 경기　**penta**gram 별 모양

quin-　　**quin**tuplet 다섯 쌍둥이 중 한 명　**quin**tet 5중주단　**quin**tessence 전형, 정수

❖ 여섯(six)

hexa-　　**hexa**gon 육각형　**hexa**pod 6각류, 곤충류　**hexa**ne 헥산

sexa-　　**sexa**genary 60의　**sex**tuple 6배의　**sex**angle 6각형

❖ 일곱(seven)

hepta-　　**hepta**gon 7각형　**hepta**thlon 7종 경기　**hepta**hedron 7면체

septa-　　**septa**ngle 7각형　**Sept**ember 9월

❖ 여덟(eight)

octa-　　**octa**gon 8각형　**oct**opus 문어　**Oct**ober 10월

❖ 아홉(nine)

nona-　　**nona**gon 9각형　**No**vember 11월　**nona**genarian 90대인 사람

❖ 열(ten)

dec(a)-　　decade 10년　　decagon 10각형　　Decameron 10일의 이야기
dec(i)-　　decimal 10진법의　　decimalize 십진제로 하다　　December 12월

❖ 백(hundred)

cent(i)-　　century 100년, 1세기　　cent 센트(100분의 1달러)　　centipede 지네
hect(o)-　　hectare 헥타르(100아르, 넓이의 단위)　　hectopascal 헥토파스칼(100파스칼, 압력의 단위)

❖ 천(thousand)

kil(o)-　　kilometer 킬로미터(1000미터)　　kilogram 킬로그램(1000그램)　　kilobyte 킬로바이트(1000바이트)
mill(i)-　　millimeter 밀리미터(1000분의 1미터)　　millenium 1000년

❖ 백만(million)

mega-　　megabyte 메가바이트(100만 바이트)　　megacity 인구 1000만 이상의 도시

❖ 10억(billion)

giga-　　gigabyte 기가바이트(10억 바이트)

❖ 10억분의 1(one billion)

nano-　　nanometer 나노미터(10억분의 1미터)

🧕 양, 부피, 거리 등을 나타내는 접두어

❖ 많은(many)

poly-　　polygon 다각형　　polyclinic 종합병원　　policy 정책
mult(i)-　　multicultural 다문화의　　multitude 다수　　multinational 다국적의

❖ 소수(few), 소량(little)

olig(o)-   **oligo**saccaride 올리고당   **oligo**poly 소수 독점
pov-   **pov**erty 가난, 빈곤

❖ 모두, 모든(all)

pan-   **pan**orama 파노라마, 전경(全景)   **pan**tomime 판토마임, 모두 흉내내다
omn(i)-   **omni**bus 모든 것을 나름   **omni**potent 전능   **omni**scient 전지(全知)

❖ 둘 다(both), 둘레의(around)

amb(i), amph(i)-   **amphi**bian 양서류   **amphi**theater 원형극장

❖ 큰(large), 지나친(excessive), 긴(long)

macro-   **macro**economics 거시경제학   **macro**cosm 큰 세상, 대우주

❖ 큰(large)

grand-   **grand**eur 장엄함, 위엄   **grand**iose 거창한
magni-   **magni**fic 장려한, 장엄한   **magni**ficence 장려, 웅장, 장엄   **magni**tude 규모, 중요도, 지진
maj-   **maj**estic 장엄한, 위풍당당한   **maj**esty 장엄함, 폐하   **maj**ority 가장 많은 수
max-   **max**imal 최대한의, 최고조의   **max**imization 극대화
metro-   **metro** 대도시   **metro**polis 주요 도시   **metro**politan 대도시

❖ 아주 작은(so small)

micro-   **micro**be 미생물   **micro**scope 현미경   **micro**scopic 미세한

❖ 작은(small)

mini-   **mini**ature 아주 작은, 소형의   **mini**mal 아주 적은, 최소의   **mini**mize 최소화하다

❖ 먼(far)

tele-   **tele**gram 전보   **tele**pathy 텔레파시   **tele**scope 망원경

② 어근

audi 듣다(hear)

audience 청중　**audi**torium 강당

band 묶다(bind)

bandage 붕대　**bond** 결속, 유대

bat 때리다, 치다(strike)

com**bat** 싸우다, 다투다　com**bat**ant 싸우는; 투사

cap 잡다(take)

capture 사로잡다　**cap**tive 사로잡힌; 포로

cede, ceed, cess 가다(go)

pre**cede** 앞서다, 우선하다　pro**ceed** 나아가다, 계속하다　ac**cess** 접근, 통로

ceive, cept 잡다(take)

de**ceive** 속이다　de**cept**ion 속임수　per**ceive** 인지하다　per**cept**ion 인지, 인식

cern 가려내다(sift)

con**cern** ～에 관계하다, 걱정시키다　dis**cern** 분간하다, 분별하다

cid 떨어지다(fall), 무너지다

ac**cid**ent 뜻밖의 사고, 사건, 우연한 일　in**cid**ent (우발적인) 사건

clud(e) 닫다(close, shut)

conclude 끝내다, 결론짓다   ex**clude** 제외하다, 배제하다

cord 마음(heart)

con**cord** 일치하다   dis**cord** 일치하지 않다

duct 이끌다(lead)

ab**duct** 유괴하다   pro**duce** 생산하다

equal 같은(same)

equality 동등, 대등   **equa**tor 적도

fare 가다(go)

wel**fare** 복지, 행복, 번영   **fare**well 안녕! 작별(인사)

fect 만들다(make), 하다(do)

af**fect** 영향을 미치다, ~인 체 하다   e**ffect** 효과, 결과

fer 나르다(carry)

ferry 나룻배, 나루터   di**ffer** (의견 등이) 다르다

gen 태어나다(birth), 발생하다(origin)

generate 발생시키다, 일으키다   **gen**der 성(性)

grad(e) 단계(step)

gradual 점진적인, 점차적인   up**grade** 승격시키다

it 가다(go)

ex**it** 출구   trans**it**ion 변천, 변화

manu 손(hand)

manual 손의, 손으로 만든   **manu**script 원고

medi 가운데, 중간(middle)

medium 매개체, 중간의   **Medi**terranean 지중해

migr 이동하다(move)

e**migr**ate (외국으로) 이주하다, 이민하다   im**migr**ate (외국으로부터) 이주해 오다

mit 보내다(send)

sub**mit** 복종하다   **mi**ssile 미사일

mov 움직이다(move)

re**mo**te 먼, 멀리 떨어진   **mo**tivate 동기를 주다

pass 걸음(step)

passenger 승객, 여객   **pass**age 통과, 경과; (문장의) 한 단락

pel 몰다(drive)

ex**pel** 내쫓다, 추방하다   pro**pel** 추진하다, 앞으로 나아가게 하다

ple 채우다(fill)

com**ple**ment 보충하다; 보충물   re**ple**nish 다시 채우다

plic 겹치다(fold)

com**plic**ate 복잡하게 하다   com**plic**ated 복잡한

pos 놓다(put)

de**pos**it 맡기다, 예금하다; 예금, 보증금   im**pos**e (의무, 벌, 세금 등을) 부과하다

press 누르다(press)

com**press** 압축하다　de**press** 우울하게 하다

quir, quer 묻다(ask), 구하다(seek)

in**quir**e 묻다, 조사하다　re**quir**e 요구하다

rect 곧은, 올바른(straight)

di**rect** 직접적인; 지시하다, 감독하다　e**rect** 똑바로 세우다; 똑바로 선, 직립한

rupt 깨다(break)

dis**rupt** 붕괴시키다, 분열시키다　e**rupt** 분출하다, 폭발하다

scend 올라가다, 오르다(climb)

a**scend** 상승하다　tran**scend** 초월하다

scribe 쓰다(write)

de**scribe** 묘사하다　sub**scribe** 서명하다, 구독하다, 기부하다

sed, sid, sit 앉다(sit)

sedentary 앉아서 하는　**sed**iment 침전물

sent 느끼다(feel)

as**sent** 동의하다, 찬성하다　dis**sent** 의견을 달리하다

sequ 뒤따르다(follow)

con**sequ**ence 결과, 영향, 중요성　sub**sequ**ent 그 뒤의, 후의

sert, cert 결합하다(join)

de**sert** (약속, 사람 등을) 버리다　in**sert** 삽입하다, 끼워 넣다

serve 지키다, 간직하다(keep)

ob**serve** 관찰하다, (규칙 등을) 준수하다   pre**serve** 보호하다, 보존하다

sign 표시하다(mark)

as**sign** 할당하다   re**sign** 사임하다, 사직하다

sist 서다(stand)

as**sist** 돕다, 거들다   re**sist** 저항하다, 반항하다

sol 시간(time)

con**sol**e 달래주다, 위로하다   de**sol**ate 황량한, 황폐한

solv(e) 풀다, 느슨하게 하다(loosen)

ab**solve** (죄, 책임 등을) 면제하다, 용서하다   dis**solve** 녹이다, 해소하다

spect 보다(look)

a**spect** 외관, 면, 양상   re**spect** 존경하다

spirit 호흡하다(breathe)

in**spir**e 영감을 주다   a**spir**e 열망하다

sta, sti 서다(stand)

statue 상, 조각상   **sta**tus 지위, 신분, 사정, 사태

strain 팽팽히 당기다(draw tightly)

strain 꽉 죄다, 팽팽히 당기다   con**strain** 강요하다, 속박하다

strict 팽팽히 잡아당기다(draw tightly)

con**strict** 압축하다, 단단히 죄다   di**strict** 지구, 지역, 선거구

struct 세우다, 건축하다(build)

con**struct** 건설하다, 세우다   de**struct** 파괴하다   **struc**ture 건물, 구조

sult 뛰어오르다(leap)

as**sault** 해치려고 뛰어들다   in**sult** 모욕(하다)

sum 취하다(take)

con**sum**e 다 써버리다   pre**sum**e 가정하다, 추정하다

sure 확실한

as**sure** 보증하다, 확실하게 하다   en**sure** 안전하게 하다

surg 솟아나다(spring up)

surge 파도처럼 밀려오다   **s**ource 원천, 근원, (소문 등의) 출처

tach 붙이다(stick)

at**tach** 첨부하다   de**tach** 분리

tain 잡다(hold)

re**tain** 보유하다, 유지하다   con**tain** 포함하다, 담다, 억제하다

tempo 시간(time)

con**tempo**rary 동시대의, 당대의, 현대의   **tempo**ral 현세적인, 속세의

tempt 시도하다, 애쓰다(try)

at**tempt** 시도하다   con**tempt** 경멸, 멸시

tend 뻗다(stretch)

ex**tend** 늘리다, 넓히다   **tend** ~하는 경향이 있다

test 증인; 증언하다(witness), 목격하다

con**test** 경쟁하다   at**test** 증명하다

tort 비틀다, 뒤틀다(twist)

ex**tort** 강요하다, (돈 등을) 빼앗다   re**tort** 반박하다, 말대꾸하다

tract 끌다(draw)

ex**tract** 추출하다   dis**tract** (주의 등을) 딴 곳으로 돌리다

treat 끌다, 끌어내다(draw)

en**treat** 간청하다, 탄원하다   re**treat** 후퇴하다, 물러나다

tribut 주다(give), 할당하다(allot)

tribute 공물   con**tribut**e 공헌하다, 기여하다

trude 밀다, 떠밀다(thrust)

ex**trude** 밀어내다, 쫓아내다   in**trude** 억지로 밀고 들어가다, 강요하다

trust 신뢰, 신용; 신뢰하다, 맡기다

trustworthy 신용할 수 있는   en**trust** (사람에게 물건, 돈 등을) 맡기다, 위탁하다

und 물결치다(wave)

abo**und** 풍부하다   in**und**ate 범람하다

vad 가다(go)

per**vad**e (영향, 세력 등이) 퍼지다, 보급되다   e**vad**e (교묘하게) 피하다, 모면하다

value 가치를 평가하다(appraise)

valuate 평가하다, 감정하다   de**valu**ate 평가절하하다, 가치를 감하다

ven(t) 오다(come)

pre**vent** 방해하다, 막다   **event** (중요한)사건, 일어난 일

ver(t) 돌다(turn)

con**vert** 변화시키다, 개조시키다; 개종자   re**ver**se 반대(의), 역(의), 뒷면(의)

vey 길(way)

via ~을 경유하여   voyage 항해(하다)

vis 보다(see)

ad**vis**e 충고하다   de**vis**e 고안하다, 계획하다

voc 부르다, 소리치다(call)

vocation 천직   a**voc**ation 부업

void 텅 빈(empty)

a**void** 피하다, 회피하다   de**void** ~이 결여된

volv 돌다(turn)

re**volv**e 회전하다[시키다]   re**vol**t 반란, 반항; 반란을 일으키다

③ 접미사

어근이나 단어의 꼬리에 붙은 부분을 '접미사'라고 한다. 접미사는 단어의 문법적 기능과 품사를 결정하는 역할을 한다. 품사를 파생시키는 대표 접미사를 정리하였으니 학습하여 숙지하기 바란다.

(1) 동사형 접미사

-ate ～하게 하다(make), ～이 되다(become), ～하다(do)

[motive(동기) + ate] → **motivate** 동기를 주다
[alien(외계인) + ate] → **alienate** 멀어지게 하다, 이간시키다

-e ～(되게)하다, 시키다, 만들다

[breath(호흡) + e] → **breathe** 호흡하다
[bath(목욕) + e] → **bathe** 목욕하다

-en ～으로 만들다, ～이 되게 하다(make)

[threat(위협) + en] → **threaten** 위협하다
[height(높이) + en] → **heighten** 높게 하다

> **plus** 접두어 en- 도 '～이 되게 하다'란 뜻의 동사를 만든다.
> [en + courage(용기)] → **encourage** 용기를 주다, 격려하다

-fy, -ify ～하게 하다(make), ～화하다(become)

[just(정당한) + ify] → **justify** 정당화하다
[simple(단순한) + ify] → **simplify** 단순화하다

-ize ～하게 하다(make), ～화하다

[civil(문명의) + ize] → **civilize** 문명화하다
[local(지방의) + ize] → **localize** 지역화하다, 현지화하다

(2) 명사형 접미사

-acy, -cy 성질, 상태, 동작

[advocate(지지하다) + acy] → advoca**cy** 옹호, 지지
[private(사적인) + acy] → priva**cy** 사생활, 비밀

-ade 행위, 결과, 집합

[par(준비하다, 가지런하게 하다) + ade] → par**ade** 퍼레이드, 관병식
[block(봉쇄하다) + ade] → block**ade** 봉쇄

-age 상태, 행위, 동작, 장소

[marry(결혼하다) + age] → marri**age** 결혼
[store(저장하다) + age] → stor**age** 저장고, 창고

-al 행위

[festive(축제의) + al] → festiv**al** 축제
[memorize(기념하다) + al] → memori**al** 기념비

-ance, -ence, -ancy, -ency 상태, 성질, 동작

[accept(수락하다) + ance] → accept**ance** 승인, 수락
[exist(존재하다) + ence] → exist**ence** 존재
[discrepant(어긋나는) + ancy] → discrep**ancy** 불일치
[complacent(자기만족적인) + ency] → complac**ency** 안주

-ary, -ery, ory 상태, 성질, 장소

[bound(경계) + ary] → bound**ary** 경계
[drudge(고역을 치르다) + ery] → drudg**ery** 힘들고 따분한 일
[dorm(자다) + ory] → dormit**ory** 기숙사

-dom 상태, 성질, 장소

[bore(지루하게 하다) + dom] → bore**dom** 권태 지루함
[king(왕) + dom] → king**dom** 왕국

-ess 여성

[lion(사자) + ess] → **lioness** 암사자
[act(배우) + ess] → **actress** 여배우

-hood 신분, 성질, 상태, 단체

[child(아이) + hood] → child**hood** 유년기
[likely(있을법한) + hood] → likeli**hood** 공산, 가능성

-ice 성질, 상태

[coward(겁 많은) + ice] → coward**ice** 겁, 비겁
[mal(나쁜) + ice] → mal**ice** 악의

-ics 학문, 예술, 과학

[acoust(듣다) + ics] → acoust**ics** 음향학
[aero(공중, 공기) + naut(항해) + ics] → aeronaut**ics** 항공학(술)

-ism 신념, 조건, 상태, 동작

[plagiarize(표절하다) + ism] → plagiar**ism** 표절
[race(인종) + ism] → rac**ism** 인종주의

-ity, -ty 상태, 동작, 성질

[regular(규칙적인) + ity] → regular**ity** 규칙성, 질서, 조화
[safe(안전한) + ty] → safe**ty** 안전성

-ment 상태, 성질, 동작

[employ(고용하다) + ment] → employ**ment** 고용
[align(일렬로 하다) + ment] → align**ment** 일렬정돈

-ness 상태, 성질

[forgive(용서하다) + ness] → forgive**ness** 용서
[shameless(부끄럼을 모르는) + ness] → shameless**ness** 부끄럼을 모름

-oid 유사, 사물

[astr(별) + oid] → aster**oid** 소행성
[anthrop(인간) + oid] → anthrop**oid** 유인원

-ology 과학, 연구

[crimin(범죄) + ology] → crimin**ology** 범죄학
[the(신, god) + ology] → the**ology** 신학

-ry, -ery 상태, 성질, 동작

[slave(노예) + ry] → slav**ery** 노예상태
[brave(용감한) + ry] → brav**ery** 용감함

-ship 성질, 상태, 기술

[craftsman(공예가) + ship] → craftsman**ship** 장인의 솜씨, 기능
[dictator(독재가) + ship] → dictator**ship** 독재정치, 독재국가

-sion 상태, 동작, 결과

[suspend(매달다) + sion] → suspen**sion** 정지, 연기, 보류
[conclude(결론짓다) + sion] → conclu**sion** 결론

-sis 상태, 성질, 동작

[gener(낳다) + sis] → gene**sis** 시작, 발생, 기원
[photo(빛) + syn(함께) + the + sis] → photosynthe**sis** 광합성

-th 동작, 상태

[wide(넓은) + th] → wid**th** 너비
[long(긴) + th] → leng**th** 길이

-tion, -ion 상태, 동작, 결과

[communicate(의사소통하다) + ation] → communica**tion** 의사소통
[deflate(수축시키다) + ation] → defla**tion** 수축

-tude 상태, 성질, 동작

[fort(강한) + tude] → for**tude** 용기
[multi(많은) + tude] → multi**tude** 군중, 일반대중

-ure 상태, 성질, 동작, 결과

[post(기둥) + ure] → post**ure** 자세
[rupt(깨지다) + ure] → rupt**ure** 파열, 불화, 결렬, 단절

❖ 지소사 (작은 것을 가리키는 말)

-(l)et, -ette	leaf**let** 작은 잎, (광고용) 전단 stream**let** 실개천
-ling	duck**ling** 새끼오리 sap**ling** 어린 나무, 젊은

❖ 행위자

-ant, -ent	assist**ant** 보조자 resid**ent** 거주자
-ar	begg**ar** 거지 li**ar** 거짓말쟁이
-ary	secret**ary** 비서 advers**ary** 적
-(c)ian	logi**cian** 논리학자, 논법가 techni**cian** 기술자
-ee	refug**ee** 피난민 employ**ee** 종업원
-er	retain**er** 보유자 employ**er** 고용주
-ist	geolog**ist** 지질학자 optim**ist** 낙관주의자
-(i)ve	representat**ive** 대표자 execut**ive** 이사, 중역
-or	instruct**or** 강사 invent**or** 발명자

(3) 부사형 접미사

-ly ～하게, ～롭게, ～스럽게

[fluent(유창한) + ly] → fluent**ly** 유창하게
[finance(아름다운) + ly] → financial**ly** 재정적으로

-ward 〜쪽으로

[east(동쪽) + ward] → east**ward** 동쪽으로
[west(서쪽) + ward] → west**ward** 서쪽으로
[south(남쪽) + ward] → south**ward** 남쪽으로
[north(북쪽) + ward] → north**ward** 북쪽으로
[up(위쪽) + ward] → up**ward** 위쪽으로
[down(아래쪽) + ward] → down**ward** 아래쪽으로
[in(안) + ward] → in**ward** 안쪽으로
[out(밖) + ward] → down**ward** 바깥쪽으로

-way(s), -wise 〜방법으로, 〜방향으로

[all(모든) + ways] → al**ways** 항상
[any(어떤) + way] → any**way** 어쨌든
[other(다른) + wise] → other**wise** 그렇지 않으면, 그렇지 않았다면

> **plus** -ly로 끝나는 형용사의 부사는 in the ~ way[method, fashion] 등으로 표현한다.
>
> lovely 사랑스러운   in a lovely way 사랑스럽게

(4) 형용사형 접미사

-able, -ible, ile 〜할 수 있는, 하기 쉬운, 〜할 만한

[accept(받아들이다) + able] → accept**able** 받아들일 수 있는
[rely(의지하다) + able] → rel**iable** 믿을 수 있는
[doc(이끌다) + ile] → doc**ile** 유순한, 고분고분한

-al 〜의, 〜적인, 〜와 관련이 있는

[spirit(정신) + al] → spiritu**al** 정신적인
[option(선택) + al] → option**al** 선택적인

-ary, -ory, -ar 〜의, 〜한, 〜의 성질이 있는

[family(가족) + ar] → famil**ar** 친근한
[supplement(보충) + ary] → supplement**ary** 보충의

-ate, -ite ~의 특징이 있는, ~적인, ~이 가득 찬

[fortune(행운) + ate] → fortun**ate** 운이 좋은
[proportion(비율) + ate] → proportion**ate** 비례하는

-ed ~한, ~된, ~을 당한

[relax(느긋하게 하다) + ed] → relax**ed** 느긋한, 여유 있는
[terminate(종결시키다) + ed] → terminat**ed** 종결된

-ern ~방향의

[east(동쪽) + ern] → east**ern** 동쪽의
[west(서쪽) + ern] → west**ern** 서쪽의
[south(남쪽) + ern] → south**ern** 남쪽의
[north(북쪽) + ern] → north**ern** 북쪽의

-ful ~이 가득한, ~이 많은

[hope(희망) + ful] → hope**ful** 희망에 찬
[joy(기쁨) + ful] → joy**ful** 기쁜

-ic, -cal, -ical ~의, ~적인, ~와 같은

[type(유형) + ical] → typi**cal** 전형적인
[enthusiasm(열정) + ic] → enthusiast**ic** 열정적인

-id ~와 같은, ~와 관계가 있는

[viv(살아있는) + id] → viv**id** 생생한, 활발한, 선명한
[hum(습한, 땅) + id] → hum**id** 습한

-ish ~의 성격을 가진, ~의, 좀 ~한

[child(어린아이) + ish] → child**ish** 유치한
[fool(바보) + ish] → fool**ish** 어리석은

> **plus** -ish는 '국가의, 국가사람의'란 뜻의 형용사도 만든다.
>
> Dan**ish** 덴마크의, 덴마크 사람의   Swed**ish** 스웨덴의, 스웨덴 사람의

-ive   ～하게 하는, ～하는 경향의, ～한 성질을 가진

[attract(끌다) + ive] → **attractive** 매력적인
[sense(감각) + ive] → **sensitive** 민감한

-less   ～이 없는, ～하지 않은

[end(끝내다) + less] → **endless** 끝없는
[value(가치) + less] → **valueless** 가치 없는

-like   ～와 같은, ～와 비슷한

[maze(미로) + like] → **maze-like** 미로 같은
[shell(껍질) + like] → **shell-like** 껍질모양의

-ly   ～다운, ～같은, ～마다

[love(사랑) + ly] → **lovely** 사랑스러운
[scholar(학자) + ly] → **scholarly** 학자다운

> **plus**
>
> 명사 + ly → 형용사: friend(친구) + ly → friendly 다정다감한, 친구 같은
> 형용사 + ly → 부사: kind(친절한) + ly → kindly 친절하게

-ous   ～이 충만한, ～성질을 가진

[flavor(맛, 풍미) + ous] → **flavorous** 풍미 있는, 맛있는
[venture(모험) + ous] → **venturous** 모험을 좋아하는, 무모한, 대담한

-some   ～의 성질이 있는

[fear(두려움) + some] → **fearsome** 무서운
[quarrel(말다툼) + some] → **quarrelsome** 걸핏하면 싸우려 드는

-y   ～이 가득한, ～의 속성이 있는

[rain(비) + y] → **rainy** 비오는
[storm(폭풍) + y] → **stormy** 폭풍이 치는

❖ 하이픈(hyphen)으로 연결된 접미사

-free　～에서 풀려난, ～을 면한, ～이 없는

stress-**free** 스트레스 없는　fat-**free** 무지방의

-stricken　～에 시달리는, ～을 겪는, ～을 입은

poverty-**stricken** 가난에 시달리는　flood-**stricken** 수해를 입은

-friendly　～친화적인, ～이 사용하기 편리한

eco-**friendly** 환경 친화적인　user-**friendly** 사용자가 사용하기 편리한

-related　～와 관련된

computer-**related** 컴퓨터와 관련된　murder-**related** 범죄와 관련된

-ridden　～로 가득찬

debt-**ridden** 빚에 허덕이는　drought-**ridden** 가뭄에 시달리는

-spoken　말솜씨가 ～한

soft-**spoken** 목소리가 부드러운　well-**spoken** 말을 잘 하는

-specific　～에 한정된, ～에 국한된

non-**specific** 불특정의, 일반적인　application-**specific** 특수 용도의

-most　～에서 가장 멀리 떨어져 있는

in-**most** 가장 안쪽의　out-**most** 가장 바깥쪽의

ANSWERS

챕터별 어휘 학습 후에 나오는 테스트들의 정답이 정리되어 있습니다.
절취선을 잘라 사용하시면 휴대와 정답 채점이 더욱 편리합니다.

Test 1 정답　　p. 31~33

Step 1

produce
생산하다; 농산물

manufacture
제조하다; 제조(업)

devise
고안하다, 궁리하다

invent
발명하다, (이야기 등을) 꾸며내다

by-product
부산물

consume
소비하다, 소모하다

supply
공급하다; 공급(량), 보급품

provide
제공하다, 공급하다

distribute
분배하다

share
나누어주다, 공유하다; 몫, 할당

possess
소유하다, 소지하다

economical
경제적인, 절약하는

equipped
장비를 갖춘

commodity
상품, 물품, 일용품

grocery
식료품, 잡화

bargain
정상가보다 싸게 사는 물건, 흥정; 흥정하다

transaction
거래, 매매, 업무처리

launch
시작하다, 출시하다, 진수시키다, 발사하다; 출시, 개시, 발사

monopoly
독점(권)

export
수출하다; 수출

import
수입하다; 수입

purchase
구입, 구매; 구입하다, 구매하다

original
원본의, 독창적인, 원래의, 최초의; 원문

frugal
절약하는, 알뜰한

extravagant
낭비하는, 사치스러운

valid
유효한, 근거 있는

expiration
만료, 만기, 종결

stall
매점, 가판대, 마구간; 갑자기 멈추다, 지연시키다

merchant
상인, 무역상; 상인의, 무역의

customer
손님, 고객

patron
후원자, 고객, 단골

browse
둘러보다, 대강 읽다

install
설치하다, 취임시키다

advertise
광고하다, 선전하다

promote
홍보하다, 판촉하다, 승진시키다

guarantee
보장하다, 보증하다, 확실하게 하다; 보증, 보증서, 담보(물)

currency
통화, 유통

earn
벌다, 일하여 얻다

unexpected
예기치 않은

expense
비용, 비용이 드는 일

profit
이익, 이윤; 이익을 얻다

surplus
과잉, 잉여, 여분, 흑자; 과잉의, 잉여의

Step 2 **1.** 3 **2.** 4 **3.** 5 **4.** 2 **5.** 5
Step 3 **1.** 4 **2.** 3 **3.** 2 **4.** 2 **5.** 4
Step 4 **1.** surplus **2.** transactions
　　　　　3. commodities **4.** import
　　　　　5. profit **6.** currency
　　　　　7. equipped **8.** guarantee
　　　　　9. expense **10.** advertise

Test 2 정답　　　　　　　p. 47~49

Step 1

affluent
풍요한, 부유한

prosperity
번영, 번성, 번창

destitute
극빈한, 궁핍한, ~이 없는

financial
금융의, 재정의, 화폐의

asset
자산, 재산

budget
예산, 비용; 예산을 세우다

invest
투자하다

seek
시도하다, 추구하다, 찾다

obtain
획득하다, 입수하다

owe
빚지다, 신세 지다

debt
빚, 부채, 은혜를 입음

bankrupt
파산한, 지불 불능의

compel
강요하다

ascertain
확인하다, 알아내다

deposit
착수금, 보증금, 예금, 예치금; 내려놓다, 맡기다, 예금하다

withdraw
(예금을) 인출하다, (약속 등을) 취소하다, (군대 등이) 철수하다

insert
삽입하다

insurance
보험(료)

mechanize
기계화하다

operate
작동하다, 작용하다, 수술하다

construct
건설하다

exploit
~을 이용하다, 개발하다, 착취하다

agriculture
농업, 농경

peasant
소작농

livestock
가축

orchard
과수원

ripe1
익은, 숙성한, (때가) 무르익은

barren
척박한, 열매가 안 열리는, 불임인

acquire
획득하다, 습득하다

employ
고용하다, 이용하다

commute
통근하다

briefcase
서류 가방

document
서류, 문서; 기록하다

firm
상회, 회사; 단단한, 견고한

enterprise
기업, 회사

comprehensive
포괄적인, 종합적인, 이해력이 있는

Step 2 **1.** 2 **2.** 5 **3.** 3 **4.** 2 **5.** 5
Step 3 **1.** 3 **2.** 5 **3.** 1 **4.** 3 **5.** 5
Step 4 **1.** comprehensive **2.** acquired
3. employed **4.** operating
5. mechanized **6.** insurance
7. bankrupt **8.** barren
9. debt **10.** Agriculture

Step 1

establish
설립하다, 수립하다

opposition
반대, 상대방, 야당

merge
합병하다

expert
전문가, 숙련된

colleague
(직장)동료

benefit
혜택, 이득; 이득을 보다

incentive
장려책, 장려금, 동기부여; 격려하는, 장려하는

proficient
능숙한

utilize
활용하다, 이용하다

apparatus
도구, 기구, 장치

labor
노동, 노동하다

develop
발달하다, 발달시키다, 개발하다, (사진을) 현상하다

classify
분류하다

method
방법, 방식

perform
수행하다, 이행하다, 공연하다, 연주하다, 연기하다

execute
실행하다, 수행하다, 처형시키다

competence
능숙함, 역량

apply
적용하다, 응용하다, 신청하다, 지원하다

instrument
기구, 도구, 수단

store
저장하다; 저장, 가게, 상점

automatic
자동의

cultivate
경작하다, 재배하다, 함양하다, 연마하다

versatile
다재다능한, 다용도의, 다목적의

vain
헛된, 소용없는, 허영심이 많은

cooperate
협력하다, 협동하다

harvest
수확, 추수, 수확물; 수확하다, 거둬들이다

yield
산출하다, 생산하다, 양보하다, 항복하다; 수확(량)

staple
주요한; 주요 산물

electric
전기의

monotonous
단조로운, 변함없는

weave
(옷감, 바구니 등을) 짜다, 엮다

receive
받다, 수령하다

raw
익히지 않은, 날것의, 가공되지 않은

craze
대유행, 열풍, 열광; 열광시키다

factor
요인, 인자

fragile
부서지기 쉬운, 허약한

Step 2　**1.** 3　**2.** 4　**3.** 3　**4.** 5　**5.** 4
Step 3　**1.** 3　**2.** 3　**3.** 2　**4.** 5　**5.** 4
Step 4　**1.** fragile　**2.** received

3. versatile　**4.** executed
5. classify　**6.** proficient
7. instrument　**8.** electric
9. raw　**10.** utilize

Test 4 정답　　p. 77~79

Step 1

pavement
인도, 보도, 포장도로

vehicle
차량, 탈 것, 수단, 방법

transportation
운송, 수송

thrust
밀다, 밀치다

navigate
길을 찾다, 항해하다

sight
시각, 시력, 시야, 시계

passenger
승객

congestion
혼잡, (눈의) 충혈

toll
사용료, 통행료, 사상자 수

allow
허락하다, 용납하다

proceed
진행하다

overtake
추월하다, 앞지르다

barrier
장벽, 장애물

collide
충돌하다, 부딪치다

overload
과적하다

aboard
탑승한, 승선한

depart
떠나다, 죽다

correspondent
기자, 통신원, 특파원, 편지를 쓰는 사람

paddle
노; 노를 젓다

anchor
닻; 닻을 내리다, 정박하다

correspondence
서신, 편지, 일치, 상응

interact
상호 작용하다

transmit
전송하다, 송신하다, 전달하다

satellite
위성

Step 2 **1.** 5 **2.** 4 **3.** 5 **4.** 2 **5.** 3
Step 3 **1.** 3 **2.** 3 **3.** 2 **4.** 5 **5.** 5
Step 4 **1.** satellite **2.** interact **3.** depart
4. floating **5.** Passengers
6. transportation **7.** pavement
8. aboard **9.** paddling
10. overtake

Test 5 정답 p. 97~99

Step 1

humanity
인류, 인간성, 인간애

create
창조하다

prehistoric
선사 시대의

ethnic
민족의, 종족의, 인종의

tribe
부족, 종족

ritual
종교의식, 의례; 의식의

bind
묶다, 감다, 결속시키다

historical
역사상의

feat
위업, 공적

medieval
중세의

contemporary
동시대의, 현대의; 동시대인

traditional
전통의, 전통적인

custom
관습, 풍습

clumsy
어설픈, 서투른

preserve
보존하다, 관리하다, 저장하다; 잼, 설탕절임

local
지역의, 현지의

immortal
죽지 않는, 불멸의

sacred
성스러운, 종교적인

spirit
정신, 영혼, 마음, 기분

divine
신의, 신성한

religion
종교

miraculous
기적적인

instinct
본능, 직관

maze
미로

superstition
미신

psychology
심리학, 심리(상태)

philosopher
철학자

process
과정, 공정; 가공하다

literature
문학, 문헌

preface
서문; 서문을 쓰다

author
작가, 저자

compose
구성하다, 작곡하다, 작문하다

publish
출판하다, 발표하다

periodical
정기 간행물; 정기적인, 주기적인, 정기간행의

conductor
지휘자, 차장

carve
조각하다, 새기다, 자르다

monument
기념물, 기념비

statue
조각상

architecture
건축(술), 건축 양식

display
전시하다; 전시, 진열

perspective
관점, 원근법, 조망

relative
상대적인; 친척

Step 2 **1.** 2 **2.** 5 **3.** 3 **4.** 2 **5.** 5
Step 3 **1.** 3 **2.** 3 **3.** 4 **4.** 2 **5.** 4
Step 4 **1.** perspective **2.** architecture

3. statue **4.** Religion
5. process **6.** author
7. conductor **8.** clumsy
9. historical **10.** feat

Test 6 정답 p. 113~115

Step 1

symbolize
상징하다

illiterate
글을 모르는, 문맹의

derive
(이익, 즐거움 등을) 끌어내다, 얻다, 유래하다

phrase
구, 구절

quotation
인용구, 견적, 시세

dialect
방언, 사투리

bilingual
이중 언어를 구사할 줄 아는, 이중 언어 구사자

imply
내포하다, 암시하다, 의미하다

context
문맥, 정황

inquire
질문을 하다, 조사하다, 탐구하다; 문의자, 조사원, 탐구자

respond
반응하다, 응답하다

request
요청하다, 요구하다, 요청, 요구

impart
알리다, ～에게 …을 나누어주다

explain
설명하다

remark
발언, 논평, 언급, 주목; 언급하다, 논평하다, 발언하다

illustrate
삽화를 넣어 설명하다

statement
성명, 진술

retrospection
회상, 회고

propose
제안하다, 청혼하다

announce
(공식적으로) 발표하다, 알리다

narrate
이야기를 하다, 이야기를 들려주다

recite
(시, 산문 등을) 암송하다, 낭독하다

describe
묘사하다, 기술하다

depict
묘사하다

enlighten
(설명하여) 이해시키다, 계몽시키다

portray
(인물 등을) 묘사하다

proclaim
(공식적으로) 선언하다, 공표하다

interpret
(특정한 방식으로) 해석하다, 통역하다

emphasize
강조하다

recommend
추천하다, 권하다

Step 2 **1.** 3 **2.** 4 **3.** 2 **4.** 3 **5.** 1
Step 3 **1.** 4 **2.** 3 **3.** 5 **4.** 2 **5.** 3
Step 4 **1.** depicted **2.** emphasize
3. narrated **4.** dialect
5. explain **6.** recite
7. retrospection **8.** proclaimed
9. context **10.** phrases

Step 1

demonstrate
증명하다, 실연하다, 시위 운동하다

pose
제기하다, 자세를 취하다, 포즈를 취하다 ; 자세, 포즈

advise
충고하다

persuade
설득하다, 납득시키다

urge
재촉하다, 요구하다, 주장하다; 충동

convince
확신시키다, 납득시키다, 설득하다

insist
고집하다, 주장하다, 우기다

dictate
받아쓰게 하다, 지시하다, 명령하다, 영향을 미치다

accept
받아들이다, 수락하다

acknowledge
인정하다

assent
찬성하다, 동의하다; 찬성, 동의

disapprove
승인하지 않다, 찬성하지 않다

denial
부인, 부정, 거절, 거부

appointment
약속, 임명, 지명

pledge
맹세, 서약, 보증; 맹세하다, 보증하다

communicate
의사소통을 하다

discussion
논의, 상의

dialog
대화

debate
토론, 토의, 논의; 토론하다, 논의하다

conversation
대화, 회화

conference
회의, 회담

unanimously
만장일치로, 같은 생각의

mention
언급, 언급하다

evoke
(감정, 기억, 이미지를) 떠올리게 하다

Step 2 **1.** 4 **2.** 1 **3.** 2 **4.** 5 **5.** 3
Step 3 **1.** 5 **2.** 1 **3.** 4 **4.** 4 **5.** 2
Step 4 **1.** persuaded **2.** disapproved
3. denial **4.** accept **5.** dialog
6. unanimously **7.** dictated
8. pledged **9.** communicate
10. conversation

Test 8 정답 p. 145~147

Step 1

citizenship
시민권, 시민의 신분

oath
맹세, 선서

independence
독립, 자립

domesticate
길들이다, 가정적이 되게 만들다

immigrant
(입국)이민자

bureaucracy
관료제, 관료 정치, 관료주의

hierarchy
계급(제도)

govern
통치하다, 지배하다

reign
다스리다, 통치하다, 군림하다; 통치(기간), 지배

dominate
지배하다, 우위를 차지하다

royal
(국)왕의, 당당한

monarch
군주

march
행진하다, 행군하다; 3월(March)

appeal
호소하다, 간청하다, 항소하다; 호소, 상소, 매력

vote
투표; 투표하다

candidate
후보자

confess
자백하다, 고백하다

election
선거, 당선

representative
대표자, 대리인; 대표적인, 대리의, 표현하는, 묘사하는

revolution
혁명, 공전, 회전

diplomat
외교관

conform
(법, 관습 등에) 순응하다

command
명령하다, 구사하다, 내려다보다; 명령, 구사, 조망

discipline
훈련, 규율, 징계; 훈련시키다

invade
침입하다, 침략하다, (권리 등을) 침해하다

warfare
전투, 전쟁

conquer
정복하다, 극복하다

conflict
분쟁, 갈등, 충돌; 상충하다

mediate
중재하다, 조정하다

struggle
투쟁, 분투, 노력; 싸우다, 분투하다

willing
기꺼이 하려는

obey
순종하다, 복종하다

defend
방어하다, 수비하다, 옹호하다, 변호하다

wounded
부상을 입은, 다친

casualty
피해자, 사상자

release
풀어주다, 석방하다; 공개, 발표, 개봉, 발매, 석방

restrict
제한하다, 제약하다, 구속하다

confine
국한시키다, 제한시키다, 감금하다

sustain
(필요한 것을 제공하여) 지탱하게 하다

realm
영역, 범위, 분야

alliance
협약, 연합, 동맹

forbid
금지시키다

Step 2 **1.** 3 **2.** 4 **3.** 4 **4.** 3 **5.** 4
Step 3 **1.** 2 **2.** 4 **3.** 2 **4.** 4 **5.** 3
Step 4 **1.** willing **2.** oath **3.** independence
4. bureaucracy **5.** appeal
6. defend **7.** casualties
8. sustain **9.** candidate
10. confessed

Step 1

pressure
압박, 압력

compress
압축시키다, 압축되다, 요약하다

friction
마찰

circuit
(전기)회로, 순환

oxygen
산소

emit
내뿜다, 방출하다

radioactive
방사능의, 방사성의

reflection
상, 반사, 반영, 심사숙고

illuminate
조명하다, 해명하다, 계몽하다

evaporate
증발하다, 증발시키다

moist
촉촉한, 습한

experiment
실험; 실험을 하다

categorize
∼을 범주에 넣다, 분류하다

nuclear
원자력의, 핵무기의, 핵의

molecule
분자

antarctic
남극의, 남극 지역

arctic
북극의, 북극 지역

volcano
화산

rural
시골의, 농촌의

urban
도시의, 도시풍의

continent
대륙, 육지

dig
파다, 파내다

island
섬

geography
지리(학)

Step 2 **1.** 4 **2.** 2 **3.** 3 **4.** 3 **5.** 3
Step 3 **1.** 2 **2.** 1 **3.** 2 **4.** 4 **5.** 3
Step 4 **1.** geography **2.** Arctic
3. molecule **4.** experiment
5. reflection **6.** antarctic
7. circuit **8.** continent
9. nuclear **10.** rural

Test 10 정답   p. 173~175

Step 1

climate
기후

pastoral
목가적인

meadow
목초지, 풀밭

forest
숲, 삼림

summit
정상, 산꼭대기

strait
해협

gravity
중력, 심각성, 중대성

stream
개울, 시내

scenery
경치, 풍경

soil
흙, 땅

atlantic
대서양, 대서양의

municipal
시립의, 지역정부의

frontier
국경, 국경선, 경계선

wilderness
황야, 황무지

horizon
수평선, 지평선, 시야, 범위

discover
발견하다, 찾다

atmosphere
(지구의) 대기, 분위기

universal
일반적인, 전 세계의, 우주의

astronomy
천문학

astronaut
우주 비행사

existence
존재, 실재, 생존

innovate
혁신하다, 쇄신하다

gene
유전자

wireless
철사가 없는, 무선의

Step 2 **1.** 2 **2.** 3 **3.** 5 **4.** 2 **5.** 4
Step 3 **1.** 3 **2.** 4 **3.** 2 **4.** 3 **5.** 4
Step 4 **1.** pastoral **2.** gravity
3. atmosphere
4. innovate **5.** frontier

6. astronaut   **7.** existence
8. wilderness   **9.** straits
10. municipal

Test 11 정답 p. 191~193

Step 1

ecology
생태계, 생태학

mutual
상호간의, 공통의

plant
심다; 식물, 초목, 공장

germinate
싹이 나다, 발아하다

blossom
꽃; 꽃이 피다

bunch
다발, 송이, 묶음

botanist
식물학자

weed
잡초; 잡초를 뽑다

trapped
함정에 갇힌

hatch
부화하다, 부화시키다; (배, 항공기의) 화물 출입구, 해치

beast
짐승, 야수

habitat
서식지

species
종

mammal
포유동물

cling
꼭 붙잡다, 달라붙다

hide
감추다, 숨기다, 가리다

prey
먹이, 사냥감, 희생자, 피해자

feed
(동물 등에) 먹이를 주다, 모이를 주다

migrate
이주하다, 이동하다

extinction
멸종, 소멸

insect
곤충, 벌레

parasitic
기생충의, 기생하는

amaze
놀라게 하다

lure
꾀다, 유혹하다; 미끼, 유인하는 것, 매력

environment
환경

tranquil
고요한, 평온한, (사람이) 침착한

phenomenon
현상, 아주 진기한 것

temperature
온도, 체온

flood
홍수

freeze
얼다

frost
서리, 성에; 서리가 내리다, 성에가 끼다

eliminate
제거하다, 삭제하다

generate
발생시키다

drought
가뭄

victim
피해자, 희생자

recycle
재활용하다

resource
자원, 부, 자산; (학습, 연구의) 자료, 원천, 근원

contaminate
오염시키다

natural
자연의, 천연의

timber
재목, 목재

disastrous
처참한, 비참한

spread
퍼지다, 퍼트리다, 확산시키다

Step 2 **1.** 2 **2.** 5 **3.** 4 **4.** 3 **5.** 2
Step 3 **1.** 4 **2.** 2 **3.** 1 **4.** 3 **5.** 4
Step 4 **1.** migrate **2.** contaminated
3. ecology **4.** disastrous
5. phenomenon **6.** bunch
7. botanist **8.** environment
9. resources **10.** timber

Test 12 정답 p. 209~211

Step 1

superficial
피상적인, 표면적인, 깊이 없는

aspect
측면, 양상, 국면, 견해

parallel
평행한, 나란한; 유사한 것

vertical
수직의, 세로의

straighten
똑바르게 하다, 곧게 하다

stiff
뻣뻣한, 뻐근한, 결리는

elastic
고무로 된, 탄력 있는, 신축성 있는

flexible
유연한

fade
희미해지다, 색이 바래다, 서서히 사라지다

qualify
자격을 인정받다, 자격을 주다

feature
특색, 특징, 용모, (신문의) 특집기사; ~을 특색으로 하다

characteristic
특징, 특성; 특유의

supreme
(지위 등이) 최고의

optimal
최상의, 최적의

surpass
능가하다, 초과하다

superior
우세한

superb
최고의, 최상의

spectacular
장관을 이루는

defect
결함, 결점, 단점

potent
강(력)한

strength
힘, 기운

intensity
강렬함, 강함

weaken
약화시키다

vulnerable
취약한, 연약한

crude
원래 그대로의, 미가공의, 날 것의, 조잡한, 상스러운

refine
정제하다, 제련하다

simplify
단순화하다

complicated
복잡한

facilitate
용이하게 하다

elaborate
정교한, 정성을 들인, 공을 들인; 상세히 설명하다

delicate
정교한, 허약한, 깨지기 쉬운, 미묘한, 우아한

pervasive
스며드는, 배어드는, 만연하는

plain
(의복이) 수수한, 꾸밈없는, 명백한, 솔직한; 평원, 평야

useful
유용한, 쓸모 있는

disadvantage
불리한 점, 약점

authentic
진정한, 진짜인

Step 2 **1.** 3 **2.** 3 **3.** 5 **4.** 2 **5.** 4
Step 3 **1.** 3 **2.** 4 **3.** 2 **4.** 5 **5.** 2
Step 4 **1.** superficial **2.** feature
3. optimal **4.** spectacular
5. complicated **6.** authentic
7. simplified **8.** weaken
9. superior **10.** qualified

Test 13 정답 p. 227~229

Step 1

measure
수치를 재다, 측정하다; 조치

substantial
(양, 가치, 크기가) 상당한, 실질적인, 본질적인

magnificent
거대한, 장대한

enormous
막대한, 거대한

immense
엄청난, 어마어마한

bulky
부피가 큰, 덩치가 큰

expand
확장하다, 팽창하다

tiny
아주 작은

lengthen
길게 하다, 길어지다

magnify
확대하다, 과장하다

enlarge
확대하다, 확장하다

heighten
~을 높게 하다, (감정, 효과가) 고조되다

amplify
증폭시키다, 확대시키다

exceed
초과하다, 능가하다

shrink
줄어들다, 오그라지다

diminish
줄이다, 약화시키다

lessen
줄(이)다

dwindle
줄어들다

suitable
적합한, 적절한, 알맞은

depth
깊이

merely
한낱, 그저, 단지

extreme
극단적인, 극도의, 과격한; 극단, 극도

range
범위, 다양성, 줄, 열, 산맥

fragment
조각, 파편; 산산이 부수다, 부서지다

whole
전체의, 전부의, 온전한

overall
전체적인, 종합적인, 전반적인; 종합적으로, 전반적으로

thorough
빈틈없는, 철두철미한

absolute
절대적인

portion
부분, 몫, 배당; 분배하다

segment
부분, 한 쪽, 조각

phase
단계, 국면

element
요소, 성분

gather
~을 모으다, 수확하다

collect
수집하다, 모으다; 수신인 요금 지불의

common
공통의, 공동의, 흔한, 보통의

accumulate
축적하다

Step 2 **1.** 3 **2.** 4 **3.** 5 **4.** 4 **5.** 3
Step 3 **1.** 3 **2.** 1 **3.** 3 **4.** 5 **5.** 2
Step 4 **1.** substantial **2.** expand
3. exceed **4.** merely **5.** overall
6. accumulate **7.** element
8. absolute **9.** enlarged
10. whole

Step 1

circulate
순환, 유통, 보급

combine
결합하다, 결합시키다

include
포함하다

consist
구성되다, 존재하다, 일치하다

constitute
~을 구성하다, ~의 일부를 이루다, 제정하다, 설립하다

except
~을 제외하고는, ~라는 점만 제외하면; 제외하다

contain
포함하다, 함유하다, 억제하다

capacity
용량, 수용력, 능력

arithmetic
산수, 연산; 산수의, 연산의

ratio
비율, 비

proportion
비율

moderate
적당한, 온건한

intermediate
중급의, 중간의; 중급자

numerous
수가 대단히 많은

innumerable
헤아릴 수 없을 정도로 많은

maximum
최대의; 최대

minimum
최소의; 최소

deficient
결함 있는, 부족한, 불충분한

spare
여분의, 아끼다, (수고 등을) 덜어 주다, 할애하다

decrease
감소하다, 줄이다; 감소

infinite
무한한

abundant
풍부한, 가득한

heap
더미, 무더기

multiple
다수의, 복합의, 다양한

multiply
곱하다, 증식하다

reinforce
강화하다, 보강하다

extra
여분의, 추가의; (영화의) 보조 출연자

height
높이, 고도, 키, 신장

attenuate
약화시키다

dense
빽빽한, 밀집한

Step 2 **1.** 2 **2.** 4 **3.** 3 **4.** 4 **5.** 5
Step 3 **1.** 3 **2.** 3 **3.** 5 **4.** 2 **5.** 5
Step 4 **1.** included **2.** capacity
3. numerous **4.** constitute
5. maximum **6.** decrease
7. height **8.** spare
9. heap **10.** dense

Test 15 정답　　　p. 259~261

Step 1

shift
바꾸다, 자세를 바꾸다; 이동, 변경, 교대

alter
바꾸다, 변경하다

modify
수정하다, 변경하다, 바꾸다

adjust
조절하다, 적응하다

adapt
~에 적응하다, 조절하다

revise
(의견, 계획을) 수정하다, 변경하다

transform
변형시키다

convert
개조하다, 개종하다

distort
사실을 왜곡하다

version
변형, ~판, 번역

exchange
교환하다; 교환(물건), 맞바꿈

interchange
교환하다, 공유하다

replace
대신하다, 대체하다

substitute
대체하다, 대신하다; 대리자, 대체물, 교체 선수

advance
전진, 발전; 전진하다, 진보하다, 승진하다

evolve
발달하다, 진화하다

breakthrough
돌파구

consistent
변함없는, 한결같은, 모순되지 않는

locked
잠긴, 잠겨진

creak
삐걱거리다

emerge
(모습을) 드러내다

appear
나타나다, 출현하다, ~처럼 보이다, ~인 것 같다

disappear
사라지다

vanish
사라지다

conceal
감추다, 숨기다

reaction
반응, 반작용

distinguish
구별하다, 식별하다

differentiate
구별하다, 구분 짓다

compare
비교하다, 비유하다

equal
동등한, 평등한; ~에 필적하다

similar
유사한

familiar
익숙한, 친숙한

equilibrate
균형을 유지하다

distinct
뚜렷한, 별개의, 우수한

reverse
뒤바꾸다, 뒤집다; 정반대; 정반대의

paradox
역설; 역설적인 사람

Step 2 **1.** 2 **2.** 4 **3.** 3 **4.** 5 **5.** 3
Step 3 **1.** 4 **2.** 2 **3.** 4 **4.** 2 **5.** 4
Step 4 **1.** conceal **2.** reaction
3. reversed **4.** consistent
5. revise **6.** differentiate
7. distinct **8.** vanished
9. substitute **10.** familiar

Test 16 정답 p. 273~275

Step 1

various
다양한

vary
변화를 주다, 다양하게 하다

imitate
모방하다, 흉내 내다

attribute
~을 …의 덕분으로 보다, ~을 …의 탓으로 돌리다; 속성, 특질

ordinary
보통의, 일상적인, 평범한

peculiar
이상한, 별난, 특유한, 고유한, 독특한

rare
드문, 진기한, 희한한, 설익은, 덜 구워진

abnormal
비정상적인

connect
연결하다, 접속하다

adjoin
인접하다, 붙어 있다

associate
연상하다, 연관시키다, 교제하다; 동료, 친구

irrelevant
무관한, 상관없는

integrate
통합시키다

united
연합한

cohesion
응집(력), 결합

synthetic
합성한, 인조의, 종합적인

embed
끼워 넣다

mingle
섞(이)다, 혼합하다

fasten
매다, 고정시키다

division
분할, 나누기, 부서

split
(세로로) 쪼개다, 자르다, 나누다

separated
분리된, 갈라진

isolated
고립된

apart
~와 떨어진, 따로따로인; 떨어져, 따로, 헤어져

detach
떼어내다, 분리하다

remove
제거하다, (옷 등을) 벗다, 치우다, 해고하다

slam
(문 등을) 쾅 닫다, (물건 등을) 쿵 놓다

decline
감소하다, 쇠퇴하다, (정중히) 거절하다; 감소, 쇠퇴

inflate
부풀다, 부풀리다

provoke
유발하다, 화나게 하다

Step 2 **1.** 1 **2.** 4 **3.** 3 **4.** 3 **5.** 4
Step 3 **1.** 2 **2.** 4 **3.** 2 **4.** 3 **5.** 4
Step 4 **1.** remove **2.** division
 3. decline **4.** separated
 5. embedded **6.** mingle
 7. associate **8.** synthetic
 9. cohesion **10.** integrate

Test 17 정답   p. 293~295

Step 1

region
지역

district
(행정상의) 지구, 지역, 구역

situate
위치시키다

misplace
제자리에 두지 않다, 잘못 놓다

shade
(시원한) 그늘, 빛 가리개, (그림의) 음영

inner
내면의, 내부의, 안쪽의

internal
내부의, 내적인

outer
바깥쪽의, 외부의

soar
높이 솟구치다, 높이 날아오르다

descend
하강하다

scatter
흩뿌리다, 흩어지다

revolve
회전시키다

surround
둘러싸다, 에워싸다

enclose
에워싸다, 동봉하다,

margin
여백, 차이, 수익, 여유, 가장자리

spacious
널찍한

remote
원격의; 외진, 멀리 떨어진

direction
방향, 연출, 감독, 사용법

swift
신속한, 재빠른

abrupt
갑작스런, 퉁명스러운

simultaneous
동시의

haste
서두름, 성급함

rush
돌진하다, 쇄도하다; 쇄도, 돌진

gradual
점진적인, 서서히 일어나는

expel
퇴학시키다, 추방시키다

precede
~에 앞서다, 선행하다

wander
떠돌아다니다, 방랑하다

approach
접근하다; 접근

access
접근, 입장; 접근하다

accompany
동반하다, 동행하다

pursue
뒤쫓다, 추구하다

trail
자국, 흔적, 오솔길; 질질 끌다, 미행하다

chase
뒤쫓다, 추격하다; 추적, 추구

portable
휴대가 쉬운, 휴대용의

stable
안정적인, (사람이) 차분한; 마구간

stuck
갇힌, 꼼짝 못하는

tumble
굴러 떨어지다

vibrate
진동하다, 떨리다

extend
연장하다, 확장하다

transfer
전송하다, 이동시키다, 갈아타다, 전학하다; 이동, 전근, 전학

repeat
반복하다, 되풀이하다

surface
표면, 외관; 표면화되다

Step 2   1. 3 **2.** 2 **3.** 4 **4.** 3 **5.** 5
Step 3   1. 2 **2.** 4 **3.** 3 **4.** 2 **5.** 5
Step 4   1. extend   2. accompanied
3. simultaneous   4. enclosed
5. descend   6. surface
7. transfers   8. swift
9. gradual   10. internal

Test 18 정답   p. 307~309

Step 1

recent
최근의

prompt
즉각적인, 시간을 엄수하는; 자극하다, 재촉하다

immediate
즉각적인, 직접적인

delay
미루다, 연기하다; 미룸, 연기, 지연

annual
매년의, 연간의

previous
이전의, 앞선

coincidence
우연의 일치, 동시 발생

pause
잠시 멈추다, 정지시키다; (일시적) 멈춤, 중단

recur
재발하다, 다시 일어나다

punctual
시간을 엄수하는

originate
유래하다

eventually
결국, 끝내, 마침내

apt
적절한, ~하는 경향이 있는, ~할 것 같은

interval
(두 사건 사이의) 간격

duration
지속, 기간

transient
일시적인, 순간적인, 덧없는

eternal
영원한

constant
끊임없는, 일정한, 불변의; 상수

permanent
영구적인; 파마

regular
정규의, 규칙적인

frequent
잦은, 빈번한

seldom
좀처럼 ~않는, 거의 ~않는

second-hand
간접의, 중고의

endurable
참을 수 있는, 견딜 수 있는

Step 2 **1.** 4 **2.** 2 **3.** 3 **4.** 5 **5.** 2
Step 3 **1.** 3 **2.** 5 **3.** 3 **4.** 2 **5.** 3
Step 4 **1.** immediate **2.** recur
3. duration **4.** seldom
5. regular **6.** coincidence
7. pause **8.** apt **9.** originated
10. eventually